평생교육방법론

| 송영선 · 박승희 · 송현정 · 이소연 · 이연주 공저 |

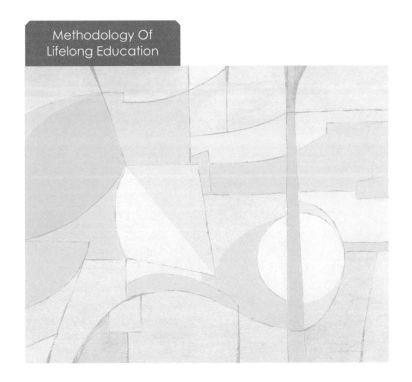

Methodology Of
Lifelong Education

학지사

머리말

소크라테스의 교육방법을 흔히 '산파술'이라고 한다. 산파는 산모가 아이를 낳을 때 옆에서 도와주는 사람이다. 산파는 산모가 출산이 더디더라도 기다린다. 산파는 산모 대신에 아이를 낳을 수 없는 존재이다. 교육적 관점에서 보면 산파는 학습자가 어떤 학습을 할 때 실현할 수 있도록 도와주는 교수자와 같다. 교수자는 학습자가 준비될 때까지 기다린다. 이런 의미에서 교수자는 학습자 중심의 교육을 하여야 한다.

학습자는 자기주도적으로 학습하고 활동하는 특성이 있다. 교수자는 학습자가 필요한 지식을 가공하고 선택할 수 있도록 다양한 학습자원을 제공해야 한다. 또한 교수자는 학습자가 학습에 몰입할 수 있도록 그들의 다양한 지식과 경험을 활용해야 한다. 이런 의미에서 교수자는 학습자가 내재한 능력을 발견하고 스스로 끌어내고 개발할 수 있도록 도와주어야 한다.

평생교육에서 학습자를 배려하는 것은 중요하다. 학습자의 배려란 학습자가 요구하는 학습에 대한 기대를 파악하고 이들이 실제로 원하는 수업으로 이끌어 나가는 것이다. 이런 의미에서 교수자는 학습자들을 위한 교육방법을 알아야 하고, 교육환경을 조성하고 조건을 마련하여야 한다.

이와 같은 세 가지 의미를 담아야 하는 '평생교육방법론' 교과목은 다음과 같은 두 가지 목적을 달성해야 한다. 첫째, 평생교육방법론은 이론적 모델과 실천적 방법을 제시하여야 한다. 둘째, 평생교육방법론은 교육내용을 실천할 수 있도록 구체적인 교수 방법을 제시하여야 한다.

이 두 가지 목적을 담은 이 책은 총 4부 12개 장으로 구성되어 있으며, 장마다 '학습개요, 학습목표, 본론, 생각해 보기'가 제시되어 있다.

제1부 '평생교육방법론의 기초'는 4개 장으로 구성되어 있다.

먼저 제1장에서는 평생교육 패러다임 전환에 관한 내용으로 구성하여 학습자 중심 학습, 개별화 학습, 사회화 학습을 소개하였다. 이 세 가지 이론을 먼저 소개한 것은 교수자는 학습자 그들의 잠재력을 스스로 끌어낼 수 있도록 교육환경을 조성하고 학습자 개개의 특성을 파악하는 것이 무엇보다 중요하기 때문이다.

제2장에서는 성인학습자를 이해하기 위해 성인학습의 원리, 성인학습자의 특성과 참여 동기를 소개하였다. 성인학습자는 아동과 달리 그들의 경험과 지식을 중요시하고 문제해결을 위해 학습에 참여하는 경향이 높다. 성인학습자를 이해하는 것은 평생교육방법의 기초가 된다.

제3장에서는 성인학습 이론으로 안드라고지, 자기주도학습, 전환학습, 자기조절학습의 네 가지를 소개하였다. 이 네 가지 이론은 평생교육방법의 이론적 배경이며 다양한 방법을 개발하는 데 중요한 토대가 된다.

제4장에서는 평생교육 교수-학습 원리를 제시하고 있다. 주요 학습이론과 교수이론을 토대로 성인학습자에게 유용한 수업 운영전략을 이해하고 활용할 수 있다. 제시된 주요 학습이론으로는 행동주의, 인지주의, 인본주의, 사회학습이론, 구성주의가 있다. 다양한 교수이론 중에 대표적으로 글레이저의 수업체제이론을 소개하고 있다.

제2부 '평생교육방법론의 실제'는 4개 장으로 구성되어 있다.

제5장에서는 체험학습(경험학습) 중심 교육방법을 소개하였다. 체험학습(경험학습)은

학습자가 직접 체험(경험)을 통해 지식과 기술을 습득하는 방법을 강조한다. 이 장에서는 사례기반학습, 역할연기, 그리고 현장에서의 OJT를 통해 체험학습(경험학습)을 실현하는 세 가지 주요 방법을 다루었다. 이 세 가지 방법을 통해서 학습자는 현장에서 다양한 문제에 적응하고 해결책을 모색하는 능력을 기를 수 있다.

제6장에서는 집단 중심 교육방법을 소개하였다. 이 장에서는 퍼실리테이션, 문제중심학습, 액션러닝, 디자인씽킹의 개념과 평생교육 현장에서의 적용 방법 및 적용 과정에서의 주의할 점을 구체적으로 살펴보았다. 이 과정을 통해 학습자는 평생교육 현장에서 집단 중심 교육방법의 중요성을 이해하고 이를 현장에 적용할 수 있는 역량을 키울 수 있다.

제7장에서는 인공지능 시대의 평생교육방법으로 이러닝, 블렌디드 러닝, 플립 러닝, 소셜 러닝에 대해 학습한다. 각 교육방법의 정의와 배경, 특징 및 장단점, 진행 방법과 사례, 그리고 실습 내용 등을 상세히 알아본다. 다양한 교육 상황에서 적합한 교육방법을 선택하고, 학습자들의 학습 효과를 극대화하는 방안을 제시한다.

제8장에서는 평생교육과 관련된 HRD 이론과 방법론 중에서 멘토링, 코칭, 경력개발, 디지털 학습에 대해 학습한다. 각 교육방법의 정의와 배경, 특징 및 장단점, 진행 방법과 사례, 그리고 실습 내용 등을 통해 조직과 개인 모두가 지속적으로 성장하고 발전하는 방안을 탐구한다. 4차 산업혁명 시대에 맞춰 변화하는 교육 환경과 기술적 요구에 대응하여 다양한 교육 상황에서 효과적인 방법을 살펴본다.

제3부 '평생교육 실천 현장과 평가'는 4개 장으로 구성되어 있다.

제9장에서는 개인 중심 교육방법이나 집단 중심 교육방법과는 다르게 특정 지역사회 주민들이 함께 모여 자신들의 문제를 논의하고 공동의 노력과 참여를 통해 문제를 해결하고자 할 때 효과적인 지역기반 평생교육방법을 소개한다. 지역기반 평생교육방법의 의의와 기능을 살펴보고, 특히 국내 성공적인 현장 사례를 소개한다. 이후 사례의 시사점을 제안하고 향후 과제를 살펴본다.

제10장에서는 학습사회를 구현하는 평생학습도시의 지원체제로 간주하는 평생학습 네트워크의 중요성과 역할을 소개한다. 이후 네트워크의 개념과 유형, 그리고 실제 현장 네트워크 사례 탐색을 통해 평생학습 네트워크를 구축하고 운영하기 위한 전략과 구체적인 지원 방법을 살펴본다.

제11장에서는 평생교육 프로그램 평가 모델을 목표 중심, 의사결정 중심, 참여자 중심으로 접근하여 살펴본다. 아울러 순환적 평가 관리 차원의 환류 중요성과 가치에 대하여 언급한다.

제12장에서는 평생교육 현장 전문가의 등장 배경과 각각의 주요 역할에 대해 살펴본다. 특히 급격한 사회변화를 견인하는 평생교육사의 주요 직무 및 전문가로서 역할 강화를 위해 우선되어야 할 방법론적인 전문 역량 및 보수교육의 필요성에 대해 알아본다.

모쪼록, 이 책이 미래의 평생교육사인 학부생과 대학원생, 현장에서 직접 활동하고 있는 평생교육사, 현장 전문가, 강사, 지도자, 그리고 평생교육, 평생교육방법 관련 연구와 학생들을 가르치고 있는 교수자들에게 많은 도움이 되길 바란다.

끝으로, 이 책을 집필하고 출간되기까지 많은 지원을 아끼지 않으신 학지사 김진환 사장님과 현장의 다양한 목소리와 자료를 제공해 주신 분들께 저자들을 대표하여 진심으로 감사의 마음을 전한다.

2024. 8.
대표 저자 송영선

차례

제2부　평생교육방법론의 실제

제3부 평생교육 실천 현장과 평가

제12장 평생교육 현장 전문가의 역할과 전문성 **275**

제1부

평생교육방법론의 기초

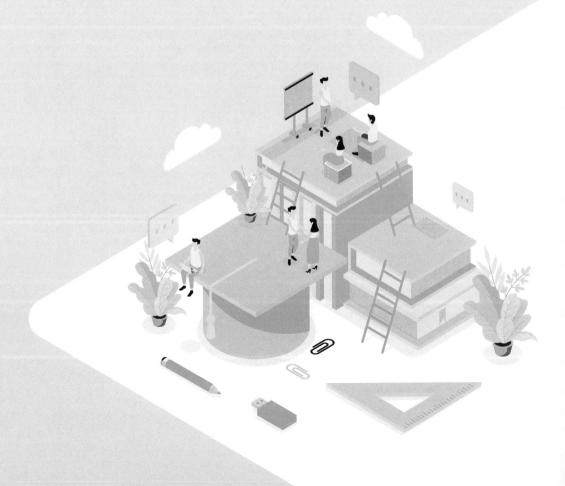

평생교육 패러다임

학습개요

　제1장에서는 평생교육의 패러다임 전환으로 학습자 중심 학습, 개별화 학습, 사회화 학습을 소개한다. 제4차 산업혁명과 디지털 전환은 물리적 환경에서 벗어나 학습자의 다양한 흥미와 잠재력을 고려한 교육을 요구하고 있다. 세 가지 학습 패러다임의 공통점은 학습자는 학습욕구, 고유한 잠재능력과 기본적인 학습 수행능력을 갖추고 있다는 것이다. 또한 교수자는 학습자에게 지식, 가치, 기능을 직접 전수하는 것이 아니라 학습자 스스로 지식, 가치, 기능을 끌어낼 수 있도록 도와주어야 한다는 것이다. 학습자에게 학습활동의 선택권을 주는 것은 그들의 관심사를 추구할 수 있고, 다양한 방법으로 학습할 수 있으며, 동기를 강화하게 되기 때문이다. 따라서 교수자는 학습자 그들의 잠재력을 스스로 끌어낼 수 있도록 교육환경을 조성하는 것과 학습자 개인의 특성을 파악하여 교육해야 한다.

학습목표

1. 학습자는 학습자 중심 학습과 개별화 학습의 공통점을 한 가지 이상 설명할 수 있다.
2. 학습자 개인 입장에서 사회화 과정을 설명할 수 있다.

1. 학습자 중심 교육

1) 개념

성인학습 이론인 학습자 중심 교육(learner based education)은 오랜 전통을 갖고 있다. 학습자 중심 교육은 학습자의 기대나 학습자가 실제로 원하는 수업을 이끌어 가는 것을 말한다(박성희 외, 2013). 학습자 중심 교육은 성인학습자 자신에 대한 확고한 자아싱과 교수자의 자기성찰, 학습자의 요구를 수용하는 과정에서 발전되었다. 좁은 의미에서 학습자 중심 교육은 학습자를 배려하는 교육을 강조하는 것이다.

성인은 자신의 행동과 경험을 공유하고 싶어 한다. 이러한 측면에서 성인학습자는 자신의 삶을 구성해 나가고 자기 삶의 전체적인 맥락에서 성찰한다. 학습자 중심 교육에서 가장 중시해야 할 것은 학습자의 참여를 끌어내는 것이다. 따라서 넓은 의미에서 학습자 중심 교육은 학습자 스스로 책임이 요구되는 자기주도학습이라고 볼 수 있다.

학습자 중심 교육의 교육목표는 학습자가 실제 현장에서 적용할 수 있는 능력을 습득하는데 있다. 학습자 중심 교육은 교수자가 학습자의 학습요구를 도출하고, 문제해결 능력을 적용할 수 있는지를 평가한다. 문제해결 능력은 일반적으로 정의하기보다는 교수자와 학습자의 관계를 통해 새롭게 정의되어야 한다. 이상적인 학습상황을 조성하려면 교수자는 수업에 대한 충분한 경험이 필요하고 자신의 수업을 성공적으로 이끌려는 노력과 의지가 있어야 한다(박성희 외, 2013). 또한 수업이 진행되는 과정에서는 교수자는 학습자를 의사결정의 동반자로 인식하고 참여시키는 것도 중요하다.

2) 교수자의 자질

교수자는 학습자에 관한 관심, 훌륭한 품성, 학습주제에 대한 진지한 관심, 학습주제에 대한 학습자의 흥미 유발, 교육방법과 학습자 처우에 있어서 객관성 유지 등과 같은 자질을 보유한 사람이다.

크랜톤(Cranton, 2006)은 교수자의 바람직한 자질을 다음의 네 가지 교육자 유형으로 구분하여 제시하였다.

첫째, '조직적 교수자'로서 학습 내용과 학습 절차의 조직화와 체계화를 추구한다. 이러한 유형의 교수자는 행동주의적 신념과 행위에 중점을 둔다.

둘째, '양육적 교수자'로서 교수 학습활동 상황에서 온정적이고 우호적인 분위기를 조성한다. 학습자 사이에 좋은 관계 맺기를 촉진하며, 학습자의 요구와 정서에 반응한다. 이러한 유형의 교수자는 인간주의적 사고와 행위를 지향한다.

셋째, '실천적 교수자'는 현실 세계 경험과 대상에 초점을 맞추고 현실적인 삶의 문제 해결을 지향하는 실용적 자세를 보인다. 이러한 유형의 교수자는 도구주의적 신념과 행위를 추구하면서 경험 학습을 중시한다.

넷째, '창조적 교수자'는 교육을 변화, 개선, 그리고 미래의 비전 달성을 위한 기회로 인식한다. 창조적 교수자는 열정적이고 영감적인 교사로서 학습자에게 새롭고 어려운 과제에 도전하도록 이끌어 준다. 이러한 유형의 교수자는 인지적 발달과 비판적 사고에 기반하고 있다.

3) 교수자의 역할

학습자 중심 교육을 성공적으로 끌어내기 위해서는 교수자의 역할이 매우 중요하다. 이를 몇 가지로 나누어 보면 다음과 같다.

첫째, 교수자는 자기성찰이 요구된다. 학습자를 이해하고 원활한 수업을 진행하기 위한 전제 조건이다. 예를 들면, 교수자 자신은 어떤 학습자를 선호하는지, 학습자가 선호하지 않는 교육방법은 무엇인지, 학습자는 교육자에 대해 어떤 비판을 하는지, 학습자의 비판을 어느 정도 수용할 수 있는지, 학습자 간의 갈등을 어떻게 해결할 수 있는지 등이다.

둘째, 교수자는 학습자를 이해해야 한다. 학습자의 신체적, 심리적 특성뿐만 아니라 어떤 능력이 있는지를 파악할 수 있어야 한다. 이렇게 되면 교육을 계획할 때 학습자의 기대를 예견하게 되며, 교육 중에도 학습자를 적극적으로 참여할 수 있게 만든다. 학습자의 요구를 파악하기 어려울 때는 수업을 시작하기 전에 자료와 연구보고서를 통하여 학습자 집단에 대한 정보를 파악하고 있어야 한다. 담당자로부터 학습자에 대한 정보를 미리 전달받는 것도 좋은 방법이다.

셋째, 교수자는 수업 전후 학습자의 학업 성취도를 평가할 수 있어야 한다. 학습자의

학습 동기, 선행지식, 학습 스타일 등을 통해 학습자를 진단하고 학습주제와 교수자의
경험적 가치를 잘 연결하게 해야 한다.

2. 개별화 학습

1) 개념

개별화 학습(individualized Learning)은 학습자 스스로 지식을 구성하고 개발하는 구성
주의 관점에 기반한다. 개별화 학습은 학습자에게 초점을 두고 학습특성과 심리특성을
고려한다. 예를 들면, 학습자가 선호하는 학습양식, 학습 흥미, 선호하는 학습과제, 학습
속도, 문제(과제)해결 방법, 선수학습 수준과 학습준비도, 고차적 인지전략 수준 등이다.

교수자는 일방적으로 학습자에게 지식을 전달하지 않고 학습자가 능동적, 창의적, 자
기주도적으로 새로운 지식을 구성할 수 있도록 도움을 제공하는 역할을 수행한다(전성
연, 2001). 또한 교수자는 학습자의 다양한 특성과 개인차를 고려한 학습환경을 제공하
여 학습목표를 달성할 수 있다(박성익, 이선희, 2011). 따라서 개별화 학습은 학습자가 자
신의 잠재능력을 충분히 발휘하여 최대한 교육적 성취를 이루도록 지원하는 효과적인
교육방법이다.

개별화 학습은 실제 교육현장에서 활용하는 데 어려움이 있다. 예를 들면, 한 명의 교
수자가 20~30명 학습자를 담당할 때, 모든 학습자의 특성을 분석하고, 이에 맞는 학습
환경을 개별적으로 제공해야 한다. 또한 개별화된 학습환경이 제공되더라도 학습자마
다 학습목표에 도달하기 위해 적절한 학습과정을 경험했는지를 개별적으로 확인하고
피드백을 해야 한다.

2) 개별화 학습방법

개별화 학습방법은 학습자의 특성과 학습지원 시스템으로 나눌 수 있다.

개별화 학습방법은 학습자의 특성 분석에서 시작된다. 학습자 특성은 선행학습 정도,
지식수준, 학습 선호도, 학습배경, 학습양식 등에 따라 다양하게 나타난다. 학습자 특성

을 확인하는 방법의 하나는 학습자를 유형화하는 것이다. 학습자의 유형화는 학습자의 개인차에 근거한다. 예를 들면, 능력, 인성, 가치, 태도, 흥미, 인지양식, 학습양식은 학습자와 학습자를 구별 짓는 요인이다.

특히, '학습양식'[1]은 일련의 학습습관이며 학습방법들의 집합체이다. 학습양식은 학습자가 학습환경을 어떻게 지각하며 상호작용하는지를 나타내 주는 비교적 지속적이고 안정적인 인지적, 정의적, 운동 기능적 행동이다(Keefe, 1991). 또한 학습양식은 학습자 개인이 가장 효과적인 방법으로 지식, 정보를 획득하고 기억하여 재생, 재인지하는 과정에서 나타나는 독특하고 지속적인 비지적 행동이다(임창재, 1996). 이러한 측면에서 볼 때 학습양식은 교수-학습의 목표나 내용, 환경이 변해도 그 상황에 따라 유지되는 개인의 특성이라 할 수 있다. 따라서 학습자가 선호하는 학습양식에 따라 개별적으로 학습 내용을 제공해 줄 수 있는 학습양식의 개별화는 학습자의 인지적 성취뿐 아니라 정의적 성취에 효과적인 방법이다.

대표적인 학습양식은 콜브(Kolb, 1984)가 개발하고 다수 연구에서 검증한 경험 학습 이론(experiential learning theory)이다. 그는 정보지각의 축을 구체적 경험(concrete experience: CE)과 추상적 개념화(abstract conceptualization: AC)로 구분하였고, 정보처리 방법의 축을 반성적 관찰(reflective observation: RO)과 능동적 실험(active experimentation: AE)으로 구분하였다(〈표 1-1〉 참조). 학습상황에서 학습자가 외부의 자극, 즉 새로운 학습경험을 하였을 때, 자신의 과거 경험과 주관적인 관점에 의해 이를 관찰하고, 그 결과를 일반화하여 논리성을 갖춘 이론으로 발전한다. 일반화한 이론을 새로운 경험에 적용함으로써 검증하며, 주변 환경을 변화시키는 시도를 하게 된다. 이러한 시도를 통해 학습자는 또다시 구체적 경험에 직면하게 됨으로써 새로운 순환을 시작하게 되는 것이다. 따라서 경험 학습 이론에 근거한 콜브의 학습양식은 각각의 학습방식들이 순환적이며 단계적인 형태로 구성되었다고 볼 수 있다. 콜브(Kolb, 1984)는 두 축을 기준으로 발산형 (diverger), 융합형(assimilator), 수렴형(converger), 적응형(accommodator)의 네 가지 학습양식을 구안하였다.

---

1) 학습자의 학습양식은 송영선(2021)의 논문을 일부 이용한 것임

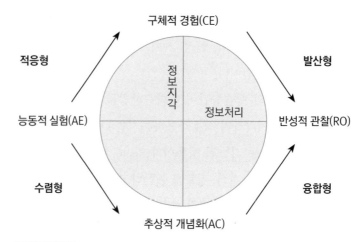

그림 1-1 콜브의 정보지각 및 정보처리 차원과 네 가지 학습양식

'발산형 학습양식'을 선호하는 학습자는 구체적 경험(CE)을 통해 정보를 지각하고, 반성적 관찰(RO)을 통해 정보를 처리한다. 발산형 학습자들은 상상력이 뛰어나고 사람들과 그들과의 관계에 대한 관심이 많고, 문제 상황을 여러 가지 다양한 관점에서 관찰하고 인식하며, 브레인스토밍 등 개방형 학습형태를 선호한다. 또한 이들은 직접 행동으로 표현하기보다는 주시하는 경향이 있으므로 문제해결 과정에서 적극적으로 대안을 찾고 결정을 내리는 일에는 익숙하지 못할 가능성이 있다. 발산형 학습양식을 발전시키기 위해서는 타인에 대한 이해를 바탕으로 소통을 중시하는 학습습관을 지녀야 하며, 교수자는 이러한 부분에서 학습자가 적절한 경험을 할 수 있도록 환경을 마련해야 한다.

'융합형 학습양식'을 선호하는 학습자는 추상적 개념화(AC)를 통해 정보를 지각하고 반성적 관찰(RO)을 통해 정보를 처리한다. 이들은 실제적인 경험보다는 문제를 찾고 이를 해결하는 체계적인 과정을 선호하며, 개인의 학습 과정 및 학습결과에 대해 논리적으로 접근하려는 경향이 있다. 또한 융합형 학습자들은 현실 세계에 관한 관심이 부족하고 적극적으로 학습결과를 행동으로 옮기는 데에는 관심이 부족하다. 교수자는 전문성을 바탕으로 학습자들을 자극할 수 있도록 논리적인 이론에 근거하여 학습을 이끌어나갈 수 있도록 해야 한다.

'수렴형 학습양식'을 선호하는 학습자는 추상적 개념화(AC)를 통해 정보를 지각하고, 능동적 실험(AE)을 통해 정보를 처리한다. 이들은 실제적인 문제를 해결하는 방안을 찾기 위해 문제에 대한 접근을 시도하고 자신의 학습결과를 이론화하여 가장 적절한 대안 및 해결방안을 만들고자 하는 성향이 있다. 수렴형 학습양식의 학습자는 대인관계에 관해서는 관심이 부족한 특성이 있다고 하였다. 이 유형은 이론을 실제로 적용하기 위해 노력하므로 의사결정이나 문제해결 능력은 뛰어난 편이다. 따라서 교수자는 학습자들이 자신의 아이디어나 이론을 적용해 볼 수 있는 실험형태의 학습을 유도해야 한다.

'적응형 학습양식'을 선호하는 학습자는 구체적 경험(CE)을 통해 정보를 지각하고 능동적 실험(AE)을 통해 정보를 처리하며, 발산형 학습양식의 학습자들과 마찬가지로 타인과의 소통을 통한 학습에 적극적인 특성이 있다. 이들은 실제적인 적용을 통한 학습에 강점이 있으나 융합형 학습양식의 학습자들과는 반대로 학습 과정에 체계적이고 논리적으로 접근하기보다는 모험적, 자극적인 학습상황에 몰두하여 새로운 경험을 추구하는 경향이 있다.

또 하나의 개별화 학습으로 '웹 기반 학습'이 있다. 웹 기반 학습은 정보통신 기술의 발달에서 비롯된다. 정보통신 기술의 발전에 따라 지식과 정보 공유의 한계가 사라지고, 거대한 정보가 넘쳐나고 있다. 웹 기반 학습은 학습자가 더욱 쉽고 융통성 있게 정보에 접근하여 필요한 정보를 검색하고 탐색하는 것이다. 예를 들면, 유튜브(Youtube)와 넷플릭스(Netflix)는 개인적 취향에 맞는 영화나 동영상을 자동으로 추천해 준다. 학습자가 선택하고 시청하고 평가한 콘텐츠에 대한 축적된 정보를 바탕으로 개인의 특성을 분석하고 개별화된 시청 환경을 제공하는 것이다.

이러한 인공지능(AI) 기반 기술들은 교육장에서 교수자가 개별 학습자에 대한 성향과 특성, 요구를 파악하고 이에 따른 개별화된 학습 환경을 제공하는 데 필요한 정보를 수집하고 분석하는 데 유용하게 활용된다. 또한 학습자 개인이 경험하고 있는 학습 과정을 데이터를 통해 실시간으로 점검하고 적절한 피드백을 적시에 제공할 수 있다. 이렇듯 학습자의 개별적 특성분석부터 전 학습 과정을 통해 축적된 데이터를 기반으로 학습 포트폴리오를 도출하여 개별 학습자의 성취도를 종합적으로 평가할 수도 있다.

3) 교수자의 역할

교수자는 웹 기반 수업 환경과 학습자의 특성을 고려한 적응적 학습 환경을 조성해야 한다. 웹 기반 학습 환경에서 학습자 특성과 더불어 중요한 것은 적응적 학습 환경 제공이다. 학습자는 서로 다른 성장 배경과 경험이 있으며, 서로 다른 능력과 학습방식을 가지고 있다. 특히, 웹 기반 학습과 같이 원격으로 이루어지는 학습 환경에서는 각기 다른 배경과 능력, 학습양식 등을 가진 학습자에게 직접적인 안내를 할 수 없으므로 적응적 학습 환경은 더욱 필요하다(권혁일, 2000). 따라서 학습자가 자신의 학습양식에 따라 학습 내용을 선택할 수 있는 적응적 웹 기반 학습 환경은 학습을 촉진하는 데 기여할 것으로 보인다.

3. 사회화 학습

1) 개념

사회화(socialization)란 개인이 소속한 사회집단의 행동양식, 가치관, 규범과 같은 문화를 학습하고 내면화하여 사회에 적응하고, 개인의 독특한 개성과 자아를 형성하는 과정을 의미한다(차경수 외, 2010). 사회화는 사회적으로는 문화의 전달과정이고, 개인적으로는 충동을 통제하는 능력인 개성이 형성되는 과정이자 사회적 역할 훈련과정이다. 인간은 사회화를 통해 자신이 소속된 사회의 언어, 문화, 규범 등을 습득하여 자신만의 독특한 개성을 형성해 나간다. 결과적으로 그 사회가 바람직하게 생각하는 인간상으로 형성되는 한편 그 사회의 구성원으로 인정받게 된다.

사회화는 개인이 사회적 행동양식을 형성하는 과정으로 이해되기도 하지만, 사회적, 물질적인 환경과 유기체의 생리적 혹은 물리적인 구조와의 상호관계라 볼 수 있다. 물론 개인이 사회적 행동양식을 형성하는 과정은 필수적으로 환경과 유기체의 상호관계라는 큰 틀에서 먼저 이해되어야 한다.

사회화가 교육과 다른 점은 교육은 보다 의도적이고 계획적인 반면에, 사회화는 무의도적인 교육적 영향까지 포함하는 포괄적인 개념이라고 볼 수 있다.

2) 사회화 접근 방법

사회화는 사회적 존재로서의 인간과 교육 작용인 학습을 기본전제로 하지만 주안점과 접근방법에 따라 다르게 설명할 수 있다.

　심리학적 입장에서는 사회적 행동의 경향성과 학습되는 기본적인 과정 및 사회적 행동에 관련되는 개인적 특성의 발달에 초점을 두고 있다. 사회적 환경의 차이, 개인이 직면하는 인간관계의 특수성, 훈련방법의 차이와 그 영향에 관해 측정되고 구명된다. 이러한 환경적 특수성이 개인의 인성과 태도, 동기 형성 및 발달에 미치는 분야에 관심을 가진다.

　인류학적 입장에서는 사회화 경험의 전체적인 한계를 규명하는 보다 넓은 차원인 문화의 관점에서 사회화를 파악한다. 사회적, 문화적 학습을 통한 문화유산의 전달을 강조하고 있다.

　사회학적 입장에서는 사회의 제 기능에 요구되는 행동 양식을 습득하게 하는 사회 전반에 걸친 교육과정을 일컫는다. 역할학습을 강조하여 개인이 차지하는 사회적 지위에 부합된 역할을 수행할 수 있는 행동 양식을 습득하는 문제와 같은 미시적인 연구와 제도와 집단을 대상으로 하는 거시적인 측면에도 초점을 두고 있다.

　교육 사회학적 입장에서는 특정 사회가 이상적으로 설정한 인간 형성을 위하여 그 사회의 지배적인 규범, 가치, 행동 양식을 미숙한 세대에게 학습시키고 이들이 장차 사회생활에 참여하고 담당할 역할을 적절히 수행하도록 하는 과정으로 설명한다.

3) 교수자의 역할

　교수자는 학습자가 원만한 사회생활을 할 수 있도록 지도하는 것이 교육의 과제이다. 사회화 학습을 위해 교수자의 역할은 다음과 같다.

　첫째, 교수자는 자신과 성인학습자를 이해해야 하고,

　둘째, 교수자는 성인학습자의 학습을 지원하는 풍토를 조성하고, 실제 상황과 유사한 학습 환경을 제공해야 하며,

　셋째, 교수자는 성인학습자가 기존 관점, 패러다임, 세계관을 변화하기 위한 학습활동을 도와줄 수 있는 능력을 지녀야 한다.

<< 생각해 보기

1. 학습자 중심 수업이 왜 중요한지를 토의해 보자.

2. 웹 기반 중심 수업의 어려움은 어떤 것들이 있는지 토의해 보자.

3. 사회에 적응하는 관점에서 사회화와 교육의 공통점 및 차이점을 토의해 보자.

 참고문헌

권혁일(2000). 적응적 웹 기반 수업의 학습 효과성 고찰. 교육공학연구, 16(4), 23-50.

박성익, 이선희(2011). 웹기반 학습 환경에서 '학습에의 자기주도성'의 다차원적, 위계적 요인모
    형에 대한 실증적 탐색. 교육공학연구, 27(2), 317-340.

박성희, 송영선, 나항진, 황치석, 문정수, 박미숙(2013). 평생교육방법론. 서울: 학지사.

송영선(2021). 프로젝트 교수 방법이 학습만족도에 미치는 영향 관계에서 학습양식의 매개효과
    분석. 학습자중심교과교육연구, 21(1), 1453-1474.

임창재(1996). 학습양식. 서울: 형설출판사.

차경수, 최충옥, 이미나, 옹정근, 남기석(2010). 교육사회학의 이해(개정판). 서울: 양서원.

Cranton, P. (2006). *Understanding and promoting transformative learning: A guide for
    educators of adults* (2nd ed.). San Francisco, CA: Jossey-Bass.

Keefe, J. W. (1991). Learning style: Cognitive and thinking skills. Instructional leadership
    series. National Association of Secondary School Principals. Reston, Va. (ERIC
    Document Reproduction Services No. ED 355 634).

Kolb, D. A. (1984). *Experiential learning: Experience as the source of learning and
    development*. Englewood Cliffs. NJ: Prentice Hall.

성인학습자의 이해

제2장에서는 성인학습자를 이해하기 위해 성인학습자의 특성, 성인학습자의 참여동기를 소개한다. 아동과 다르게 지식과 정보, 경험이 풍부한 성인학습자의 특성을 파악하고 성인학습의 원리를 잘 활용하여 적극적으로 참여할 수 있도록 하는 것이 무엇보다 중요하다. OECD 교육 2030 프로젝트에서는 학습의 능동적인 역할을 수행하는 학생 주도성(student agency)을 미래 교육의 중요한 화두로 제시하였다. 성인학습자가 자신의 삶과 주변에 영향을 미칠 수 있는 능력과 의지를 갖추고 긍정적인 변화를 위한 목표설정과 성찰을 통해 책임감 있게 행동하는 것을 의미한다. 따라서 성인학습자의 올바른 이해는 평생교육방법을 고안할 때 먼저 고려되어야 한다.

1. 평생교육방법을 고안하는 학습자는 성인학습의 원리와 특징을 한 가지 이상 설명할 수 있다.
2. 학습자로서 호울(Houle)의 세 가지 학습 참여동기 유형 중에서 한 가지 유형의 특징을 한 가지 이상 설명할 수 있다.

1. 성인학습자의 특성

성인학습자란 자발적인 학습 동기로 인하여 자신의 학습을 진단하고 목표를 설정하고, 그 목표를 달성하기 위하여 형식, 비형식, 무형식 등의 어떠한 교육 형태로든 학습 과정에 참여하고 있는 자이다. 성인학습자는 예전에 획득한 수행수준을 유지하며 지적 기능을 최대화하면서 생물학적 퇴화와 환경적 손상에 적응한다. 성인학습자의 특성은 정신적, 신체적, 사회적 등 여러 측면에서 다양하게 나타난다. 성인학습자는 자발성을 가지고 학습상황을 선택하고, 자기주도적이며, 지금까지 누적된 경험을 가지고 학습에 임하는 특성이 있다.

또한 현실문제에 더 많은 관심을 두기 때문에 내재적 동기를 가지고 학습에 임하는 경향이 강하고 나이에 따른 신체적 변화로 인해 학습 환경에 민감하게 반응하는 특성을 갖는다. 그리고 교육내용이나 교수법 또는 학습결과에 대하여 즉각적인 반응을 보이는 특성을 갖는다.

린드만(Lindeman, 1926)도 성인학습자의 특성을 다음과 같이 정의하고 있다.

첫째, 성인학습자는 배움을 통해 만족감을 계속 경험할 때 배움에 대한 동기부여가 된다.

둘째, 성인학습자는 실생활과 관련된 과제 중심으로 학습하고자 하는 경향이 있다.

셋째, 성인학습자에게 경험은 가장 큰 자원이며, 성인학습에 가장 좋은 방법은 경험을 분석하는 것이다.

넷째, 성인학습자는 자기주도적으로 학습하고자 하며, 교수자는 단순히 지식을 전달하는 역할이 아니라 상호 학습 과정에 참석하는 안내자의 역할을 해야 한다.

다섯째, 나이가 들수록 개인 간의 차이는 벌어지므로 성인학습은 스타일, 시간, 장소 등에 개별화가 중요하다.

스미스(Smith, 1982)는 성인학습자의 특성을 다음과 같이 제시하였다.

첫째, 성인학습자는 다중의 역할과 책임을 지고 있다.

둘째, 성인학습자는 많은 인생 경험을 축적하여서 학습형태 및 학습 환경에 대한 뚜렷한 선호가 있다.

셋째, 성인학습자는 신체적, 심리적, 사회적 영역에서 여러 발달단계를 거쳤고, 학습에의 불안감을 가지고 있다. 이러한 특성으로 인해 그는 성인학습자가 학습해야 할 필요를 느끼거나 무엇을 왜, 어떻게 학습하는지에 대한 책임감을 느끼고 있을 때 가장 잘 학습한다.

메리암, 카파렐라와 바움가트너(Merriam, Caffarella, & Baumgartner, 2009)는 성인학습자의 특징을 다음과 같이 제시하였다.

첫째, 성인학습자는 독립적인 자아개념을 가지고 있으며 자기주도적으로 학습할 줄 안다.

둘째, 성인학습자는 풍부한 학습자원이 되는 경험을 저수지처럼 축적하고 있다.

셋째, 성인학습자는 사회적 역할을 변화시키기 위한 필요성으로 학습을 한다.

넷째, 성인학습자는 지식을 즉각 적용할 수 있는 학습에 관심을 두고 있으며 문제해결을 위하여 노력한다.

다섯째, 성인학습자는 외부 요인보다는 내부 동기에 의하여 학습한다.

종합해 보면 성인학습자는 현실적이고 구체적인 목적을 가지고 자발적으로 학습에 참여하는 실용적 학습자이다. 그들은 여러 발달단계를 거치면서 풍부한 인생의 경험을 축적하였다. 학교 교육과는 다른 교육환경을 요구하고 있으며, 학습을 통하여 개인 성장을 기대하고 있다. 이러한 성인학습자의 특성을 고려할 때 성인학습의 목표, 내용, 방법 및 성과에 접근하는 방법은 아동의 그것과 달라야 한다. 성인학습자는 학습주의, 자기주도학습, 학습방법의 학습, 경험학습, 전환학습과 같은 특성이 있으므로 스스로 학습해 나가며, 학습에 대한 주체성, 능동성을 가진다. 즉, 자기주도성, 내재적 동기, 환경과의 능동적인 상호작용, 생활중심 문제, 자기확신, 그리고 자기반성이라는 특징을 가지고 있다(윤운성, 2000).

2. 성인학습의 원리

성인학습은 교육자 및 교육기관의 의도와 상관없이 학습자 자신의 요구와 관심에 따라 전 생애에 걸쳐 자기주도적으로 실행하는 학습활동이다. 성인학습자는 아동, 청소년보다 필요한 학습자료나 강좌를 스스로 찾아 습득하는 자기주도성이 강하다. 성인학습자는 학습을 통해 자신의 부족한 것을 보완하고 새롭게 무언가를 보강해 나간다. 따라서 성인학습을 지원하기 위해 성인학습의 원리를 알고 적용하는 것은 무엇보다 중요하다.

대표적인 성인학습 학자인 노울즈(Knowles, 1988)는 다음과 같이 정의하고 있다.

첫째, 성인학습자는 교육과정의 목적을 이해하고 학습 욕구가 있어야 한다.

둘째, 학습상황은 부드럽고 자연스러우며 화기애애한 분위기가 유지되어야 한다.

셋째, 신체적 조건이 편안해야 한다.

넷째, 성인학습자가 학습 과정에 참여하고 학습은 학습자의 경험과 관련되어야 하며, 활용해야 한다.

다섯째, 교수자는 자신이 가르치는 일에 열정적이어야 하며, 성인학습자는 자신의 학습 진척도에 대하여 알고 성취감을 가져야 한다.

여섯째, 수업방법은 다양해야 하며, 교육자는 성장에 대한 감각이 있어야 한다.

일곱째, 교육자는 코스에 대해 융통성 있는 계획을 해야 한다고 하였다.

신용주(2021), 정지웅과 김지자(1987)는 성인학습자의 지적 · 신체적 · 정의적 특성을 바탕으로 성인학습의 원리를 다음과 같이 정의하고 있다.

첫째, 성인학습자는 반응속도가 느리므로 충분한 시간적 배려가 있어야 한다.

둘째, 성인학습은 성인학습자의 각종 태도와 성격적 특성을 포함하는 정의적 요인에 대하여 충분한 배려를 해야 한다.

셋째, 학습자 각각의 자아개념을 적절히 개발할 수 있도록 교육적 요구를 진단하고, 그들의 경험을 계획하도록 한다.

넷째, 학습자의 과거 경험을 최대한 살려서 학습을 위한 풍부한 자원이 되게 하도록 해야 한다.

다섯째, 성인학습자의 발달과업에 적합한 학습경험을 시간 계획에 잘 반영시켜야 한다.

여섯째, 성인학습자는 현실적인 문제를 빠르게 해결하고 즉시 활용하고자 하므로 문제해결 중심의 학습이 되어야 한다고 정리하고 있다.

권두승과 조아미(2003)는 성인의 발달특성을 전제로 성인교육 참여 특성을 고려하여 성인학습 원리를 다음과 같이 제시하고 있다.

첫째, 자발적 학습의 원리이다. 자발적 학습이란 학습자가 자신의 의지에 기초하여 행하는 학습을 말한다. 이 원리는 성인의 '자아개념의 변화'로부터 도출된다.

둘째, 자기주도학습의 원리이다. 자기주도학습이란 학습자가 주체적으로 학습의 목적 및 방법을 결정하고 자신의 향상을 도모하기 위하여 학습하는 것을 말한다. 이것은 성인학습에 있어 '경험의 역할'로부터 도출되는 원리이다.

셋째, 상호학습의 원리이다. 상호학습이란 교수자와 학습자 간 서로 가르치고 배우는 활동뿐만 아니라 학습자 상호 간에도 같은 활동이 이루어진다는 것을 의미한다. 학습자 가 지닌 풍부한 경험을 학습자원으로 공유함으로써 상호학습이 가능하게 된다.

넷째, 생활 적응의 원리이다. 일상생활 가운데 당면하게 되는 과제 및 요구에 기초하 여 학습을 전개하고, 그 과제 혹은 요구가 충족된 후 생활에 직접 활용하기도 하고 적용 하는 원리이다.

성인학습 특성 및 원리를 종합하면, 성인학습자는 실생활에 당면한 문제해결이나 지 속적인 성장과 변화를 위해서, 생애발달 단계별로 요구되는 다양한 역할 수행을 위해서, 자기주도성의 발휘와 자아실현을 위해서 학습활동에 꾸준히 참여하는 것을 알 수 있다.

3. 성인학습자의 참여동기

1) 개념

성인학습자의 학습 참여동기는 학자마다 다르게 정의하고 있다. 노울즈(Knowles, 1989)는 내재적 동기, 사간트(Sargant, 2001)는 자기계발 또는 내재적 흥미, 취업, 업무수 행 향상 및 자격증 취득 등과 같은 외재적 동기, 토프(Tough, 1978)는 즐거움과 만족, 자 긍심, 타인의 기쁨과 깊은 인상이라고 하였다.

학자마다 학습 참여동기를 다르게 정의하지만, 자발적으로 참여하고자 하는 학습자 의 내면적 상태로 학습을 일어나게 하는 원동력이라는 것에는 일치한다. 주도성을 가진 학습자는 동기 수준이 높고, 정서조절 및 행동조절을 잘한다. 특히 학업성취에서 동기 는 목표설정, 학습의 지속, 학습의 양과 질에도 영향을 미치고 학습목표의 종류, 학습 과 정 내의 보상시스템, 목표의 종류 등이 동기에 영향을 미친다(박성희 외, 2013).

성인학습자의 평생교육 참여동기는 학습자가 학습에 참여할 때 그 이유를 설명할 수 있는 중요한 요인이다. 성인학습자의 참여동기는 학습 참여 만족도와 유의한 상관이 있 으며, 학습성과 인식 및 교육만족도에 미치는 영향이 크다. 학습 참여동기는 지속적인 평생학습 참여 방향과 정책 수립에 중요한 자료를 제공한다(송영선, 2018).

2) 학습 참여동기의 유형

호울(Houle, 1961)은 성인학습자 대상의 심층 면접을 통해 성인이 학습하게 되는 동기를 활동 지향형, 목표 지향형, 학습 지향형으로 유형화하였다.

활동 지향형(activity-oriented learning)은 학습하는 과정을 즐기기 위하여 학습하는 경우이다. 학습에 참여하는 행위나 활동 그 자체에 의미를 두거나 만족하는 유형으로, 사회적 인간관계를 유지, 개선, 확대하는 데 관심이 있다. 이들은 학습보다는 주로 사회적 접촉이나 사회활동 참여, 대인관계 증진 등에 목적이 있다. 교육 활동의 선정기준으로 참여를 통해 얻는 인간관계의 양과 유형을 중시한다.

목표 지향형(goal-oriented learning)은 더 나은 삶을 영위하기 위하여 학습하는 경우이다. 전문지식과 기술 습득, 직무향상을 위해 참여 그 자체가 실제적인 문제해결의 수단이 된다. 이들의 목적은 조직적인 강의나 과정에 관심을 두고 기술 자격증이나 졸업장을 획득하는 것이다.

학습 지향형(learning-oriented learning)은 단순히 알고 싶어서 학습하는 경우이다. 지식이나 배움 그 자체를 좋아하며, 지적 호기심이나 근본적으로 알고자 하는 욕구를 충족하기 위해 참여한다. 문학, 영화, 철학, 역사, 사진 등 다양한 영역에서 지식을 얻고 이해하며 성취감을 느끼는 것 자체이다. 학습자에게 교육은 매우 일상적인 일 중의 하나이다.

이와 같이 학습 참여동기를 유형별로 성인학습자의 특성과 관련 있는 변인과의 관계를 확인하는 것은 학습상의 어려움을 극복하여 학습을 지속하게 하는 디딤돌이 된다(송영선, 2018).

3) 성인교육 실천 원칙

학습 참여동기와 관련하여 성인교육자가 갖추어야 할 성인교육 실천 원칙은 다음과 같다(Long, 2002).

첫째, 성인학습자는 자신만의 목적, 요구, 기대를 지닌 자율적 존재로 인식되어야 한다. 둘째, 성인학습자는 자신의 행복에 영향을 미치는 결정에 동등하게 참여할 수 있는 존재로 보아야 한다. 셋째, 성인학습자는 자기책무성과 자기주도성을 지향하는 자아를 지닌 존재로 간주하여야 한다. 넷째, 성인학습자는 개인적인 고유의 가치를 지니고 있으므로 존중되어야 할 존재이다. 다섯째, 변화를 거부하는 것이나 변화를 수용하고 제약 조건을 극복하려는 것 모두 성인학습자의 자연적 본성이다. 여섯째, 성인학습자의 학습 태도와 학습 노력은 상황에 따라 다르므로, 성인학습자의 개인적이고 주관적인 특성을 반영하는 학습 환경을 조성할 때 학습이 활성화될 수 있다. 일곱째, 성인교육은 기억, 생애사건, 인간관계와 같은 사전 경험에 의해 영향을 받는다. 여덟째, 성인교육은 인지 능력에서 행동 능력, 이론 구축에서 일상의 문제해결에 이르기까지 실제로 적용할 수 있는 학습을 중심으로 이루어져야 한다. 아홉째, 성인의 교육 요구와 교육결과에 대한 보상을 학습자 자신의 경험에서 찾을 수 있도록 내재적 학습동기부여가 이루어져야 한다. 열째, 성인교육은 학습자 스스로 자신을 신뢰하고, 실수나 실패에도 불구하고 재도전하도록 격려해 주는 환경하에서 가능하다.

이와 같은 롱(Long)의 성인교육 실천 원칙은 철학적 관점에서 학습자와 교육에 관한 가정을 제시하였다는 측면에서 의의가 있다.

《 생각해 보기

1. 아동학습과 성인학습의 원리의 차이점을 설명해 보자.
2. 성인학습자의 특성을 사례로 들어 설명해 보자.
3. 호울(Houle)의 세 가지 학습 참여동기 중에서 자신은 어디에 해당되며 그 이유는 무엇인지 설명해 보자.

참고문헌

권두승, 조아미(2003). 성인학습 및 상담. 서울: 교육과학사.

박성희, 송영선, 나항진, 황치석, 문정수, 박미숙(2013). 평생교육방법론. 서울: 학지사.

송영선(2018). 고학력 성인학습자의 학습참여동기가 자기효능감에 미치는 영향관계에서 자기주
도학습의 매개효과. 평생교육학연구, 24(2), 31-55.

신용주(2021). 평생교육방법론(2판). 서울: 학지사.

윤운성(2000). 성인학습과 발달: 교육 심리학적 시각. 교육심리연구, 4(14), 31-50.

정지웅, 김지자(1987). 사회교육개론. 서울: 서울대학교출판부.

Houle, C. O. (1961). *Inquiring mind*. Madison, WI: University of Wisconsin Press.

Knowles, M. S. (1988). *Andragogy in Action*. San Francisco: Jossey-Bass.

Knowles, M. S. (1989). *The making of an adult educator*. San Francisco: Jossey Bass Publishers.

Lindeman, E. C. (1926). *The Meaning of Adult Education* (1989 edn). Norman: University
of Oklahoma.

Long, H. B. (2002). *Teaching for learning*. Malabar, FL: Krieger.

Merriam, S. B., Caffarella, R. S., & Baumgartner, L. M. (2009). 성인학습론 [*Learning in
adulthood: A comprehensive guide* (3rd ed.)]. (기영화, 홍성화, 조윤정, 김선주 공역).
서울: 아카데미프레스. (원저는 2007년에 출판).

Sargant, N. (2001). A north-south divide among adult learners in Europe. *Adult Education
and Development*, 57, 191-200.

Smith, R. M. (1982). *Learning how to learn*. Chicago: Follett.

Tough, A. (1978). Major learning effects: Recent research and future directions. *Adult
Education*, 28(4), 258-263.

Wlodkowski, R. J. (2008). *Enhancing adult motivation to learn: A comprehensive guide
for teaching all adults* (revised ed). CA: Jossey-Bass Publishers.

성인학습 이론

학습개요

제3장에서는 성인학습의 이론에 대해 알아본다. 성인학습자의 다양한 경험과 지식에 성인학습 이론을 연계한다면 더욱 효과적인 학습이 이루어진다. 다양한 성인학습 이론으로는 안드라고지, 자기주도학습, 전환학습, 자기조절학습 이론 등이 있다. 또한 성인학습의 이론을 바탕으로 다양한 교육방법을 모색하고 활용하는 것이 중요하다. 그런 의미에서 성인학습 이론은 성인의 교육방법을 체계화하는 데 도움이 된다.

이 장에서는 안드라고지의 개념과 기본 가정, 교수-학습 단계, 자기주도학습의 개념과 필요성, 특징, 전환학습의 개념과 단계, 자기조절학습의 개념과 단계 등을 학습하게 된다.

학습목표

1. 학습자는 안드라고지의 교수-학습 일곱 단계 중에 두 개 이상을 설명할 수 있다.
2. 학습자는 자기주도학습의 특징을 예를 들어 설명할 수 있다.
3. 생애주기에 따른 전환시기에 놓인 학습자들은 전환학습의 단계 중 첫 번째 단계를 예를 들어 설명할 수 있다.

1. 안드라고지

1) 개념

안드라고지(Andragogy)는 페다고지(pedagogy)와 상반되는 개념으로 평생교육의 원리 및 실천에 있어 핵심 개념이다. 안드라고지와 페다고지의 구분은 주로 대상과 교육방법 에서 알 수 있다. 페다고지는 학교에서 아동이나 청소년을 대상으로 형식교육 방법으로 가르친다(teaching). 안드라고지는 성인을 대상으로 주로 형식, 비형식 교육방법으로 도 와준다(helping)(오선아 외, 2022).

안드라고지의 중요한 가정(assumption)은 '학습 준비도'이다. 노울즈(Knowles, 1984) 에 따르면, 학습 준비도는 성인학습자에게 인생의 발달과업에 따라 어떠한 내용을 가장 잘 배울 수 있게 해 주는 개념이다. 노울즈, 홀튼과 스완슨(Knowles, Holton, & Swonson, 2011)은 성인은 일생동안 학습할 수 있으며, 학습경험은 일정 부분 성인학습에 기여한다 는 신념에 근거한다고 하였다. 또한 성인은 사회적인 역할과 지위, 책임감, 풍부한 경험 및 다양한 학습 요구를 지닌다. 따라서 평생교육에서는 성인기의 삶과 관련된 학습경험 을 제공하는 것이 중요하다.

2) 안드라고지의 기본 가정

안드라고지에서는 학습자의 주도성과 학습경험이 학습자원으로 중요하다. 교수자와 학습자가 함께 학습을 이끌고 참여하는 학습자 중심 교육이다(박성희 외, 2013).

안드라고지의 기본 가정은 첫째, 사람들은 성숙하면서 자아개념이 자기주도적으로 변한다. 둘째, 성인학습자는 시간이 흐를수록 많은 경험을 쌓고 경험은 귀중한 학습자 원이 된다. 셋째, 성인학습자의 학습 준비도는 발달에 따른 과업 및 사회적 역할과 깊은 관련이 있다(김경득, 2008).

노울즈(Knowles, 1980)는 안드라고지의 기본 가정을 다음과 같이 정리하고 있다.

(1) 학습자의 자아개념 변화

인간은 성장하면서 자아개념이 의존적인 것에서 자기주도적인 것으로 변한다. 성인 학습자는 학습에 대한 욕구가 생길 때 교수자에게 의존하기보다는 그 욕구 상황에 들어가 문제화하여 자기 방향을 찾아나간다. 자율적인 자아개념이 발달한 성인은 타인에 의해 강요되는 상황을 거부하거나 저항한다는 것이다. 따라서 안드라고지에 있어서 교수자의 역할은 학습자의 자율성을 증가시키고 자극하도록 돕는 것이다.

(2) 학습자 경험의 역할

성인은 많은 경험을 누적하게 되는데, 누적된 경험은 학습의 풍부한 원천이 된다. 성인의 학습에 있어 경험은 필수불가결한 요소이며, 경험으로부터 배우는 방법이 곧 자기실현의 열쇠라고 여긴다. 따라서 교육방법으로 주입식이나 교과중심의 방법보다는 상호경험을 나눌 수 있는 그룹토의, 사례연구, 모의실습, 현지경험, 팀 연구과제 등의 방법을 선호한다. 결과적으로 성인학습은 전달적인 기법보다는 경험적인 기법에 따르는 것이라 할 수 있다. 새로운 경험을 토대로 한 경험의 재구성을 통해 학습의 의미를 추구하는 성인의 특성은 성인의 경험을 삶 그 자체로 보며 나아가 사람 그 자체이다.

(3) 학습 준비도

성인의 학습 준비도는 여러 가지 새로운 사회적 역할수행에서 요구되는 발달과업과 관련 있다. 인간은 여러 발달단계를 거쳐 성장하고 성숙해간다. 한 발달단계에서 다음 단계로 넘어가기 위해 개인이 알 필요가 있는 것을 학습하는 과정을 거친다. 각각의 발달과업은 가장 잘 학습할 수 있는 순간을 의미하는 학습 준비도라는 개념을 탄생시켰다(권두승, 2005). 따라서 성인학습자의 발달과업과 동시성을 띤 학습 경험이 중요하다

(4) 학습의 경향성과 적용시기

사람은 성장하면서 자신이 배운 지식을 적용하는 시점을 미래에서부터 즉시적인 것으로 바꾸어가게 된다. 어린 시절의 학습은 교과 중심이지만 성장해 가면서 점차 문제 중심 지향의 학습으로 옮아가게 된다.

성인의 학습내용은 개인의 실존적 관심과 조화를 이루는 것이어야 한다. 성인의 자율적인 욕구와 필요에 따라 학습이 일어나기 때문에 현재적이고 즉각적인 적용에 관심을

둔다. 따라서 성인의 학습은 정보전달을 위한 교실 수업보다 문제해결 집단을 통해 더 효율적으로 일어난다.

(5) 학습동기

성인들은 학습하는 데 외적 요인보다는 내적 요인에 의해 동기화된다(Knowles, 1984). 안드라고지의 학습 동기는 문제해결을 위한 내적 자극과 호기심으로 이루어진다. 즉, 자기충족의 가능성을 볼 때, 자신의 기대와 현재 상태 사이의 차이를 인식할 때, 삶의 과제와 자신의 능력을 비교할 때, 내적 압력이 되어 학습동기를 사극하게 된다.

3) 안드라고지의 교수-학습 적용

노울즈(knowles)는 안드라고지의 원리를 현장에 적용할 때 인본주의 철학과 자기주도 학습 원리를 고려하여 다음과 같은 7단계를 제시하였다.

(1) 학습분위기 조성

학습에 도움이 되는 물리적 및 심리적 환경을 조성해야 한다. 물리적 환경은 학습자가 안락함을 느끼고 쾌적한 것이어야 하며, 심리적 환경은 학습자들이 존중받고 지지를 받는 분위기를 조성해 주는 것이다. 이에 대해 노울즈(Knowles, 1980)는 모든 성인교육의 과정에는 성인학습자들이 교육과정에 대한 정책 결정에 참여하고, 상호신뢰와 존경의 분위기를 토대로 필요한 역할과 책임을 분담하여 수행하는 분위기가 필수적이라고 하였다. 즉, 성인학습자들이 가지고 있는 특징인 풍부한 경험과 그 경험을 근간으로 한 학습능력을 상호 신뢰하는 분위기 속에서 서로의 경험과 정보를 나누고, 함께 교육과정을 계획하며 활동하고 평가할 수 있는 분위기를 소성할 것을 세안한다. 안드라고지의 첫 단계는 성인학습자의 자존심과 주체적인 참가를 가능하게 할 수 있는 교육적 환경의 조성에 관한 것이다(강선보, 변정현, 2006).

(2) 상호 학습 프로그램 계획

교육 방향과 방법을 계획할 때 학습자를 참여시켜야 한다. 안드라고지의 학습과정은 교수자가 독단으로 교육과정을 계획하고 수립하는 것이 아니라 교수자가 학습자와 상호 협의 관계를 거쳐 적절한 교육목표를 수립하고 이에 합당한 교육계획을 세운다는 것이다. 노울즈(Knowles, 1980)는 성인학습자들이 교육에 참여하게 된 동기는 그들의 사회적 역할에 대한 과제를 발견하고 그것을 해결하기 위한 것에서 비롯된 것이기 때문에 교육계획에 성인학습자가 반드시 참여할 것을 강조한다. 안드라고지의 출발점은 항상 학습자의 관심과 욕구이며, 성인교육의 최고의 기술은 학습자가 자신의 욕구를 발견하고 대면하는 일에 관심을 갖고 도와주는 일이기 때문이다.

(3) 학습요구 진단

학습요구 진단에 학습자를 관여시켜야 한다. 노울즈(Knowles, 1980)는 성인학습자도 사회적 압력에 의해 학습욕구를 갖기도 하지만, 일반적으로 자기주도적이고 내재적인 동기를 형성하고 있다고 지적한다. 안드라고지의 학습과정에서는 배워야 할 것을 타인이 정해 주는 것이 아니라 성인학습자 스스로 진단하도록 하여 요구분석의 과정에 참여하는 것을 권고한다. 또한 학습자의 요구를 진단할 때 학습자 개인의 요구와 그 학습자가 속해 있는 공동체의 요구를 함께 진단해서 양자가 조화를 이룰 수 있도록 유도해야 한다고 주장한다.

(4) 학습목표 수립

학습자가 스스로 학습목표를 수립하도록 격려하여야 한다. 학습요구를 진단한 후에는 학습활동을 하기 위한 목표를 수립해야 하는데, 이 과정에서도 성인학습자들의 참여를 강조한다. 교수자와 학습자가 함께 학습활동을 계획하고 그것을 근거로 평가할 수 있도록 상호 협의하에 학습목표를 수립한다는 것이다. 이때 학습목표는 안드라고지의 원리에 따라 현실적이고 발전적인 것이어야 하며, 학습자의 자기진단적 요구와 관련이 있어야 하고, 그 결정의 책임을 학습자 자신이 공유할 수 있도록 해야 할 필요가 있다(권두승, 2005).

(5) 학습계획 설계

학습자가 학습목표 성취에 필요한 자원을 파악하고 자원 활용 전략을 구안하도록 격려하여야 한다. 이 단계에서는 자기진단에 의해서 학습자들에게 동일시된 문제영역, 학습형태, 지시된 방법 및 교재를 이용하거나 경험에 기초한 학습단원을 설정하고, 이것을 학습자의 준비도, 내용의 계열성, 그리고 심리적인 원리에 따라 배열하는 것이 필요하다.

(6) 학습활동 실행

학습자가 학습계획을 실행하도록 도와주어야 한다. 노울즈(Knowles, 1980)는 학습활동의 실행에 필요한 조건을 지도자 선발과 훈련, 편의시설과 절차, 상담, 홍보와 PR, 재정의 다섯 가지로 말한다. 지도자는 학습과정을 돕는 촉진자이며 자료제공자로 학습자들이 경험의 세계로 노출될 수 있도록 돕고, 학습과정에서의 경험이 새로운 경험으로 연결되어 삶에 의미를 부여할 수 있도록 돕는 역할을 하는 사람이다. 다음으로 학습 편의시설은 학습 분위기를 지원할 수 있는 쾌적하고 편안한 교육공간과 자원을 말하며, 절차는 학습자가 등록이나 제반 서비스 등을 제공받는 과정을 말하는데, 이러한 시설과 절차가 학습자 지향적인 것으로 구성될 필요가 있음을 지적하고 있다.

(7) 학습과정 평가

학습자가 자신의 학습과정을 스스로 평가하도록 해야 한다. 평가의 기본적인 목적은 프로그램을 개선하고 학습자의 성장을 자극하기 위함에 있다고 본다. 노울즈(Knowles, 1980)가 제시하는 평가의 과정은 평가의 내용을 구성하고 평가항목에 관련된 자료를 수집하며, 자료들을 분석하여 평가결과를 정리하고, 끝으로 이를 기반으로 프로그램의 수정과 보완을 준비한다. 성인학습자의 주도적인 참여를 강조하는 것은 평가과정에도 마찬가지로 나타난다. 즉, 평가를 누구 한 사람이 독단적으로 할 것이 아니라, 교수자 외 참가자, 프로그램 기획자와 위원회가 참여하여 공동으로 시행할 것을 권고한다. 또한 평가방법으로는 면담과 집단토의, 설문조사 등을 제안하여 다면적인 시행을 선호함을 확인할 수 있다.

노울즈의 안드라고지 실천 원칙은 효과적인 학습 촉진자인 퍼실리테이터로서 교수자에게 교육방법의 실행 능력과 학습자 간의 관계구축 능력이 필요함을 시사해 주고 있다. 또한 안드라고지에서는 교육의 계획 단계부터 학습자가 참여하고, 학습활동에 참가하는 학습자의 요구를 진단하고, 자기진단을 할 수 있는 기회를 부여하는 것이 필요하다고 설명한다.

그리고 노울즈는 학습목표가 학습자의 자기진단적 요구와 관련이 있어야 하고, 학습과정에 대한 책임은 교수자와 학습자에게 있다고 주장한다. 그는 평가단계에서는 학습자 자신에게 자신의 목표에 비추어서 장점과 단점에 관한 전망을 가져오고 현재의 수준과 목표수준의 단계를 발견하는 데 도움이 된다고 하였다.

2. 자기주도학습

1) 개념

자기주도학습(self-directed learning)은 학습자가 학습권을 주도하는 학습이다. 노울즈(Knowles, 1975)는 자기주도학습을 학습자 스스로 학습 요구를 진단하고, 목표를 설정하고, 학습자원을 파악하며, 학습전략의 선택과 실행 및 결과 평가를 하는 과정에서 타인의 도움을 받거나 혹은 자신이 직접 학습하는 것이라고 하였다. 또한 그는 한 개인의 의존성이 자기주도성으로 발전해 나가는 것은 성숙과정의 필연적인 결과로 성인학습자는 자기주도적으로 되고자 하는 심리적인 욕구를 갖고 있다고 하였다.

펜랜드(Penland, 1979)는 자기주도학습이란 학습자가 학습요구를 결정하고, 학습정보를 수집하며, 학습자원을 활용하고, 학습방법 개발 및 선택에 대해 책임을 지고, 계획자는 학습자가 기대하는 수준에 도달하도록 도와주며, 관계집단은 학습자가 무엇을 학습하고 어떻게 행동해야 할 것인가에 대한 방향을 제시하고, 학습자가 협력적으로 학습평가를 실시하는 학습이라고 하였다.

브룩필드(Brookfield, 1985)는 자기주도학습을 학습자가 자율성, 자유의지, 역량을 바탕으로 학습경험의 계획과 관리에 관련된 다양한 의사결정에 대한 통제권을 유지하면서 추진하는 학습이라고 하였다. 무엇보다 자기주도학습은 학습자 스스로 학습하는 것뿐만 아니라 동료나 전문가, 교수자와 협의하는 것도 포함된다.

2) 자기주도학습의 필요성

자기주도학습은 성인학습의 핵심으로 성인학습자에게 도전과 정규과정의 학습형태를 벗어나 사고의 범위를 확장하게 한다. 자기주도학습의 필요성은 다음과 같다(최은수 외, 2020).

첫째, 자기주도학습자는 의존적인 학습자보다 더 많은 것을 학습하고 더 잘 배운다.

둘째, 자기주도학습은 제4차 산업혁명 시대에 필요한 능력이며, 모든 성인학습자가 보유하고 있는 능력이다.

셋째, 자기주도학습은 자연적, 심리적 발달과정이다. 성숙의 본질은 자신의 삶에 대해 책임을 지는 능력을 개발하는 것, 즉 점차적으로 자기주도적 존재가 되는 것이다.

넷째, 교육에서 새로운 발전, 새로운 교육과정, 개발교실, 무학년제 학교, 학습지원센터, 독학, 비전통적 학습 프로그램 등은 학습자가 그들 자신의 학습에 대해 많은 주도권을 가져야 한다는 무거운 책임을 지우고 있다.

3) 자기주도학습의 특징과 구성요소

자기주도학습의 특징은 네 가지로 요약될 수 있다(Knowles, 1975).

첫째, 학습자를 자기주도성 혹은 자율성을 높일 수 있는 사람으로 간주한다.

둘째, 자기주도학습은 학습자가 실제 생활의 문제를 해결하고 과제를 충족하기 위해 배움의 필요를 지향한다.

셋째, 자기주도학습자의 경험은 학습에 활용되어야 할 중요한 학습자원이다. 기관, 조직, 학교, 교회, 사람, 아이, 친구, 의사, 선생님, 동료 등 모든 것이 자기주도학습의 자원이 될 수 있다.

넷째, 자기주도학습에서 학습동기는 학습자의 지적호기심을 해결하고자 하는 내적 욕구의 내적 동기에 의해 학습이 진행된다고 보았다.

교수자는 성인학습자가 자기주도학습을 잘할 수 있도록 학습환경을 잘 만들어 주는 것이 중요하다.

자기주도학습의 구성요소는 〈표 3-1〉과 같다(임형택 외, 2013).

● 표 3-1　**자기주도학습의 구성요소**

구분		구성요소	내용
인지조절	인지전략	시연	단기기억 속에서 정보가 사라지지 않게 하기 위한 전략으로 학습내용을 외우거나 소리내어 읽는 것
		정교화	학습자료를 의미있게 하기 위하여 새로운 정보를 이전 정보와 관련 맺도록 하여 정보를 장기기억 속에 저장하는 방법
		조직화	학습내용을 쉽게 이해할 수 있도록 내용 요소들 간의 관계를 논리적으로 구성해 보고 중요한 개념을 중심으로 내용을 분석해 보거나 관계성을 추론하는 것
	메타인지전략	계획	학습을 효율적으로 하기 위해 필요한 전략을 계획적으로 선택하는 것
		점검	과제를 수행하는 동안 자신의 이해 정도 및 상태를 스스로 확인하는 인지 활동
		조절	자신의 학습활동을 교정하고 잘못 이해된 부분을 고침으로써 학습을 형성하기 위한 활동
동기조절		숙달목표 지향성	학습자가 자신이 학습에 어떻게 접근하고 참여할 것인지를 결정하는 신념체제로 학습자의 숙달목표는 학습흥미, 과제에 대한 도전, 학습에 대한 만족감과 긍정적 태도를 갖게 함
		자기효능감	개인이 성취 장면에서 자신의 능력에 대해 가지는 기대로 특정과제를 수행하는 능력에 대한 믿음인 자기효능감은 학습동기를 높이고 과제에 몰입할 수 있게 해줌
		성취가치	과제의 중요성 가치, 활용성 가치, 내재적 가치를 포함하는 것으로 성취가치가 높은 학습자는 과제의 중요성과 활용성을 알고 있으며 흥미를 가지고 더 많은 노력과 오랜 지속력, 높은 수행을 보여 줌
행동조절		행동통제	잡념이나 동기 부족 등의 내부 요인이나 학습을 방해하는 외부 요인들을 조절하면서 자신의 학습행동을 잘 조절하는 것을 말함
		도움 구하기	자신의 힘으로 해결하기 어려운 장애에 부딪혔을 때 자신보다 더 알고 있다고 여겨지는 친구, 부모 및 교사에게 도움을 청하는 것도 행동조절의 한 형태임
		시간관리	학습자 자신의 시간 활용을 점검하고 학습 계획서를 작성하여 실천하는 것으로 효과적인 학습자는 자신의 학습 시간을 효과적으로 조절함

출처: 임형택 외(2013).

안드라고지의 특징은 성인학습자를 자기주도학습자로 가정한다는 점과 학습 준비도에 따른 사회적 역할과 깊은 관련이 있다는 것이다. 따라서 성인학습자의 특성에 기초한 안드라고지와 자기주도학습은 불가분의 관계이다.

4) 자기주도학습의 교수 모형

교수자가 활용하기에 유용한 자기주도학습의 대표적인 교수 모형으로는 그로우(Grow)의 SSDL(Staged Self-Directed Learning) 모형이 있다. 그로우는 자신의 SSDL 모형에서 학습자의 자기주도성을 수준에 따라 4단계로 구분하고 각 단계별로 적합한 교수자의 역할 및 교육방법을 제시하였다(〈표 3-2〉 참조; 신용주, 2021).

● 표 3-2 **자기주도성 수준별 교수방법**

단계		자기주도성 수준	교수자의 역할	적절한 교수방법
1단계	의존적 학습자	• 자기주도성이 매우 낮음 • 권위 있는 존재가 무엇을 할지 지시해 주기를 원함	권위자	연습, 지도, 코칭, 욕구파악, 정보 제공
2단계	관심 있는 학습자	• 자기주도성이 낮음 • 동기유발이 되어 있고 자신감도 있으나 학습주제에 대하여 잘 알지 못함	안내자	강의, 훈련, 교수자 주도의 토론 및 학습 전략 수립
3단계	참여적 학습자	• 자기주도성이 중간 정도임 • 스스로 지식과 기술을 갖추고 좋은 인도자와 함께 주제에 대한 탐구 능력을 갖춤	촉진자	학습계약, 학습방법의 학습, 교수 주도의 참여식 토론, 세미나 및 집단 과제
4단계	자기주도적 학습자	• 자기주도성이 높음 • 전문가의 도움없이 스스로 학습을 기획, 수행, 평가할 능력을 갖춤	상담자	정보수집, 자원 활용, 목표 달성, 자기평가, 동료평가, 학습자 주도 토론, 임파워 먼트, 독자적 학습, 수준 높은 과제, 논술

5) 교수자에게 요구되는 교육실천 원칙

브룩필드(Brookfield, 1986)는 교수자에게 요구되는 교육실천의 원칙을 다음의 여섯 가지로 밝히고 있다.

첫째, 성인의 학습참여는 자발적이다. 성인은 자신의 의지의 결과로서 학습에 참여하게 된다.

둘째, 성인교육의 효과적인 실천은 학습자의 자아가치 존중으로부터 출발한다.

셋째, 성인교육자와 성인학습자는 협력적인 학습활동을 추구해야 한다.

넷째, 학습촉진 활동의 핵심은 실천(Praxis)에 있다. 즉, 학습촉진 활동은 학습자의 행위, 행위에 대한 반성, 행위에 대한 협력적 분석, 새로운 행위, 추수 반성, 협력적 분석 등의 계속적 과정으로 진행된다.

다섯째, 성인교육자의 학습촉진 활동은 학습자의 비판적 반성 정신을 계발하는 데 중점을 두어야 한다.

여섯째, 성인교육자의 학습촉진 활동은 학습자의 자기주도성과 자아권능감을 함양하는 데 중점을 두어야 한다.

이러한 브룩필드의 여섯 가지 교육실천의 원칙은 교수자와 성인학습자 간의 협력적인 학습촉진 활동을 강조하고 있으며, 성인학습자의 비판적 반성에 의한 자기 주도학습을 지향하는 특징을 갖고 있다.

3. 전환학습

1) 개념

전환학습(transformative learning)의 창시자인 메지로우(Mezirow, 2000)는 전환학습을 우리의 행동을 정당화하고 진실 입증을 위한 견해와 신념을 생성하기 위해 당연시한 준거의 틀(의미 관점, 생각, 습관, 태도)을 더 포괄적이고 분별력 있고 개방적이며 정서적으로 변화 가능하고 성찰할 수 있도록 전환하는 프로세스라고 정의하였다. 메리암과 카파렐라(Merriam & Caffarella, 1999)는 우리 자신과 세계를 보는 방법에 있어서 나타나는 변화 과정으로 정의하였다. 클락(Clark, 1993)은 성인학습자 발달과정을 포괄적으로 설명하는 이론으로 경험에 대한 비판적 사고, 반성, 반추 등을 통해 기존의 관점이나 의식이 전환되는 학습과정이라고 정의하였다. 결론적으로 전환학습은 성인학습자가 기존의 다양한 경험에 의해 형성된 총체적 시각이나 관점을 새롭게 긍정적 방향으로 변화시키는 과정에서 발생하는 학습이라 할 수 있다(이희수, 이은주, 송영선, 2011).

전환학습의 가장 큰 특징(Mezirow, 2000)은 비판적 성찰 없이 타인으로부터 수용하던 인생의 목적, 가치, 감정, 의미들에 대해서 성찰하고, 이를 토대로 향후 어떻게 행동할지를 학습하는 것이다.

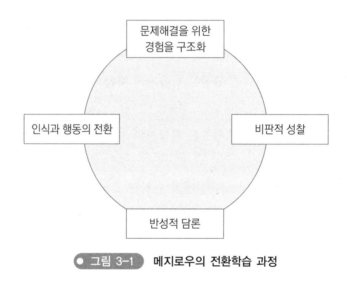

● 그림 3-1　메지로우의 전환학습 과정

메지로우(Mezirow)는 우리가 지각하는 것에 의미를 부여하는 가정(assumptions)과 기대(expectations)의 구조를 합쳐 '준거틀(frame of reference)'이라고 불렀다. 그가 주장한 준거틀은 개인이 각자의 경험에 의미를 부여하는 방법으로서 이는 인생의 각종 경험에 의미를 부여하게 된다. 즉, 자신이 갖고 있는 준거틀에 따라서 자신이 경험을 해석하게 된다고 한다(Mezirow, 2000).

그는 전환학습이란 준거틀이 전환되는 학습이며, 이는 현실에서 존재하기 어려운 반성적 담론(reflective discourse)을 통해 발생한다고 주장했다(Mezirow, 2000). 그에 따르면 전환이란 개인의 의미구조와 사회구조의 근본적인 변화를 의미하며, 이때 인식 및 행동의 전환이 동시에 이루어지는 것을 전제로 한다. 또한 반성적 담론이란 대화하는 사람들이 서로 가지고 있는 경험에 대한 해석과 신념에 대한 평가의 공통점을 찾아가는 과정이다. 이러한 반성적 담론은 승자와 패자를 가르는 토론형식이 아닌 신뢰의 감정(feeling of trust), 연대감(solidarity), 안정감(security), 공감(empathy)이 전제된 담론이다. 즉, 나자신이 갖고 있는 준거틀의 변화는 보다 나은 결정이 내려지기 전까지 타인이 나와 다른 준거체계를 갖고 있다는 것을 인정하고, 이에 대해 열린 마음을 갖는 태도로부터 나온다고 한다.

타인이 갖고 있는 준거틀에 대한 비판적 반성은 주로 청소년기에 이루어지지만, 자기 자신의 준거틀에 대한 바판적 성찰은 성인기에 보다 활발히 이루어진다고 했다(Mezirow, 2000). 그가 주장한 전환학습은 기존의 준거틀로는 받아들일 수 없는 방향을 잃게 하는 딜레마(disorienting dilemma)를 경험하는 데서 시작한다. 그는 또한 반성적 통찰력(reflective insight)은 상황적, 감정적, 정보적 제약의 극복과 관련이 있다고 했다. 전환학습에서 일반적으로 사용되는 학습방법으로는 일기쓰기, 사례연구, 결정적인 사건, 정보상자(repertory grids), 역할연기, 자서전 쓰기, 은유(metaphor)의 사용 등이 있다.

2) 전환학습 단계

메지로우(Mezirow, 1991)는 1970년대 결혼, 출산, 양육으로 장기간 학교를 벗어났다가 대학으로 다시 돌아온 83명의 백인 여성들의 학습과정을 연구했다. 이 연구에서 여성들이 결혼과 직업에 관한 새로운 관점을 갖게 되는 과정을 10단계로 나누어 설명하고 있다(〈표 3-3〉 참조). 성찰은 10단계 중에 두 지점에서 중요하다. 딜레마 상황을 경험한 후 죄의식, 화, 두려움 등에 의해 동반되는 성찰을 시작한다(Mezirow, 2000). 그 다음은 가정에 대한 비판적 평가 또는 전제에 대한 비판적 성찰이다.

● 표 3-3　전환학습 단계

단계	내 용
1단계	혼란스러운 딜레마
2단계	수치, 죄책감, 화, 두려움을 느끼면서 자기반성
3단계	인식론적, 사회문화적, 심리적 가정에 대한 비판적 평가
4단계	개인의 불만족 인식과 전환과정 공유

5단계	새로운 역할, 관계, 행동을 위한 대안 탐색
6단계	행동과정 계획
7단계	계획의 실행을 위한 지식과 기술 습득
8단계	새로운 역할을 실험적으로 시도
9단계	새로운 역할과 관계에서 자신감과 역량 증진
10단계	새로운 관점에 의해 형성된 조건 위에 자신의 삶을 재통합

메지로우의 전환학습 10단계는 자신의 삶의 원칙에 혼란을 가진 성인학습자가 지금까지 지녀온 원칙의 가정과 의미를 반추한다. 이를 통해 해결방안을 강구하고 그 해결방안이 자신의 삶에 자연스럽게 통합되는 과정이다(김광오, 이희수, 송영선, 2018).

4) 교수자에게 요구되는 교육실천 원칙

메지로우의 전환학습 10단계는 자신의 삶의 원칙에 혼란을 가진 성인학습자가 지금까지 지녀온 원칙의 가정과 의미를 반추한다. 이를 통해 해결방안을 강구하고 그 해결방안이 자신의 삶에 자연스럽게 통합되는 과정이다.

4. 자기조절학습

1) 개념

자기조절(self-regulation)은 반두라(Bandura, 1991)에 의하여 발전되었다. 반두라는 학습자 개인이 스스로 자신의 행동을 조절해 나갈 수 있으며, 스스로 생산해낸 결과를 관찰을 통하여 조절해 나가는 능력을 학습할 것을 중시하였다. 그는 개인의 자기효능감을 강조하면서 자기평가는 자신이 과업을 스스로 평가해 보고 타인들과 상호작용 속에서 유용하게 문제를 해결해 나가는 데 큰 영향을 준다고 보았다. 자기조절학습은 학습자가 학습할 때 메타인지적, 동기적, 행동적으로 자신의 학습에 적극적으로 참여하는 학습과정을 의미한다(Zimmerman, 2000). 자기조절학습은 주도적이면서 적극적으로 참여한다는 측면에서 자기주도학습과 유사할 수 있다.

자기조절학습은 학습자가 자신의 학습을 계획, 조절, 통제하면서 학습에 적극적으로 참여하는 학습과정으로 학습자가 주도적이고 적극적인 존재이다.

자기조절학습력이 높은 학생은 학습에 대한 높은 관심과 긍정적인 믿음을 가지고 있기 때문에 높은 학업성취를 가질 수 있다. 특히, Zimmerman(2000)은 학업성취를 촉진하는 능동적 촉진자로서 자기조절의 역할을 강조하였다.

2) 자기조절학습 단계

자기조절학습의 단계는 계획 단계, 수행 단계, 성찰 단계로 나누어진다(Zimmerman, 2000). 첫째, 계획(forethought) 단계는 실제적으로 과제를 수행하기 위하여 앞으로의 수행 단계에 큰 영향을 미치는 단계이다. 과제를 분석하고 계획하는 과정 그리고 동기에 관련된 요인이 포함된다. 과제분석 및 계획단계에는 과제분석, 목표설정, 전략계획이 설정되고, 동기적 요인에는 자기효능감, 목표지향성, 과제와 관련된 가치 등의 요인이 포함된다. 학습에 참여하는 학습자는 자기조절학습의 계획 단계에서 수업을 분석하고 그것을 자신의 학습목표와 결부시키고, 학습을 해낼 수 있다는 자기효능감과 함께 과제의 가치를 발견한다.

둘째, 수행(performance) 단계에서는 자기조절학습전략을 실행에 옮기게 된다. 학습자가 과제에 집중하고 수행을 최적화하기 위하여 다양한 전략을 적용하여 활동하며 자신의 학습과정을 관찰하고, 수행결과를 확인하는 지속적인 모니터링의 과정이 포함된다. 수행 단계에는 구체적으로 행동을 실행에 옮기는 단계이다. 시연, 정교화, 조직화와 같은 인지적 전략, 동기나 감정을 조절하는 전략, 조절, 모니터링 등과 같은 메타인지적 전략을 사용하며 자기관찰, 노력관리, 시간관리 등을 통해 행동을 조절하고, 학습 환경을 조절하는 전략을 사용한다. 학습자는 지속적으로 스스로의 학습에 대해 인지적으로 주의를 기울이고 자신의 감정이나 환경에 주의를 기울이면서 학습을 모니터링하고 조절하면서 학습을 관리해 간다.

셋째, 성찰(reflection) 단계에서는 학습의 전 과정을 평가하고 그에 따라 반응하게 된다. 학습자는 자신의 지식이나 기술, 학습과정이나 학습결과를 스스로 자기평가한 후에 자신의 학습에 대해 긍정적 혹은 부정적으로 판단한다. 평가의 기준을 세우는 귀인, 학습에 대한 긍정 혹은 부정적인 정서적 반응, 학습결과를 습득하거나 수정하는 전략적 적용이 포함된다. 학습자는 자신의 학습결과를 스스로 평가하고, 이러한 평가결과를 성찰하고 학습과정에 전략적으로 적용하는 능력을 학습포트폴리오를 통하여 개발할 수 있다.

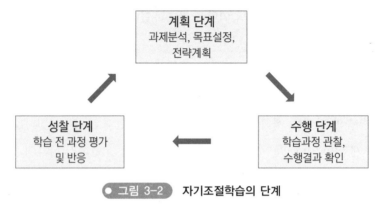

● **그림 3-2**　자기조절학습의 단계

출처: Zimmerman(2000).

　학습자가 자기주도적인 학습을 통하여 학습목표를 성공적으로 달성하려면 학습의 내용을 이해할 수 있는 적절한 인지력과 학습동기 그리고 학습하는 것이 즐겁다는 감정을 소지해야 한다. 프리드리히와 만들(Friedrich & Mandl, 1997)은 자기주도적 학습을 위한 전제조건으로 학습자의 심리적인 측면을 매우 중시하였다. 두 학자는 적절한 학습동기와 학습에 대한 즐거운 감정에 학문적인 경험적 연구결과를 통합하여 자기주도적 학습자는 자신의 학습 요구와 관심을 자아실현에 대한 확신으로 연결시켜, 성공을 확신하게 되므로 끊임없는 노력을 지속해 나가게 된다고 보았다. 이처럼 학습자가 자신의 성공적인 학습결과를 예견할 수 있는 능력은 학습동기를 구성하는 중요한 요소가 된다. 이 외에 정보를 처리하는 전략, 자원을 개발해 내는 전략, 학습의 속도를 조절하는 전략, 주제와 과제에 대한 난이도와 복잡성을 평가하는 전략도 모두 인식적인 요소를 구성하는 요인이 된다(신승인 외, 2022).

3) 교수자에게 요구되는 교육실천 원칙

　학습자가 효과적으로 자기학습을 조절해 나가려면 다중인지(metacognition) 전략을 사용할 수 있어야 하고, 자신의 강점과 약점, 자신의 인지적인 학습스타일과 기술을 잘 알고 있어야 한다.

프리드리히와 만들(Friedrich & Mandl, 1997)은 교수자의 역할을 학습자가 자기주도성을 향상시킬 수 있도록 학습 환경을 조성하고 지지해 가는 것으로 보았다. 교수자의 가르치는 행위란 학습자의 능동성을 자극하고 지지해 주는 것이므로, 교수자는 학습자의 자극을 불러일으킬 수 있는 능력을 개발시키는 데 중점을 두어야 한다.

따라서 자기조절학습을 기반으로 지도하는 교수자는 다음과 같은 수업전략을 사용해야 한다.

첫째, 복합적으로 얽혀 있는 문제를 실제적으로 해결하는 데 필요한 정보를 제공해 줄 수 있도록 교수자는 수업의 주제를 계획하는 단계에서 정확하고 신뢰성이 높은 자료를 선택해야 한다.

둘째, 교수자는 학습자가 자기주도적으로 다중인지적이고 복합적인 관점을 발달시켜 융통성을 개발할 수 있도록 문제해결 능력의 향상을 지원해야 한다.

셋째, 학습자가 지식을 습득하고 문제를 해결하는 전략으로 적용할 수 있도록 교수자는 연관성을 강조하여 문제해결 중심의 학습방법을 사용해야 한다.

넷째, 학자들이 학문적으로 발전시켜온 지식을 응용하여 문제를 해결하도록 실천지향적인 학습을 안내해야 한다.

<< 생각해 보기

1. 교수자는 성인학습자의 자기주도학습을 위해 무엇을 해야 하는지 생각해 보자.
2. 페다고지와 안드라고지의 차이점에 대해 생각해 보자.
3. 자신의 학습과정을 자기조절학습 이론을 통해 설명해 보자.

참고문헌

강선보, 변정현(2006). 노울즈의 성인교육론에 대한 종합적 고찰. 교육문제연구, 26, 1-29.

권두승(2005). 성인학습 지도방법의 이론과 실제. 서울: 교육과학사.

김경득(2008). 여성 성인학습자와 교수자의 학습스타일에 대한 비교. 중앙대학교 대학원 석사학
　　위논문.

김광오, 이희수, 송영선(2018). 이문화 적응과 전환학습과정에 관한 사례연구. 농업교육과 인적자
　　원개발, 50(1), 249-277.

박성희, 송영선, 나항진, 황치석, 문정수, 박미숙(2013). 평생교육방법론. 서울: 학지사.

신승인, 김미자, 박수용, 유선주, 이소영, 진규동(2022). 평생교육방법론. 서울: 학지사.

신용주(2021). 평생교육 방법론(2판). 서울: 학지사.

오선아, 김선미, 김연순, 김진영, 류정희, 이현진, 조익수(2022). 배우기를 더 배우기-디지털 시대의
　　학습전략. 서울: 박영스토리.

이희수, 이은주, 송영선(2011). 전직지원활동에 참여한 퇴직자의 특성과 전환학습 수준이 고용
　　가능성에 미치는 영향. 한국HRD연구, 6(4), 61-88.

임형택, 권재환, 권충훈, 김경열, 김두열, 김인숙, 박찬원, 박희석, 신준영, 오상봉, 오선아, 오정
　　란, 유승우, 윤은종, 권희정, 정경희(2013). 평생교육방법론. 경기: 공동체.

최은수, 김미자, 윤한수, 진규동, 임정임(2020). 평생교육 프로그램 개발론. 서울: 공동체.

Bandura, A. (1991). Social cognitive theory of self-regulation. *Organizational Behavior
　　and Human Decision Press, 50*(2), 248-287.

Brookfield, S. D. (1985). *Self-directed learning: From theory to practice.* New Direction for
　　Continuing Education, 25. San Francisco, CA: Jossey-Bass.

Brookfield, S. D. (1986). *Understanding and facilitating adult learning.* San Francisco,
　　CA: Jossey-Bass.

Clark, M. C. (1993). Transformational learning. In S. B. Merriam (Ed.), *An update on adult
　　learning theory* (pp. 47-56). New directions for adult and continuing education, 57.
　　San Francisco: Jossey-Bass.

Friedrich, H. F., & Mandl, H. (1997). Analyse und Förderung selbstgesteuerten Lernens
　　{Analysis and fostering of self-directed learning}. In F. E. Weinert, & H. Mandl (Eds.),
　　*Psychologie der Erwachsenenbildung (Enzyklopädie der Erwachsenenbildung:
　　Pädagogische Psychologie* (pp. 237-293). Göttingen, Germany: Hogrefe.

Knowles, M. S. (1975). *Self-directed learning: A guide for learners and teachers.* New

York, NY: Association Press.

Knowles, M. S. (1980). *The modern practice of adult education: From pedagogy to andragogy* (2nd ed.). New York, NY: Cambridge Books.

Knowles, M. S. (1984). *Andragogy in Action Applying modern principles of adult education.* San Francisco: Jossey Bass.

Knowles, M. S., Holton, E. F., & Swanson, R. A. (2011). *The adult learner: The definitive classic in adult education and human resource development* (7th ed.). New York: Elsevier Inc.

Merriam, S. B., & Caffarella, R. S. (1999). *Learning in adulthood.* San Francisco: Jossey-Bass.

Mezirow, J. (1991). *Transformative dimensions of adult learning.* San Francisco, CA: Jossey-Bass.

Mezirow, J. (2000). Learning to think like an adult: Core concepts of transformative theory. In J. Mezirow & Associates (Eds.), *Learning as transformation: Critical perspectives on a theory in progress* (pp. 3-33). San Francisco, CA: Jossey-Bass.

Penland, P. B. (1979). Self-initiated learning. *Adult Education, 29,* 170-179.

Zimmerman, B. J. (2000). Attaining self-regulation: A social cognitive perspective, In M. Boekaerts, P. R. Pintrich & M. Zeidner (Eds.), *Handbook of self-regulation* (pp. 13-29). CA: Academic Press.

평생교육 교수-학습 원리

학습개요

　제4장에서는 평생교육 교수-학습 원리를 학습한다. 전통적인 학습이론으로부터 출발하여 학습전략의 이해, 그리고 교수이론과 교수전략의 소개로 구성된 4장 학습을 통하여 평생학습 이론에 대한 기초 지식을 익히게 된다. 또한 학습전략에 대한 이해를 토대로 학습자의 학습전략을 검토해 보고 강화하는 기회를 제공하고 있다. 아울러 흥미로운 수업 운영을 위해서는 어떤 준비가 필요한지 교수이론과 교수전략을 학습함으로써 이해도를 높이게 될 것이다.

학습목표

1. 학습자는 주요 학습이론의 특징을 비교하여 설명할 수 있다.
2. 학습자는 학습전략을 구분하여 제시하고 자신에게 부합하는 학습전략을 제시할 수 있다.
3. 학습자는 교수이론을 토대로 수업운영의 절차를 설명할 수 있다.
4. 학습자는 수업에 적용할 수 있는 교수전략을 구분하여 설명할 수 있다.

1. 성인학습 전략

1) 성인학습자의 학습전략

(1) 성인학습자 특성

성인학습자 학습과정상의 특성으로는 다음과 같이 네 가지로 제시된다.

첫째, 성인은 어떤 학습이 필요한지를 자신의 요구에 따라 결정한다.

둘째, 성인은 학습목표를 달성하기 위한 전략과 자원을 창출할 수 있는 존재이다.

셋째, 성인은 학습전략을 실행하고 학습자원을 활용한다.

넷째, 성인은 자신의 학습성과를 평가한다.

성인들은 스스로의 자각이나 그동안의 학습경험, 그리고 자신의 필요 등에 의하여 자신이 현재 지니고 있는 지식과 기술의 현재 수준, 자신이 원하는 지위 혹은 직책이 요구하는 바의 직무능력, 자신이 바람직하다고 규정하는 바람직한 상태와의 차이를 인식할 수 있는 존재라고 여겨진다. 성인은 자신의 학습요구를 적절하게 분석할 만한 전문지식이나 정보, 혹은 시간이 없기 때문에 자신이 무엇을 필요로 하는지 단순히 추측만 할 뿐 그 요구가 정확하지 않을 수 있다는 것이 문제점으로 지적된다. 그러나 일반적으로 성인들은 교육 프로그램이 지니고 있는 목표의 중요성을 인식하고 이러한 목표를 달성할 수 있다고 하는 기대가 있는 한 학습에 기꺼이 참여하고자 한다. 따라서 성인은 충분히 동기화되어 있거나, 학습결과에 대한 기대가 있다면 기꺼이 학습정보를 찾아나설 것이고 학습에 필요한 자원을 동원할 수 있으며 지속적으로 학습과정에 참여하기 위한 전략을 구사할 수 있다. 성인은 일단 학습과정에 참여하고 나서도 그 학습 프로그램에 대한 지속적인 참여 여부를 평가한다. 기대했던 바와 학습내용이 다르거나 학습요구와 차이가 있다거나 혹은 개인적인 여러 사정 등으로 인하여 중도하차할 수 있으며 이러한 의사결정도 자아와 환경과의 불일치 등과 같은 요소들에 의하여 성인 스스로 결정한다. 성인학습자는 학습과정에 대한 스스로 만족여부를 판단함으로써 학습성과를 평가하는 경향이 있다(권두승, 조아미, 2020).

(2) 개념 및 내용

학습전략은 효율적인 학습 또는 정보를 효율적으로 기억하는 데 필요하거나 도움이 되는 기능, 능력, 방법을 의미한다. 맥키치(McKeachie, 1986)는 학습전략의 유형을 인지적 학습전략, 상위 인지적 학습전략 그리고 자기자원관리전략 등의 세 가지 차원으로 구분하였다. 인지적 전략은 시연전략, 정교화전략, 조직화전략 등 학습내용을 읽고 이해하는 전략과 관련하여 다시 구분하였고, 상위 인지적 전략은 다시 계획하기와 조절하기 등 학습자가 학습과정을 통제하고 조절하는 전략들로 구분하였으며, 마지막으로 자기자원관리전략은 시간관리, 공부환경관리, 노력관리 및 타인의 조력추구 등 시간, 환경 및 에너지 등의 관리전략으로 다시 구분하였다.

한편 정보처리이론에서의 학습전략은 학업성취의 주요한 요인으로 인지구조의 변화, 내적동기, 통찰에 의한 학습전략 등으로 보고 있으며, 학습자 내부에서 발생하는 다음과 같은 세 가지 단계의 정보처리 과정을 중시하여 설명하고 있다(장인호, 2020). 첫 번째 과정은 '부호화(encoding)'로 학습자들이 외부의 정보들을 자신이 기억할 수 있도록 시각과 청각 등의 방법으로 전환하는 과정을 의미한다. 구체적 방법으로는 단어, 도형, 시간 및 장소 등에 의한 에피소드, 그리고 의미에 의한 자료조직 등이 있다. 두 번째 과정은 '저장(storage)'으로 학습자들이 학습정보를 기억 속에 넣는 과정이다. 대표적으로는 학습내용을 암기하는 것을 들 수 있으며, 학습자들은 이 과정을 통해 학습 정보들을 감각기억, 단기기억 및 장기기억의 순으로 저장하게 된다. 마지막 과정은 '인출(retrieval)'로서 저장된 학습정보를 기억으로부터 꺼내는 과정으로 학습내용을 재인식(recognition)하고, 재구성하는 것 등을 의미한다. 학습자들은 이러한 과정을 통해 이전에 저장했던 학습내용을 상기하게 된다(강이철, 2018; Bransford, Brown, & Cocking, 2000; Gluck, Mercado, & Myers, 2011).

학습내용을 기억하는 것은 새로운 학습을 위한 기반으로 필수적이다. 그러나 학습내용의 망각은 학습 직후부터 급속히 발생한다. 따라서 학습내용을 망각하는 것을 최대한 지연시키고, 기억유지를 도울 수 있는 효과적인 학습전략을 투입하는 것이 필요하다. 그러나 이러한 학습전략은 모든 학습자들에게 일괄적으로 효과가 적용되는 것이 아니라, 학습자들의 연령 등의 특성에 따라 수준과 활용에 차이가 존재할 수 있다. 특히 성인학습자들은 다양한 연령층을 포괄하고 있어 같은 성인학습자라 하더라도 연령대에 따라 학습전략을 사용하는 데 차이가 있을 수 있다(Ebbinghaus, 2013).

기억용량과 능력은 연령 증가와 함께 감소한다고 알려져 있으며 이러한 영향으로 연령이 높은 성인학습자들은 청년층의 학습자들에 비해 정보를 처리하고 저장하는 능력이 상대적으로 낮을 수 있다. 따라서 성인학습자들은 감소한 인지능력을 보완하기 위해 보다 적극적으로 학습전략을 활용해야 할 필요가 있다. 한 연구에 따르면 성인학습자들은 청년층 학습자보다 초인지 학습전략을 빈번히 활용하며, 청년층 대학생 집단보다 중년층 교사 집단이 시연, 정교화, 조직화, 비평적 사고 등의 초인지전략을 더 적극적으로 활용한다고 한다. 한편 성인학습자들의 학업성취는 학습전략보다는 오히려 결혼의 유무, 수강과목의 수 등에 더 많은 영향을 받으며, 학습전략과 관련된 변인들은 성인학습자의 학업성취를 설명하기에는 무리가 있다는 결과도 있다(이미숙, 2015; 이수경, 2006; 이수경, 권성연, 2007; Salthouse & Babcok, 1991).

2. 학습이론 및 전략

1) 학습이론

(1) 행동주의

행동주의는 20세기 초 왓슨(Watson)에 의해서 발전된 것으로 다른 학파보다 학습에 관해 다양한 이론을 제시하고 있다. 행동주의자들은 학습을 행동의 변화과정으로 규정한다. 주어진 자극에 대한 측정 가능한 반응을 의미하는 인간의 외현적인 행동에 초점을 둔다. 여러 학자 중 사람들에게 널리 알려진 대표적 학자로는 파블로프(Pavlov)와 스키너(Skinner)가 있다(권두승, 조아미, 2020).

① 고전적 조건화

파블로프(Pavlov)는 개의 소화과정을 연구하던 중 우연히 조건화로 불리는 학습현상을 발견했다. 처음에는 개에게 종소리라는 중성자극을 음식이라는 무조건 자극과 같이 제시하여 침분비라는 무조건 반응을 일으키게 한다. 이와 같이 종소리와 음식을 짝지어서 여러 번 제시하면 개는 종소리라는 중성자극에도 침을 흘리는 반응을 보이게 된다. 이 실험으로 파블로프는 침분비와 같은 생리적 행동이 학습될 수 있다는 가능성을 보여 주었다. 이러한 고전적 조건화 이론은 학교와 교실에 대한 긍정적인 감정 및 정서적 분위기의 중요성을 일깨워준다. 예를 들어, 어떤 학생이 새로 입학한 학교에 대해 불편을 느낄 때 교사로부터 따뜻하고, 온정적이고, 격려적인 보살핌을 받는다면 그 학생은 이러한 자극 상황에 대해 긍정적으로 반응하게 되며, 그 교사와 관련된 다른 상황에 긍정적 감정을 일반화하게 된다. 성인들이 학습에 참여하도록 하기 위해서는 학습에 대해 재학습을 시켜서 학습이 만족감, 보람, 칭찬 등과 같은 무조건적 자극을 같이 경험하도록 하여 학습이 유쾌하고 즐거운 경험이 되도록 만들 필요가 있다.

② 조작적 조건화

조작적 조건화에서는 특정 행동이나 반응의 확률 또는 빈도를 증가시키는 강화의 개념이 매우 중요하다. '강화(reinforcement)'는 반응을 일으키는 자극 혹은 보상이다. 강화는 선천적인 욕구를 만족시키는 일차적 강화와 일차적 강화 또는 다른 이차적 강화와 연합하여 학습된 강화인 이차적 강화가 있다. 이차적 강화에는 돈, 사회적 인정, 칭찬, 지위 등을 예로 들 수 있다. 스키너(Skinner)는 우연히 발생한 반응이 강화를 받기 때문에 학습이 나타나는 것이라고 설명한다. 이를 교육현장에 적용하면 교사는 학생들이 나타내는 상당한 정도의 행동이 특정의 조건화에 의해서 습득된 것이라는 점을 알아야 한다. 어떤 행동의 결과가 만족을 가져다줄 때 그 행동은 강화되고, 그렇지 못한 행동은 감소되는 것이다. 따라서 학생들의 행동을 보다 잘 이해하기 위해서는 그 행동을 존속 또는 강화시켜 주는 원인이 무엇인가를 규명해야 한다.

(2) 인지주의

인지주의 학습이론은 학습자가 학습상태에서 일어나는 여러 가지 사상에 관한 정보를 보존하고 조직하는 인지구조를 기억 속에서 형성함으로써 학습이 일어난다고 설명한다. 감각을 통하여 받아들이는 외부자극 요소들이 함유하고 있는 뜻을 추출해 내는 인지 혹은 사고과정을 통하여 사고 내용이 형성되고, 이들 사고 내용이 행동을 유발하는 원인이 된다. 인간의 행동을 자극과 반응의 단순 연합으로 바라보는 행동주의에 대한 반발로 제기된 인지주의는 인간의 내적 인지기능에 초점을 두어 인간의 행동을 설명한다.

대표적 학자로는 게슈탈트 심리학자인 레빈(Lewin)과 인지심리학자인 피아제(Piaget)

를 언급할 수 있다. 게슈탈트 심리학은 부분보다는 전체에, 그리고 독립된 사건보다는 패턴에 관심을 두어 지각, 통찰, 의미 등을 강조한다. 피아제는 생물체가 환경에 순응하기 위하여 자신의 신체구조를 바꾸어 가듯이 인간도 환경 내의 여러 사상들을 능동적인 활동을 통해 끊임없이 자신의 인지구조를 재구성해 나가는 것으로 설명한다.

학생들은 관찰학습을 통하여 교사의 사고와 추론, 문제해결 기능을 학습할 수 있으며, 도덕적 판단과 관용 등의 도덕성 형성에도 영향을 받는다. 따라서 학생들의 동일시 대상이 되는 부모와 교사의 지적, 정서적, 도덕적 능력과 태도, 가치, 행동은 모범적이어야 한다.

이와 같이 인지주의적 관점을 취하는 학자들은 인간의 내재적인 정신과정에 초점을 둔다. 정신이 환경에서의 특정 자극을 어떠한 과정을 거쳐서 의미 있는 것으로 받아들이는가에 관심을 두고 있다.

(3) 인본주의

제3의 심리학이라고 불리는 인본주의 심리학은 인간의 행동이 환경이나 개인의 전의식에 의해서 미리 결정되었다는 것을 수용하지 않는다. 인간은 자신의 운명을 개척할 수 있고, 행동은 인간이 선택한 결과이며, 인간은 성장과 발달에 대한 무한한 가능성을 발휘할 수 있는 자유와 책임감뿐만 아니라 지각이 경험의 중심에 있다는 것을 강조한다. 인본주의는 성인의 자기주도성과 학습과정에서 일어나는 경험의 가치를 강조하는 많은 성인학습 이론의 근거가 되고 있다. 대표적인 학자로는 매슬로우(Maslow)와 로저스(Rogers)가 있다.

인본주의 심리학의 창시자로 여겨지는 매슬로우는 생리적 욕구, 안전에 대한 욕구, 소속감, 자아존중감, 자아실현에 대한 욕구를 포함하는 욕구 5단계설을 제안했다. 로저스는 학습을 전적으로 학습자에 의해서 통제되는 내적 과정이며 학습자가 전체적으로 자신이 지각하는 대로 자신의 환경과 상호작용하는 것으로 이해했다. 성인학습자에 관한 노울즈(Knowls)의 안드라고지 이론의 가정과 자기주도적 학습론은 인본주의적 학습이론에 근거하고 있다. 인본주의는 인간의 본질, 잠재력, 감정, 정서에 보다 많은 관심을 둔다. 학습이란 동기, 선택, 책임 등을 포함하고 있음을 강조한다.

(4) 사회학습이론

행동주의가 주류이던 대부분의 학습연구는 자극-반응 관계로서 학습과 환경이 행동에 일방적으로 영향을 준다는 생각이었다. 그러나 반두라(Bandura)는 모든 학습이 자극-반응 관계만으로 설명될 수 없다고 생각했다. 반두라가 제안한 관찰학습은 주의, 기억보존, 행동연습, 동기의 네 과정에 의하여 영향을 받는다. 어떤 것을 학습하기 전에 주의를 기울일 모델이 있어야 한다. 그다음 관찰로부터 얻은 정보를 미래에 사용하기 위해서는 그것이 저장되어야 한다. 그리고 연습하는 과정에서는 자신의 행동을 자신이 관찰하고 모델이 보여 주었던 것과 비교한다. 마지막으로 이러한 행동은 동기가 유발될 때까지 저장된 채로 남아 있다.

사회학습이론은 학습은 개인과 환경, 그리고 행동 간의 상호작용의 결과로 나타난다고 주장한다. 동일한 환경 내에서 다양한 행동이 나타나는 것은 각 개인이 지니고 있는 성격 특성과 주어진 자극에 대한 다양한 상호작용의 결과로 설명된다. 사회학습이론은 모델학습과 멘토링 과정을 설명함에 있어 사회적 맥락을 강조하는 성인학습에 많은 영향을 미쳤다(변영계, 2005).

(5) 구성주의

구성주의 학습이론은 개인이 스스로 지식을 구성한다는 관점을 취하며 학습자가 제공된 정보나 자료를 토대로 의미를 재구성하는 과정을 강조한다. 비고츠키(Vygotsky)는 근접발달영역(Zone of Proximal Development: ZPD)이라는 개념을 창안하여 사회적 구성주의를 설명한다. 근접발달영역은 학습자가 혼자서 해결할 수 있는 수준과 교수자나 또래 등 보다 유능한 타인의 도움을 받아 문제를 해결할 수 있는 수준 간 차이를 의미한다. 학습자는 타인과 상호작용을 통해 문제를 해결하는 중재학습을 경험하며 학습내용을 내면화하게 되며 이 과정에서 지식의 구성이 촉진된다.

이렇듯 구성주의는 학습자가 그들 자신의 경험으로부터 지식을 구성하며 관점을 재조정하는 것을 강조한다. 따라서 인간은 외부세계에 있는 실재의 본성을 경험에 의하여 의미 있게 구성하고, 학습을 이끌어 내는 동시에 개인적인 학습목적을 추구하게 된다고 설명한다. 따라서 구성주의 이론에서는 혼자서 수행할 수 없는 과제도 협동적 학습을 통해 수행할 수 있다고 주장한다. 구성주의 학습은 교사나 동료들과의 협동적 노력을 통한 문제해결학습으로서 협동학습과 인지적 도제학습의 형태로 나타난다. 인지적 도

제란 교사가 학생들에게 학습내용이나 문제해결 과제에 대한 풀이과정을 시연하고, 학생들이 숙달됨에 따라서 점차 학습에 대한 주도권과 책임을 학생들에게 이양하는 방식이다. 학습의 초기 단계에서 교사의 모델링, 암시, 질문 제기, 제안 등의 인지적 조력이 매우 중요한 역할을 한다(권낙원, 김동엽, 2014).

2) 학습전략

(1) 개념

전략(strategy)이라는 단어는 군대 통솔능력, 전쟁 기술을 의미하는 strategia라는 고대 그리스어에서 유래하였다. 오늘날 교육 분야에서 사용되는 학습전략은 학습자가 자신의 학습을 좀 더 쉽고 효과적이며 자기주도적으로 하기 위해 행하는 특정한 행위들을 의미한다. 학습전략은 개인이 습득한 학습정보를 처리하고 기억하거나 효과적으로 인출하는 인지적 측면뿐 아니라, 동기와 자기조절과 같은 정의적 측면까지도 포함한다. 학습전략은 공부기술, 학습기술 혹은 학습기능, 학습기법, 공부방법이라는 용어와 상호 교환적으로 사용되는 경우가 많으며 학습자가 의도적으로 스스로 학습하고 새로운 무언가를 이해할 수 있도록 하기 위해 활용하는 정신적 과정을 일컫는다. 학습기법이나 학습기술의 경우, 학습과제를 수행하는 데 사용되는 일정한 절차를 가리키는 데 반해, 학습전략은 학습기법을 적절하고 효과적으로 사용하는 능력이다. 일반적으로 학습전략은 구체적인 하위책략을 포함하고 있다. 학습책략은 수업 중에 교재에 줄을 긋거나 요약하는 등과 같은 단계의 계열 혹은 구체적인 절차로서 관찰 가능하고 분리된 행동 계열로 제시, 조작될 수 있다. 학습책략이나 기법이 학습과정의 한 측면을 가리키는 반면, 학습전략은 총체적 학습과정을 의미한다. 학습전략은 학습 결과에 긍정적으로 작용하며 학습만족도에도 긍정적인 영향을 미치는 것으로 나타난다(전명남, 2015).

(2) 구성요인

학습전략의 구성요인에 대해서는 학자마다 다른 하위요소를 제시하고 있다(〈표 4-1〉 참조).

● 표 4-1   학습전략의 하위요소

연구자	하위요인 및 하위요소	대상
Pintrich, Smith, Garcia, & McKeachie (1991)	• 인지적-상위인지적 전략: 시연, 정교화, 조직화, 비판적 사고, 상위인지적 자기조절 • 자원관리 전략: 시간과 학습환경 관리, 노력조절, 동료학습, 도움 요청	대학생
Warr, Allan, & Birdi (1999)	• 인지적 전략: 시연, 조직화, 정교화 • 행동적 전략, 타인으로부터 도움을 얻는 과정, 읽기 자료에서 정보는 얻음, 실제적 적용	회사원
Zimmerman & Martinez-Pons (1986), Zimmerman (1989)	• 자기평가, 조직화와 변형, 목표설정 및 계획, 정보탐색, 기록 유지 및 점검, 환경 조성, 자기 보상 및 처벌, 시연과 기억, 사회적 도움 찾기, 기록 검토	고등학생

출처: 임언, 박혜석, 추지윤(2014).

학습전략과 관련된 요인들에는 연령, 성별, 교육수준, 태도, 동기 등의 개인적 요인 외에도 학습환경이나 교수 방법, 목적 등의 상황적 요인이나 사회적 · 문화적 배경 등 사회적 요인 등이 있다(정영선, 김현영, 강선우, 2010). 다음에서 성인학습자들에게 적용 가능한 대표적인 학습전략의 하위요인들을 살펴본다.

① 목표

목표는 일반적으로 다음의 다섯 가지 방식으로 동기를 자극하여 수행을 증진시킨다. 첫째, 학생들이 노력할 수 있도록 이끈다. 둘째, 지속 또는 유지를 돕는다. 셋째, 여러 가지의 상황이 얽혀 있어도 목표를 향한 주의와 방향을 일관되게 하도록 한다. 넷째, 과제 또는 상황에 대해 전략적 계획을 설계하거나 전개할 수 있도록 만든다. 다섯째, 학습에서 달성하고자 하는 참조 기준이 된다.

② 동기조절전략

동기조절전략은 자신의 동기를 지속시키거나 증진시키는 것 혹은 동기과정을 관리하고자 하는 능동적인 노력이다. 관련된 구체적 전략으로는 수행목표('나는 높은 학점을 받는 것의 중요성을 생각해 본다.'), 외재적 보상('주제를 성공적으로 검토했을 때마다 나는 나 자신을 쉬게 한다.'), 과제 가치('나의 경험과 관련지어 검토해 본다.'), 흥미('공부하는 것을 게임과 연동시켜 본다.'), 도움 찾기('선생님이나 교수님과 이야기 해 본다.'), 환경 구조화('조용한 방에서 책을 읽어야지.'), 주의('집중해서 공부할 거야.'), 자신의 학습경험을 분석하기('내 가족은 나의 목표, 동기, 행동에 어떻게 영향을 주었는가?') 등이 있다.

③ 주의집중

주의력은 감각기관을 통해 외부정보를 입력하여 뇌의 의식으로 연결하는 힘이며, 집중력이란 선택한 자극에 지속적으로 의식을 고정시키는 능력이다. 이를 고양시키기 위해서 정서의 조절, 자기통제력 증진, 정보처리능력 높이기, 능력에 맞는 학습과제 난이도 조절하기, 주의집중에 대한 심상 형성하기, 장기적 주의집중을 위하여 메타인지 증진시키기 등이 있다.

④ 기타

이 외에도 목표와 비전 설정, 학습시간관리, 수업관리, 책읽기와 글쓰기 전략, 시험전략, 사회적 학습전략으로서 스터디 그룹 활용 등 다양한 학습전략이 존재한다. 따라서 학습자의 학습 습관분석을 통하여 취약점을 개선시켜 나가기 위한 적절한 전략의 선택과 적용이 필요하다.

3. 교수이론 및 전략

1) 교수이론

(1) 개념

교수(敎授)라는 말은 '가르쳐 주는 것'을 의미한다. 즉, 교수자가 학습자들에게 지식과 기능을 가르치는 것이라고 풀이할 수 있다. 영어의 teaching을 교수로 번역하여 사용하기도 하고, instruction을 교수로 번역하기도 한다. 교수와 수업의 의미에 대해서도 우리말이나 영어 모두 견해가 일치하지 않고 있다. 우리말에서 교수는 '가르쳐 주는 것'을 의미하고 수업은 '주는 일'을 의미한다. 교수와 수업의 개념에 대해서도 학자에 따라서 교수를 보다 포괄적인 개념으로 보는 사람들도 있고, 수업을 교수보다 더 포괄적인 개념으로 보는 사람도 있다(김상돈, 신태식, 이영백, 2006). 라이겔루스와 스테인(Reigeluth & Stein, 1983)은 교수를 '수업에 비해 포괄적인 것으로서 구체적으로는 설계, 개발, 적용, 관리, 평가를 포함하는 것'이라고 정의하였다. 이 개념에 기초하면 교사가 교실에서 수업 시간에 가르치는 것이 수업이며, 이 수업은 포괄적인 교수활동의 일부분으로 볼 수 있다.

앞서 제시된 학습이론이 행동 변화의 원리와 법칙을 객관적으로 기술하는 데 목적을 두고 있다면, 교수이론은 학습의 문제점을 찾아내고 교정하며, 보다 효과적인 학습의 기법과 전략을 처방하는 데 목적을 둔다.

(2) 특징

브루너(Bruner, 1966)는 교수이론을 단순히 학습과정을 기술한 것이 아니라 학습과제를 어떻게 하면 학습자가 가장 잘 배울 수 있을 것인가에 관심을 갖는 것이라고 정의했다. 이런 의미에서 교수이론은 처방적 성격을 가진다. 교수이론의 두 번째 성격으로 규범성을 들 수 있다. 교수이론은 학습자가 어느 정도까지 학습해야 하며, 어떤 조건에서 학습해야 하는지를 제시해야 한다는 점에서 규범적이다. 또한 교수이론은 학습환경을 조작하는 방법에 관한 것이다. 교수활동이란 학습자가 학습목표를 달성할 수 있도록 학습자의 내적 · 외적 환경을 의도적이고 체계적으로 조작해 가는 과정이다. 그러므로 교수이론은 조작의 대상이 되는 내적 · 외적 환경이 무엇이며 어떻게 그것들을 조작할 수 있을 것인지 구체적인 방법과 전략을 제시해 주어야 한다. 이렇듯 브루너는 교수이론의 성격으로 처방적, 일반적, 방법적 세 가지를 언급하였다.

전통적 교수이론인 소크라테스(Socrates)의 문답법으로부터 현대 교수이론에 이르기까지 교수이론은 매우 다양하다. 여기서는 그중에서 일반인들에게 가장 익숙한 모델인 글레이저의 수업체제이론으로 접근해 보기로 한다.

(3) 글레이저(Glaser)의 수업체제이론

글레이저 교수이론의 특징은 수업의 과정을 목표설정, 출발점 행동 진단, 학습지도, 결과의 평가라는 일련의 단계와 절차의 순환적이고 상호작용적인 흐름으로 파악하였다는 점이다. 이 과정에서 학습자들의 능력 수준의 개인차를 고려하여 변별적인 학습 프로그램을 제공하는 수업의 개별화를 위한 이론적 근거를 마련하였고, 피드백과 교정이라는 자기교정적 장치를 제시하였다.

① 수업목표의 설정

수업목표는 수업을 통해서 도달해야 할 학습자들의 성취 행동이다. 수업목표가 명확하게 설정될 때 출발점 행동의 진단과 학습지도, 평가활동이 일관성 있게 이루어질 수 있다. 수업의 목표는 학습자의 요구와 특성, 교육과정 및 교과목표와 내용의 분석을 통해서 설정된다. 설정된 목표는 인지적, 정의적, 행동적 영역으로 분류된 후에 교사와 학생들 간의 의사소통을 돕고, 구체적인 평가의 기준으로 사용될 수 있도록 구체화되고 명세화되어야 한다. 또한 수업목표는 내용 영역과 행동 영역을 포함하는 이원적 형태로 진술되어야 한다.

② 출발점 행동의 진단

출발점 행동(entry behavior)이란 수업이 시작되는 시점에서 학습자들이 지니고 있는 선행학습의 정도 및 학습태세를 의미한다. 체제적 관점에서 볼 때, 출발점 행동은 목표의 산출을 위한 투입행동이며 수업의 효과를 결정하는 가장 중요한 내적 조건이라고 할 수 있다. 그러므로 수업의 계획에 있어서 학생들의 사전 능력과 성향을 파악하여 적절한 사전 지도를 실시한 다음 본 수업의 단계로 넘어가는 것이 학습결손을 예방하고 완전학습을 도모하기 위한 전략이 된다.

③ 학습지도

학습지도의 과정은 의도한 목표를 달성하기 위해 학습내용을 매개로 교사와 학생들이 상호작용하는 과정이라고 할 수 있다. 교수-학습의 과정은 일반적으로 도입, 전개, 정리, 평가의 단계로 나누어 볼 수 있다. 도입-전개-정리 부분이 구체적인 목표 제시와 내용 제시, 요약 및 정리를 포함한다면, 평가는 학생들의 총괄적인 성취도보다는 수업에 대한 성공적 참여와 이해 여부를 중간 점검하는 형성평가가 시행되는 단계라고 할 수 있다. 여기에서 형성평가(formative evaluation)는 교수-학습 과정의 일부로서 학습내용에 대한 학생들의 이해도를 중간 점검하여 필요한 정보를 제공함으로써 교사와 학생들이 방향을 재설정하고, 오류를 교정함으로써 학습의 누적적 실패를 예방하고, 수업을 일정의 자기교정적 체제로 만들기 위한 장치라고 할 수 있다.

④ 평가

총괄평가(summative evaluation)는 한 학기나 한 학년의 학습이 완료된 후에 총체적으로 학생들의 성취도를 평가하여 교과별 성적을 산출하고 목표 도달도를 판단하기 위한 종합적 평가활동이다. 평가는 투입에 대한 산출의 정도를 분석함으로써 수업체제의 효율성을 판단하는 중요한 활동이다. 평가의 결과를 통해서 기존의 체제를 그대로 유지 존속할 것인가, 수정 보완할 것인가, 폐지할 것인가의 의사결정이 이루어지게 된다. 따라서 평가의 준거는 사전에 설정된 교육목표가 되며, 목표가 평가의 기준으로서 역할을 하기 위해서는 그 의미가 명료하고 구체적이어야 한다.

2) 교수전략

(1) 개념

좋은 수업은 철저한 사전준비로부터 출발한다. 이는 수업설계를 통해 드러나는데 수업설계란 수업에서 의도하는 수업목표를 달성하기 위하여 어떤 학습활동과 자료를 제공할 것인지 등의 방법에 관한 지식을 제공해 주는 영역이다. 수업설계가 중요한 이유를 정리해 보면 다음과 같다. 첫째, 수업설계는 학습자들이 수업을 통해서 무엇을 배우고 무엇을 할 수 있게 되는지를 구체적으로 확인할 수 있게 해 준다. 둘째, 효과적인 수업설계는 수업의 효과를 최대화한다. 셋째, 수업설계는 수업에 대한 전체적인 큰 그림을 그릴 수 있게 해 줌으로써 수업의 실행에 어떠한 사전준비와 도움이 필요한지를 알수 있게 해 준다. 넷째, 수업설계는 수업실행의 과정에서 일어날 수 있는 오류나 잘못을 사전에 찾아내고 이를 교정할 수 있게 해 준다.

따라서 성공적인 수업을 위해서는 명확한 수업목표 수립, 학습자들의 학습동기를 고취시킬 수 있는 방안모색, 학습활동에 대한 피드백 계획, 다양한 방법으로 학습내용 제시, 학습자들이 학습한 결과를 적용해 볼 수 있는 기획 계획, 공정한 평가 시스템 제공 등이 마련되어야 한다.

(2) 유형

구체적인 수업설계가 준비된 이후 효과적인 수업전개를 위해서는 다양한 수업전략이 활용될 필요가 있다. 강의식 수업전략, 토의식 수업전략, PBL 수업전략, 학습동기유발전략, 교수매체 활용전략, 블렌디드 러닝 교수전략, 피드백을 통한 평가전략 등이 대표적인 수업전략이다. 이들 개별 수업전략에 대해서는 후속 장에서 구체적으로 논의될 것이므로 여기에서는 켈러(Keller)의 동기유발전략에 대해서 다루도록 한다.

켈러는 수업설계를 위한 학습동기의 특성을 크게 주의집중(Attention), 관련성(Relevance), 자신감(Confidence), 만족감(Satisfaction) 네 가지로 구분하고 이를 ARCS로 불렀다. 그는 이 네 가지 각 영역의 하위전략을 함께 제시하여 수업운영에 적용할 것을 제안하였다 (〈표 4-2〉 참조).

● 표 4-2 켈러의 동기유발전략

주의집중	관련성	자신감	만족감
지각적 각성	목적지향성	학습요건	내적 강화
탐구적 각성	동기일치	성공기회	외적 보상
변화성	친밀성	개인적 통제	공정성

출처: 조용개 외(2009), p. 142.

아울러 교수자의 열정, 기대, 배려 및 교수 효능감은 학습 촉진은 물론 학습자 동기 증진과 긍정적인 수업 분위기 조성을 위한 필수요소이다. 이 외에도 긍정적 수업분위기 조성이나 학습의 동기 향상과 마찬가지로 학습을 촉진하는 데 있어 교수자의 행동과 신념, 의사소통, 초점화(학습활동 동안에 주의집중을 위해 사용될 수 있는 모든 것을 활용하는 것), 피드백, 칭찬, 모니터링, 발문, 고른 지명, 암시, 대기시간 제공, 회고 및 정리 등도 수업에 적용되어야 하는 필수전략으로 제시된다(Eggen, & Kauchak, 2014).

<< 생각해 보기

1. 내게 인상깊었던 초, 중, 고등학교 선생님의 교수법을 떠올려 보자. 이 장에서 학습한 학습이론을 적용하여 해당 교수법에 영향을 미친 학습이론은 무엇일지 생각해 보자.
2. 내가 주로 적용하는 학습전략과 잘 적용하지 않았던 학습전략을 이유와 함께 기술해 보자.
3. 수강 중인 교과에서 해당 교수님이 적용하는 교수전략을 분석해 보자.

참고문헌

강이철(2018). 인출연습의 기억증진효과에 대한 뇌영상 증거. 사고개발, 14(4), 21-39.

권낙원, 김동엽(2014). 교수-학습 이론의 이해. 서울: 문음사.

권두승, 조아미(2020). 성인학습 및 상담. 경기: 교육과학사.

김상돈, 신태식, 이영백(2006). 교육학. 서울: 한국교육신문사.

변영계(2005). 교수·학습이론의 이해. 서울: 학지사.

이미숙(2015). 정상 노년층의 인지-언어 능력과 인지 보존능력 간 상관성에 관한 메타분석. 한
    국콘텐츠학회논문지, 15(11), 359-373.

이수경(2006). 메타인지 학습전략에서 자가평가 활동이 학업성취도에 미치는 영향. 국민대학교
    대학원 석사학위논문.

이수경, 권성연(2007). e-Learning 환경에서 학습자 및 학습과정 특성에 따른 학습전략 차이 분
    석. 교육정보미디어연구, 13(2), 53-78.

임언, 박혜석, 추지윤(2014). 한국 성인의 학습전략 국제비교 및 역량과의 관계 분석. 직업능력개
    발연구, 17(1), 131-143.

장인호(2020). 학습전략으로서의 시험이 원격대학 성인학습자의 학습성과에 미치는 영향. 세종
    대학교 대학원 박사학위논문.

전명남(2015). 학습전략. 서울: 학지사.

정영선, 김현영, 강선우(2010). 사이버 대학교 성인학습자의 학습전략, 동기 및 학업성취와의 관
    계연구. 교육종합연구, 8(2), 23-41.

조용개, 심미자, 이은화, 이재경, 손연아, 박선희(2009). 성공적인 수업을 위한 교수전략. 서울: 학지사.

Bransford, J. D., Brown, A. L., & Cocking, R. R. (2000). *How people learn*. Washington, D.C.:
    National Academy Press.

Bruner, J. S. (1966). *Toward a theory of instruction*. N.Y.: W.W. Norton & Co.

Ebbinghaus, H. (2013). Memory: A contribution to experimental psychology. *Annals of
    neurosciences*, 20(4), 155.

Gluck, M. A., Mercado, E., & Myers, C. E. (2011). Learning and memory: from brain
    to behavior. Aprendizaje y memoria: Del cerebro al comportamiento (No. Sirse)
    i9789701069523)

McKeachie, W. J. (1986). *Teaching and learning in the college classroom: A review of the
    research literature* (Vol. 86). University of Michigan Press.

Eggen, P. E., & Kauchak, D. P. (2014). 교사를 위한 수업전략(제6판) [*Strategies and Models for*

Teachers: Teaching Content and Thinking Skills (6th ed.)]. (임청환, 강영하, 권성기 공역). 서울: 시그마프레스.

Reigeluth, C. M., & Stein, F. S. (1983). The elaboration theory of instruction. In C. M. Reigeluth (Ed.), *Instructional design theories and models: An overview of their current status* (pp. 3-36.). N.J.: Hillsdale, Lawrence Erlbaum Associates.

Salthouse, T. A., & Babcok, R. L. (1991). Decomposing adult age differences in working memory. *Developmental psychology, 27*(5), 763.

제2부

평생교육방법론의 실제

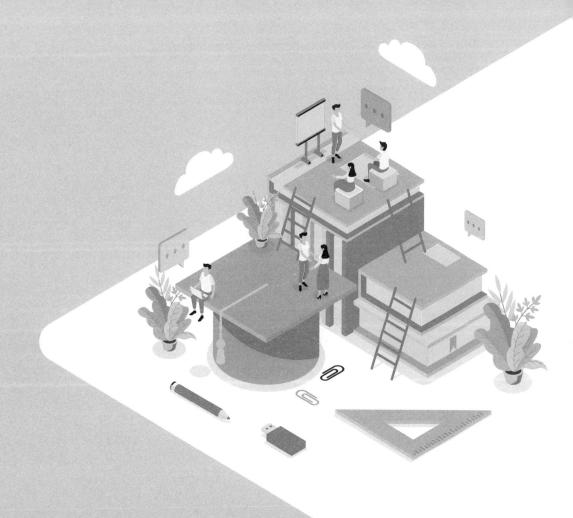

체험학습(경험학습) 중심 교육방법

학습개요

제5장에서는 체험학습(경험학습) 중심 교육방법을 학습한다. 체험학습(경험학습)은 학습자가 직접 체험을 통해 지식과 기술을 습득하는 과정을 강조한다. 이러한 접근법은 이론적 지식의 단순한 전달을 넘어서, 실제 상황에서의 문제해결 및 의사결정 능력을 향상시키는 데 중점을 둔다. 이 장에서는 사례기반학습(case based learning), 역할연기, 그리고 현장에서의 OJT를 통해 체험학습(경험학습)을 실현하는 세 가지 주요 방법을 다룬다.

이 세 가지 방법을 통해 학습자는 현장에서 다양한 문제에 적응하고 해결책을 모색하는 능력을 기를 수 있다.

학습목표

1. 학습자는 사례기반학습을 통해서 평생교육 현장의 문제해결을 위한 세 가지 이상의 해결대안을 제시할 수 있다.
2. 학습자는 역할연기를 통해 문제상황의 본질을 이해하고 상황에 맞는 문제해결 대안을 제시할 수 있다.
3. 학습자는 평생교육 현장에서 OJT를 디자인하고 OJT 참여자가 경험을 통해서 성장할 수 있도록 지원할 수 있다.

1. 사례기반학습

1) 정의

조직 내에서 일어날 수 있는 실제 사례를 활용한 사례기반학습(Case based learning: CBL)은 해답이 정해지지 않은 사례를 제시하고, 사례 속에 내포된 문제를 학습자들이 파악하고, 문제를 해결하기 위해 시도된 방법의 적합성을 서로 비판하며, 그에 대한 대안을 제시하는 토론의 과정을 통해 학습자들이 살아있는 지식을 증진할 수 있도록 하는 교육방법이다(송상호, 2003). 이 방법은 구체적인 사례를 분석하고 논의함으로써 이론과 실제를 통합하고, 비판적 사고와 분석적 능력을 증진시키는 데 초점을 맞춘다.

2) 배경

사례기반학습은 법률 교육에서 처음으로 사용되기 시작했다. 하버드 법학대학원의 크리스토퍼 콜럼버스 랭델(Christopher Columbus Langdell) 교수가 1870년대에 이 방식을 도입하였다. 랭델은 학생들이 법률의 원리를 이해하고 적용하는 데 도움이 되는 실제 판례(case)를 분석하도록 하였다. 그는 학생들이 판례를 통해 법률적 사고를 기르고, 법적 원칙을 실제 사건에 적용하는 능력을 배양하는 것이 중요하다고 보았다. 20세기 초반에는 사례기반학습이 경영 교육 분야로 확장되었다. 하버드 경영대학원(Harvard Business School)이 이 방법을 채택하여, 실제 경영 사례를 통해 학생들이 기업의 문제를 분석하고 해결하는 능력을 기를 수 있도록 하였다. 이를 통해 학생들은 경영 이론을 실제 비즈니스 상황에 적용하는 능력을 향상시키고, 의사결정 과정에서 직면할 수 있는 다양한 문제를 해결하는 경험을 쌓을 수 있었다. 이후 사례기반학습은 의료 교육, 공학, 사회과학 등 다양한 전문 분야로 확산되었다. 특히 의료 교육에서는 학생들이 실제 환자의 사례를 통해 진단과 치료 과정을 학습함으로써, 임상적 판단 능력과 문제해결 능력을 기를 수 있게 되었다. 사례기반학습에서 학습자들은 현장의 사례를 통해 다양한 관점을 경험하고, 이를 통해 보다 심층적인 학습이 가능해졌다.

3) 활용 예시

사례기반학습에서 학습자에게는 현장의 사례가 제공된다. 현장의 사례는 성공사례일 수도 있고, 역으로 실패사례일 수도 있다. 학습자는 해당 사례를 분석하고 평가하는 과정에서 다양한 학습의 기회를 얻는다. 사례가 제시하는 상황에서 자신은 어떤 판단을 했을지 동료나 교수자와 공유하는 과정에서 피드백을 받을 수도 있다. 이 과정은 학습자가 스스로의 사고 과정을 명확하게 하고 다른 사람의 관점을 이해하며 스스로의 판단과 결정을 향상시킬 수 있는 기회를 제공한다. 이러한 맥락에서 사례기반학습은 평생교육 분야에서 다양하게 활용될 수 있으며, 특히 성인학습자들의 경험과 지식을 사례와 융합하여 학습효과를 극대화하기 위해 활용될 수 있다.

(1) 직업교육에서의 사례기반학습 활용

직업교육에서 사례기반학습을 활용하면 학습자들이 해당 직업에서 어떤 일을 하는지 간접경험할 수 있도록 도울 수 있다. 직업교육에서 사례기반학습은 학습자들이 실제 직무와 관련된 사례를 분석하게 함으로써, 그들이 현실에서 발생할 수 있는 다양한 문제를 이해하고 해결하는 능력을 기를 수 있도록 한다. 평생교육 마을활동가를 양성하는 교육에 사례기반학습을 적용하는 예를 생각해 보자. 평생교육 마을활동가가 현장에서 활동하는 과정에서 경험하게 되는 딜레마 상황과 이를 해결해 가는 과정을 사례로 제시할 수 있다. 학습자들은 이 사례를 통해서 평생교육 활동가의 역할을 더 깊이 이해할 수 있고 그들이 평생교육 현장에서 경험하게 되는 다양한 상황을 객관적으로 들여다볼 수 있는 기회를 얻게 된다.

(2) 커뮤니티 교육에서 사례기반학습 활용

박승희 외(2020)는 부천시 주민자치위원 대상으로 진행된 리더십 교육에 대한 사례연구를 통해서 지역문제해결중심 커뮤니티 교육 접근방법의 유용성과 더불어 이러한 교육을 성공으로 이끄는 성공요인을 제시했다. 커뮤니티 교육을 기획하고 있는 평생학습 담당자에게 박승희 외(2020)의 연구는 중요한 학습자료가 될 수 있다. 학습자들은 동료와 함께 박승희 외(2020)의 사례연구를 분석하고 시사점을 나누는 과정에서 지역문제해결중심 커뮤니티 교육에 대한 깊이 있는 통찰을 얻을 수 있다. 이는 학습자가 본인이 속한 지역의 커뮤니티 교육을 디자인해 가는 과정에서 중요한 출발점이 될 수 있다.

(3) 환경교육에서 사례기반학습 활용

경기도 이천시에서는 심각해지는 기후위기 문제해결을 위해서 주민들의 생활실천 운동 및 마을 환경문제해결을 촉진하기 위한 방법으로 환경관련 주민자치 공모사업을 추진하였다. 이 사업의 핵심내용은 환경교육을 이수한 이천시 내 주민자치회가 지역의 환경관련 사업을 발굴하여 사업계획서를 작성해서 제출하고, 이천시는 이를 평가하여 주민자치회 주도로 환경관련 사업을 진행할 수 있는 사업비를 지원해 주는 것이다. 환경교육을 기획하는 평생교육 부서가 있다면 이천시의 사례를 사례기반학습 자료로 활용할 수 있다. 이천시가 지역 환경문제해결을 위해서 주민자치회와 연계한 사례를 분석하고 토론하는 과정에서 지역 환경문제해결이 자치단체와 시민이 함께 노력해야 하는 영역임을 스스로 발견하도록 도울 수 있다.

4) 현장 적용

평생교육에서 사례기반학습을 준비하고 진행하는 과정은 교육자에게 철저한 준비와 통찰력 있는 지도를 요구한다. 이 과정을 효과적으로 수행하기 위한 단계별 접근 방법은 다음과 같다.

(1) 사례선택

교육자는 학습목표와 학습자의 배경, 필요와 관심사를 고려하여 관련성 높고 도전적인 사례를 선정해야 한다. 좋은 사례는 사례기반학습 과정에서 학습자가 학습해야 할 영역이 발견되고 또 깊이 있는 논의를 촉진할 수 있는 요소를 가지고 있어야 한다. 학습자가 접할 수 있는 현장의 문제가 사례를 통해서 발견되고 또 이에 대한 해결대안을 깊이 있게 고민할 수 있도록 하는 사례가 선택되어야 한다.

(2) 학습목표 설정

각 사례에 대한 명확한 학습목표를 설정해야 한다. 이 목표는 학습자가 사례 분석을 통해 달성해야 할 구체적인 지식, 기술, 태도를 명시해야 한다. 학습목표는 사례의 교육적 가치를 극대화하고, 학습자의 학습 경로를 안내하는 기준점으로 작용한다.

(3) 자료 준비 및 제공

교육자는 사례 분석에 필요한 배경 정보, 추가 자료, 관련 이론 등을 준비하고 학습자에게 제공해야 한다. 이 자료들은 사례의 이해를 돕고, 분석 과정에서 필요한 지식의 기반을 마련해 준다.

(4) 토론 및 분석활동 구성

사례기반학습은 활발한 토론과 상호작용을 필요로 한다. 교육자는 사례 분석을 위한 질문을 준비하고, 소그룹 토론, 전체 토론, 롤플레잉 등 다양한 활동을 구성하여 학습자의 참여를 유도해야 한다. 이 과정에서 학습자는 사례에 대한 자신의 이해와 해석을 동료와 공유하고, 서로의 관점을 비판적으로 평가한다.

(5) 평가 및 피드백

사례기반학습의 마지막 단계는 평가와 피드백이다. 교수자는 학습자가 설정된 학습목표를 얼마나 잘 달성했는지 평가하고, 그 과정에서 얻은 통찰과 개선점을 피드백으로 제공해야 한다. 이는 학습자가 자신의 이해도와 문제해결 능력을 점검하고, 향후 유사한 상황에서 보다 효과적으로 대처할 수 있는 기반을 마련한다.

5) 적용 실습

사례기반학습을 디자인하는 실습을 진행해 본다. 다음에 제시되는 사례는 포천시에서 진행되었던 민주시민교육 관련 내용이다. 이 사례를 가지고 어떻게 사례기반학습을 적용할 수 있을지 생각해 본다.

민주시민교육: 시민들과 함께 만드는 민주적 변화

포천시 민주시민교육과정은 지역문제를 지역주민이 스스로 해결해 가는 과정에서 민주시민으로서 갖춰야 할 역량을 내재화하도록 기획된 과정이다.

포천시 민주시민교육과정에서 차별화하여 적용했던 방식은 **시민들이 함께 고민했던 지역문제해결 결과를 주민참여예산제도와 연계하여 실제 현장에서 실현될 수 있도록 도왔던 점이다.**

한 개 팀에서 우리동네 마을벤치 사업을 제안했다. 자연부락(농촌마을)에 마을벤치를 설치하고자 하는 사업이다. 사업이 필요한 이유를 확인하기 위해서 과정 참여자들이 한 개의 마을(벤치를 필요로 하는 마을 선정) 입구에서 마을 끝까지 실제 걸어보고, 어르신들 관점에서 어떤 점이 불편한지 살펴보고, 어르신들 얘기를 직접 들어보고 그 내용을 문제해결 결과로 담았다.

"마을 어귀에서 우리 집까지 걸어올려면 20분쯤 걸려.
그런데 걷다보면 허리가 아파서 쉬어야 하는데 쉴 곳이 마땅찮아.
쉴 곳이 없으면 그냥 아무곳이나 걸터 앉아서 쉬는 거지.
'중간에 의자 하나쯤 있으면 어떨까?' 하는 생각이 들어."

어르신들의 인터뷰가 울림이 되었다. 이 인터뷰가 팀이 해야 할 일들이 얼마나 중요한 일인지를 새삼 확인시켜 줬다. 팀이 도와야 할 대상의 관점으로 문제를 들여다보니 해결해야 할 것들도 명확해졌다.

함께 고민했던 내용을 주민참여예산사업 제안서로 담았다. 사업제안취지, 사업내용, 소요예산, 예상 기대효과까지 꼼꼼하게 작성했다. 팀원들은 만났던 동네 어르신을 돕고자 한마음 한뜻으로 뭉쳤다.

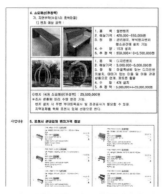

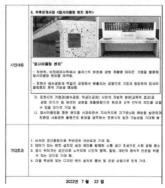

민주시민교육의 일환으로 지역문제해결과정이 진행되었고, 마을 문제를 해결하는 과정에서 주민참여예산제에 도전했는데 **팀이 제안한 내용이 채택되었다.** 함께 꿈꿨던 것이 현실이 되었다.

마을에 새 벤치가 생겼다.

마을의 변화를 이끌어 낸 사람들에게는 큰 자랑이 되었다. 포천에서 발행하는 소식지에 마을벤치 사업 내용이 실렸다.

| 주민참여예산사업 |

넝쿨넝쿨 달그락
호박마을에 예쁜 호박벤치가 생겼어요

지난봄, 포천시 일동면 수입1리 호박마을(이장 김윤순) 곳곳에 특별한 벤치가 생겼다.

김윤순 이장과 이춘길 씨, 김혜원 씨, 고경미 씨, 박인선 씨 등 5명의 주민이 작년도 주민참여예산에 제안 신청하여 확정받은 예산 총 2천5백만 원으로 설치한 벤치다.

김윤순 이장은 "연세가 많으신 동네 어르신들이 이동 중에 다리가 아파도 마땅히 앉아 쉴 곳이 없었다. 그래서 벤치를 설치할 것을 제안했다"라고 말했다.

주민제안으로 설치된 이 벤치의 이름은 '호박벤치'. 수입 1리가 호박을 테마로 꾸민 특화 마을인 만큼 벤치도 이곳에 어울리도록 호박 모양의 장식으로 꾸몄다.

마을에 대해 이해가 높은 주민들이 주민참여 예산으로 벤치를 제안하며 디자인에도 직접 의견을 냈기 때문에 마을 경관이 한층 좋아졌다.

설치장소 역시 주민이 직접 평소 오가며 벤치가 필요하다고 느낀 곳을 선정했기 때문에 마을 주민들의 만족도도 매우 높다. 그야말로 주민의, 주민에 의한, 주민을 위한 벤치다.

한 주민은 "마을 사람들이 함께 가꾸고 있는 호박 모양으로 벤치를 꾸며져 볼 때마다 흐뭇하다"면서 "새로 생긴 벤치에서 다리도 쉴 수 있고 이웃과 대화를 나눌 기회도 늘어나서 공동체 의식도 더욱 강해진 것 같다"라고 말했다.

김윤순 이장은 "주민참여예산을 통해 우리 마을을 우리 손으로 만들어 나갈 수 있다. 어려워하지 말고 적극적으로 주민참여예산을 제안하여 더욱 살기 좋은 포천을 만들어 나갔으면 좋겠다"라고 말했다.

20

포천시 민주시민교육과정에 참여했던 사람들은 함께하는 힘에 대해서, 지역문제를 지역주민이 해결할 수 있다는 사실에 대해서, 함께 소통하는 방법에 대해서, 효율적으로 의사결정하는 방법에 대해서, 꿈꾸는 것을 실행하는 과정에 대해서, 소통의 과정에서 겪게 되는 갈등을 조정하는 방법에 대해서 학습할 수 있었다.

시민들로 하여금 함께하는 경험 안에서 함께 살아가는 세상을 느끼도록 하는 것이 민주시민교육이다.

출처: 박승희(2023. 9. 8.). https://synergist.tistory.com/14(블로그: The Synergist)

(1) 사례기반학습과정 디자인 실습

앞의 사례를 바탕으로 사례기반학습을 디자인해 본다.

사례기반학습과정 디자인 실습

① 학습목표 설정

② 토론 및 분석활동 구성

③ 평가 및 피드백 방법 구성

2. 역할연기

1) 정의

역할연기는 인간관계에서 발생하는 문제의 해결을 위해 어떤 상황이나 문제를 극대화시킨 가상적 상황에서 다른 역할을 연기해 봄으로써 상대방을 이해하도록 하는 데 효과적인 교수방법이다(신용주, 2012). 역할연기를 통해서 학습 참여자들은 특정 상황이나 시나리오에 따라 다른 사람의 역할을 맡아 실행함으로써, 해당 상황에서 요구되는 행동이나 반응을 실제로 체험해 볼 수 있다. 역할연기는 다음의 상황에서 효과적으로 적용할 수 있다(권대봉, 1999).

- 집단 구성원의 감정이나 의견의 표현이 원활하지 않을 때
- 집단 구성원이 자신의 요구나 장애요인 등에 대해 파악하기를 원할 때
- 집단 구성원들 간의 관계가 좋고 자기 노출을 개의치 않을 때
- 집단 구성원들의 감정을 완화시킬 필요가 있을 때
- 집단의 이질성으로 공통성을 발견하기 어려울 때

2) 유래

역할연기의 유래는 고대 그리스와 로마 시대로 거슬러 올라간다. 당시 연극은 사회, 정치, 종교적 문제를 탐구하고 논의하는 중요한 수단이었으며, 배우들은 다양한 역할을 맡아 관객에게 메시지를 전달했다. 특히 고대 그리스의 철학자 플라톤은 그의 저서 『국가』(박문재 역, 2023)에서 교육과 철학적 토론의 일환으로 역할연기를 사용했다. 이러한 연극적 전통은 중세 유럽을 거쳐 르네상스 시기에 이르러 더욱 발전하였다. 현대적인 의미의 역할연기는 20세기 초 사회학과 심리학의 발전과 함께 더욱 체계적으로 발전했다. 1920년대와 1930년대에 오스트리아의 정신과 의사이자 심리치료사인 야콥 L. 모레노(Jacob L. Moreno)는 '사이코드라마'라는 치료 기법을 개발했다. 사이코드라마는 개인이 자신의 문제를 연극적으로 표현하고 탐구함으로써 치료적 효과를 얻는 방법으로

(Moreno, 1946), 이는 오늘날의 역할연기 기법의 기초가 되었다. 또한 미국의 사회학자 어빙 고프먼(Erving Goffman)은 그의 저서 『자아 연출의 사회학(The Presentation of Self in Everyday Life)』(2023)에서 일상생활에서 사람들의 상호작용이 마치 연극 무대와 같다는 개념을 제시하며 역할연기의 사회학적 측면을 강조했다.

　역할연기가 평생교육에서 두드러지게 활용되기 시작한 것은 20세기 중반 이후이다. 1960년대와 1970년대에 들어서면서 평생교육의 중요성이 강조되었고, 이 시기에 다양한 교육방법론이 개발되고 적용되었다. 특히, 성인학습자들이 실제 생활에서 직면하는 문제를 효과적으로 해결하고 사회적, 직업적 기술을 향상시키는 데 역할연기가 유용하다는 것이 인식되었다. 역할연기의 평생교육 적용에 대한 초기 연구는 사회학자이자 교육학자인 말콤 노울스(Malcolm Knowles)의 성인학습이론(Andragogy)과 밀접한 관련이 있다(Knowles, 1970). 노울스는 성인학습자가 실생활과 관련된 학습경험을 통해 가장 효과적으로 배운다고 주장하였다(Knowles et al., 2014). 역할연기는 이러한 학습경험을 제공하는 도구로서, 학습자들이 실제 상황을 시뮬레이션하고 문제를 해결하는 능력을 개발하는 데 사용되었다. 또한 브라질의 교육학자 파울로 프레이리(Paulo Freire)는 그의 저서 『페다고지: 피억압자들의 교육학(Pedagogy of the Oppressed)』(2020)에서 학습자 중심의 교육방법론을 강조하며, 역할연기를 통해 학습자들이 자신의 경험과 지식을 바탕으로 비판적 사고를 개발하고 사회적 변화를 이끌어 낼 수 있음을 강조하였다. 프레이리의 접근법은 평생교육에서 역할연기의 중요성을 부각시키는 데 기여하였다.

　이후 역할연기는 평생교육 프로그램, 직업 훈련, 커뮤니티 교육 등 다양한 분야에서 널리 사용되기 시작하였다. 이러한 프로그램들은 학습자들이 실제 상황에서 필요로 하는 기술과 지식을 습득하고, 자신의 경험을 통해 배운 내용을 적용할 수 있도록 돕는다.

3) 활용 예시

　평생교육에서 역할연기는 학습자의 경험적 학습을 통한 개인적 및 사회적 역량 개발에 중요한 역할을 한다. 교수자는 역할연기를 통해서 가상의 상황이나 실제와 유사한 시나리오를 통해 학습자에게 실제적인 경험을 제공한다. 이는 단순한 지식 전달을 넘어서, 학습자가 직접 경험하면서 배울 수 있는 기회를 제공한다. 이 과정에서 학습자는 실제 상황에 대비하여 필요한 기술과 태도를 개발하고 연습할 수 있다. 역할연기는 학습자로 하여금 복잡한 문제에 직면했을 때 여러 가지 해결책을 고려하고 최적의 결정을 내리도록 유도한다. 이 과정에서 학습자는 비판적으로 사고하고, 문제해결을 위한 창의적인 아이디어를 개발하는 능력을 키울 수 있다.

(1) 사회통합 프로그램에 역할연기 적용

다문화 가족을 대상으로 하는 사회통합 프로그램에서는 역할연기를 통해 새로운 문화적 환경에 대한 적응력을 키울 수 있다. 참가자들은 일상 생활에서 겪을 수 있는 다양한 상황을 연기하면서 새로운 사회적 규범과 문화적 차이를 이해하고, 이에 적응하는 방법을 배운다.

(2) 언어학습

새로운 언어를 배우는 성인학습자를 위해 역할연기는 매우 유용한 도구이다. 학습자들은 다양한 대화 상황을 연기하면서 새로운 언어로의 의사소통 능력을 실시간으로 향상시킬 수 있다. 이는 언어학습을 더욱 재미있고 동기 부여가 되게 만든다.

(3) 현장의 어려움을 경험하도록 지원하는 활동에 활용

평생학습 프로그램에 참여하는 사람들이 겪는 어려움을 참가자 관점에서 생각해 보도록 하는 과정에서 역할연기를 적용할 수 있다. 우리가 돕고 싶은 페르소나를 정하고 그들이 현장에서 겪는 어려움을 역할연기를 통해서 경험하도록 하는 것이다. 이 경우 역할연기를 관찰하는 학습자들도 현장의 어려움을 더 깊이 공감할 수 있다.

4) 현장 적용

평생교육 현장에서 역할연기를 효과적으로 활용하기 위한 절차와 방법은 다음과 같다.

(1) 목표 설정

역할연기 활동을 계획하기 전에, 역할연기를 통해서 무엇을 달성하고자 하는지 명확한 목표를 설정한다. 이는 학습자가 특정 기술이나 지식을 습득하거나, 특정 상황에 대한 대응 방법을 배우는 것일 수 있다.

(2) 시나리오 개발

역할연기를 위한 시나리오를 개발한다. 이 시나리오는 실제와 유사한 상황을 반영해야 하며, 학습자들이 문제를 해결하거나 의사결정을 내릴 수 있도록 설계된다. 시나리오는 구체성을 가지고 작성되어야 하며 역할연기에 참여할 모든 사람들의 역할과 상황이 명확하게 기술되어야 한다.

(3) 역할분배

참여자 각각에게 적절한 역할을 분배한다. 역할은 학습자의 개인직 특성과 학습 필요성을 고려하여 배정하며, 각자의 역할에 대해 충분한 정보와 배경 지식을 제공한다.

(4) 역할연기 실행

준비된 시나리오에 따라 역할연기를 실시한다. 교수자는 과정을 관찰하고, 필요한 경우에는 진행을 조정하거나 중재한다. 역할연기는 참여자들이 상황을 주도하며, 교수자는 배경에서 지원하는 역할을 한다.

(5) 평가 및 토론

역할연기가 끝난 후, 참여자들과 함께 평가와 토론의 시간을 가진다. 이 시간에는 각자의 경험을 공유하고, 학습한 내용을 반영하며, 다양한 대안적 해결 방안을 논의한다. 이 과정에서 얻은 교훈과 향상된 점을 확인하고, 필요한 경우 다음 활동을 위한 개선점을 도출한다.

5) 적용 실습

(1) 역할연기 상황

평생학습 동아리에서 환경문제해결을 위한 프로젝트를 진행하고 있다. ○○시에서 진행하는 환경관련 공모사업에 도전하기 위한 프로젝트이다. 좋은 취지로 시작된 프로젝트이기에 처음에는 모두가 의욕적으로 참여했지만 프로젝트가 진행되는 과정에서 참여 인원 간 의사소통에 어려움을 겪고 있다. 평생학습 동아리 안에서의 원활한 소통 촉진을 위한 방법을 학습하는 과정에 역할연기 방법을 적용해 보자.

역할

● **동아리 회장**: 동아리의 조화와 일관된 방향성을 유지하려고 하며, 모든 구성원의 의견이 반영될 수 있는 방안을 모색한다.
● **신입 회원**: 새로운 아이디어를 제안하고 있으나, 기존 회원들의 반대에 부딪혀 자신의 의견이 충분히 반영되지 않는다고 느낀다.
● **경력직 회원**: 오랜 경험을 바탕으로 전통적인 방식을 선호하며, 새로운 제안에 대해 회의적이다.
● **중재자**: 갈등 해결을 위해 중립적인 위치에서 모든 구성원의 의견을 듣고 상황을 조정한다.

시나리오 내용

● 동아리 회의에서 프로젝트 주제 선정을 위한 논의가 진행된다.
● 신입 회원은 혁신적인 주제를 제안하지만, 경력직 회원은 보다 전통적이고 안전한 주제를 선호한다.
● 의견 충돌로 인해 갈등이 고조되며, 동아리 회장은 프로젝트의 진행이 지연될 우려가 있다고 판단한다.
● 중재자는 각 구성원의 입장을 이해하고 서로의 차이점을 인정할 수 있는 방법을 제안하며, 의견 조율을 위한 워크숍을 제안한다.

(2) 역할연기 프로그램 디자인 실습

앞의 상황을 바탕으로 역할연기 실습과정을 디자인해 본다.

역할연기 프로그램 디자인 실습

① 학습목표 설정

② 시나리오 개발

③ 역할분배

④ 역할연기 실행 과정에서 유의사항

⑤ 평가 및 토론 계획

3. OJT

1) 정의

OJT(On-the-Job Training)는 근로자가 실제 작업 환경에서 실무 경험을 통해 업무를 학습하고 숙련도를 높이는 교육방식이다(Jacobs, 2003). 이 방법은 새로운 직원이 신속하게 업무에 적응하고 조직의 운영 방식을 이해하는 데 도움을 준다. OJT는 일반적으로 숙련된 선임 직원이 멘토로서 역할을 하며, 신입 직원에게 업무 지식과 기술을 전수하는 형태로 이루어진다. 이를 통해 신입 직원은 이론적 지식뿐만 아니라 실질적인 업무 수행 능력도 동시에 향상시킬 수 있다. 있다. 평생교육에서 OJT는 평생교육 현장의 업무를 처음 시작하는 사람에게 선배 직원이 멘토 역할을 수행하면서 지식, 스킬, 태도를 학습하도록 돕는 것으로 정의할 수 있다.

2) 배경

OJT의 유래는 산업혁명 시기로 거슬러 올라간다. 18세기 후반에서 19세기 초반에 이르는 기간 동안, 대규모 공장과 제조업이 급격히 성장하면서 노동자들에게 새로운 기술과 작업 방식을 신속하게 가르쳐야 할 필요성이 대두되었다. 이 시기에 작업 현장에서 실무를 통해 기술을 습득하는 방식이 자연스럽게 발전하였으며, 이는 효율적인 인력 교육방법으로 자리 잡았다. 특히, 제2차 세계대전 중에는 대규모 군수 생산을 위해 신입 노동자들을 빠르게 훈련시켜야 하는 필요성에 따라 OJT가 중요한 교육방법으로 자리 잡게 되었다. 20세기 중반 이후, 기술의 빠른 발전과 글로벌 경제의 확산으로 인해 노동 시장의 요구가 빠르게 변화하기 시작했다. 이러한 변화는 노동자들이 지속적으로 새로운 기술과 지식을 습득해야 한다는 필요성을 부각시켰다. 특히, 성인학습자들이 실무 경험을 통해 효과적으로 학습할 수 있는 방법으로 OJT가 주목받게 되었다. 단순히 초기 교육만으로는 빠르게 변화하는 직무 환경에 대응하기 어려웠기 때문이다. 이에 따라, 근로자들이 일생 동안 교육을 받을 수 있도록 지원하는 체계적인 방법이 요구되었고, 이 과정에서 OJT가 중요한 역할을 하게 되었다. OJT는 성인학습자들이 실질적인 작업 환경에서 직접 경험을 통해 새로운 기술을 습득할 수 있도록 하여, 이론과 실무를 통합하는 효과적인 학습이 가능하도록 했다.

사회가 발전하고 복지제도가 정착함에 따라 다양한 사회 서비스가 확대되었고, 이를 준비하고 실행하는 과정에서 평생교육은 더욱 중요해졌다. 이에 따라 평생교육 영역에서도 OJT가 주목받게 되었으며 이는 현장에서 직접 경험을 통해 학습하는 것이 이론 교육보다 실질적인 업무 능력 향상에 효과적이라는 인식에서 비롯되었다. 예를 들어, 평생교육활동가는 현장에서 다양한 사례를 다루면서 실질적인 문제해결 능력을 키워야 하며, 이 과정에서 선임자의 지도와 실무 경험이 큰 도움이 된다. 이러한 현장 중심의 교육방법은 평생교육 현장 서비스 제공의 질을 높이고, 서비스 대상자들에게 보다 나은 지원을 제공하는 데 기여한다.

3) 활용 예시

OJT는 학습자가 실제 업무 환경에서 직접 경험을 통해 새로운 지식과 기술을 습득할 수 있도록 하는 교육방법이다. 평생교육 영역에 종사하는 다양한 구성원들을 대상으로 하는 교육에 OJT가 활용될 수 있다.

(1) 평생교육 강사 역량강화 교육

평생교육 강사 양성을 목적으로 하는 OJT는 강사들이 실제 평생교육 현장에서 필요한 지식과 기술을 효과적으로 이해하고 이를 강의에 적용할 수 있도록 돕는 실습 중심의 교육방법이다. 이 과정은 이론 교육과 실무 경험을 결합하여 강사들의 전문성을 높이고 교육의 질을 향상시키는 데 중요한 역할을 한다. 신규 평생교육 강사는 경험 많은 선배 강사의 지도하에 수업을 직접 기획하고, 실행해 보면서 평생학습 강사로서의 역할과 필요 역량을 체득할 수 있다. 또한 평생교육 강사는 선임 강사나 멘토로부터 지속적인 피드백을 받게 된다. 이를 통해 강사들은 자신의 강의 방법과 교육내용에 대한 객관적인 평가를 받고, 이를 바탕으로 본인의 강의를 개선할 수 있는 기회를 갖게 된다. 이러한 피드백은 강사로서의 전문성을 높이는 데 중요한 요소이다.

(2) 기술직업 훈련 프로그램

자동차 정비, 전기공 또는 IT 서비스 같은 기술 직업 훈련 학교에서 OJT는 학습자가 실제 작업환경에서 전문 기술을 배우는 중요한 방법이다. 예를 들어, 전기 기술자가 되기 위해 훈련 중인 학습자는 실제 전기 설비를 설치하거나 유지 보수하는 작업에 참여하면서, 이론적으로 배운 내용을 실제로 적용하는 법을 배운다. 이 과정에서 학습자는 장비를 다루는 방법, 안전 절차, 문제해결 기술 등을 실제 상황에서 익힐 수 있다. 이는 교실에서의 이론 교육만으로는 얻기 어려운 실질적인 기술 습득을 가능하게 한다.

(3) 평생교육사 OJT

지방자치단체에 새롭게 채용된 평생교육사를 대상으로 하는 OJT는 이들이 실제 업무 현장에서 필요한 지식과 기술을 효과적으로 습득할 수 있도록 도울 수 있다. 이 과정은 실습과 경험을 중심으로 진행되며, 새로운 평생교육사들이 평생교육 프로그램을 성공적으로 기획하고 운영할 수 있도록 한다. OJT를 통해서 신임 평생교육사는 선배 평생교육사나 멘토로부터 직접 지도를 받을 수 있는 기회를 제공받는다. 신입 평생교육사는 선임자의 지도 아래 교육 프로그램의 기획, 실행, 평가 과정을 단계별로 배우게 된다. 이 과정에서 구체적인 업무 절차와 필요한 기술을 습득하며, 실시간으로 피드백을 받게 된다. 이러한 직접적인 지도와 피드백은 신입 평생교육사가 자신의 업무 역량을 향상시키고, 현장의 문제해결 기술을 익히는 데 큰 도움이 된다.

4) 현장 적용

평생교육 현장에서 OJT를 효과적으로 적용하기 위한 절차와 방법은 다음과 같다.

(1) 목표 설정

학습목표를 명확히 한다: OJT 프로그램의 목적과 학습목표를 정확하게 설정한다. 이는 OJT 과정이 어떤 기술이나 지식을 전달하기 위한 것인지, 어떤 결과를 기대하는지를 명확히 한다.

(2) 계획 수립

자세한 OJT 계획을 작성한다: 교육 일정, 참여할 직원, 교육내용, 사용할 자료 및 도구 등을 구체적으로 계획한다. 교육이 진행될 실제 작업 환경과 교육방법도 세밀하게 정리한다.

(3) 적절한 멘토 선정

경험 많은 멘토를 선정한다: 훈련을 담당할 멘토는 해당 업무에 대한 전문 지식과 경험뿐만 아니라 교수법 관련한 능력을 갖추고 있어야 한다. 멘토는 학습자가 새로운 기술을 효과적으로 습득할 수 있도록 지원하는 중요한 역할을 한다.

(4) 실제 작업과 통합

학습을 실제 작업과 통합한다: OJT는 실제 작업 과정에서 이루어지므로, 학습자가 훈련을 통해 배운 기술을 즉시 실제 업무에 적용해 볼 수 있어야 한다. 이는 학습 효과를 극대화하고 새로운 기술의 실제 적용 가능성을 높인다.

(5) 모니터링과 평가

지속적인 모니터링과 평가를 실시한다: 훈련 과정과 결과를 주기적으로 모니터링하고 평가하여, 훈련의 효과를 분석하고 필요한 조정을 실시한다. 이는 OJT 프로그램의 지속적인 개선을 가능하게 한다.

(6) 피드백과 개선

OJT 과정에 대한 피드백을 적극적으로 수집하고 반영한다: 학습자와 멘토로부터의 피드백을 수집하여, 그 내용을 바탕으로 교육 프로그램을 개선한다. 피드백은 OJT 프로그램을 보다 효과적으로 만드는 데 중요한 자료가 된다.

5) 적용 실습

(1) OJT 적용 상황

신규 평생교육 강사들이 ○○ 교육기관에 새롭게 합류하였다. 이들은 다양한 교육 배

경과 경험을 가지고 있으나, ○○ 교육기관의 교육철학, 방법론, 그리고 구체적인 교육
과정에 대한 이해가 필요하다. 또한 신규 강사들은 성인학습자의 특성과 요구를 보다
효과적으로 다루는 방법을 습득하고, 실제 교육 환경에서 이를 적용할 기술을 개발해야
한다.

(2) OJT 적용을 위한 기획 실습

앞의 상황을 바탕으로 OJT를 어떻게 계획하고 진행할지 기획해 본다.

OJT 적용을 위한 기획 실습

① OJT 목표 설정

② OJT 계획 수립

③ 멘토 선정

④ OJT 실행계획

⑤ 모니터링과 평가

⑥ 피드백과 개선

<< 생각해 보기

〈사례기반학습〉

1. 평생교육 분야에서 사례기반학습을 적용할 수 있는 분야를 생각해 보자.

2. 사례기반학습의 적용과정에서 유의해야 할 사항이 무엇인지 생각해 보자.

3. 내가 몸담고 있는 현장에서 사례기반학습을 적용할 수 있는 분야를 정리해 보자.

〈역할연기〉

1. 평생교육 분야에서 역할연기 방법을 적용할 수 있는 분야를 생각해 보자.

2. 역할연기 적용과정에서 유의해야 할 사항이 무엇인지 생각해 보자.

3. 내가 몸담고 있는 현장에서 역할연기 방법을 적용할 수 있는 분야를 정리해 보자.

〈OJT〉

1. 평생교육 분야에서 OJT 방법을 적용할 수 있는 분야를 생각해 보자.

2. OJT 적용과정에서 유의해야 할 사항이 무엇인지 생각해 보자.

3. 내가 몸담고 있는 현장에서 OJT 방법을 적용할 수 있는 분야를 정리해 보자.

 참고문헌

권대봉(1999). 성인교육방법론. 서울: 학지사.

박문재 역(2023). 플라톤 국가. 서울: 현대지성.

박승희(2023. 9. 8.). 민주시민교육(feat. 주민참여예산제도): 시민들과 함께 만드는 민주적 변화. https://synergist.tistory.com/14

박승희, 조연주, 봉현철(2020). Action Learning for Community Development in a Korean Context. *Action Learning: Research and Practice*, *17*(3), 273-291.

송상호(2003). 기업교육방법들의 이해. 나일주, 임철일, 이인숙 편. 기업교육론(pp. 261-263). 서울: 학지사.

신용주(2012). 평생교육방법론. 서울: 학지사.

Freire, P. (2020). *Pedagogy of the oppressed*. In Toward a sociology of education (pp. 374–386). Routledge.

Goffman, E. (2023). *The presentation of self in everyday life*. In Social theory re-wired (pp. 450–459). Routledge.

Jacobs, R. (2003). *Structured on-the-job training: Unleashing employee expertise in the workplace*. Berrett-Koehler Publishers.

Knowles, M. S. (1970). The Modern Practice of Adult Education; Andragogy versus Pedagogy.

Knowles, M. S., Holton III, E. F., & Swanson, R. A. (2014). *The adult learner: The definitive classic in adult education and human resource development*. Routledge.

Moreno, J. L. (1946). Psychodrama, first volume.

제6장

집단 중심 교육방법

학습개요

제6장에서는 집단 중심 교육방법에 관한 내용을 다룬다. 이번 장에서는 퍼실리테이션, 문제중심학습, 액션러닝, 디자인씽킹의 크게 네 가지 주요 주제로 구분하여 설명한다. 각 방법론은 교육과정에서 참여자들이 집단 내 협력을 통해 학습목표를 달성하도록 유도하는 역할을 한다. 퍼실리테이션은 집단 중심 교육방법에서 학습자들 간에 효율적으로 협력하고 소통하도록 지원하고, 문제중심학습은 현장의 문제와 프로젝트를 강의장 안에서 다루면서 학습이 이루어지도록 돕고, 액션러닝은 실패의 위험을 가진 실제 문제를 해결하는 가운데 학습이 일어나도록 하며, 디자인씽킹은 고객중심 문제해결 과정을 통해서 혁신적인 해결책을 모색하는 방법이다. 이 장에서는 각 방법의 개념 및 평생교육 현장에서의 운영 방법과 주의할 점에 대해서 살펴보고 이를 통해서 평생교육에서의 유용성을 검토한다.

학습목표

1. 학습자는 퍼실리테이션의 기본 원칙을 설명할 수 있고 다양한 교육 환경에서 퍼실리테이션을 어떻게 적용할 수 있는지 최소 세 가지 이상의 예를 제시할 수 있다.
2. 학습자는 문제중심학습을 성공으로 이끄는 핵심 요인을 설명할 수 있고 실제 교육현장에서 적용할 수 있는 방법을 제시할 수 있다.
3. 학습자는 액션러닝의 핵심 성공요인을 제시할 수 있고 실제 평생교육 현장에서 액션러닝을 적용하여 과정을 설계할 수 있다.
4. 학습자는 디자인씽킹의 다섯 단계를 설명할 수 있고 각 단계에서 요구되는 사고 과정과 활동을 예로 들어 설명하며, 이를 통해 창의적 문제해결이 어떻게 이루어지는지 서술할 수 있다.

1. 퍼실리테이션

1) 정의

퍼실리테이션(facilitation)은 그룹의 목표 달성을 위해 상호작용을 조정하고 지원하는 과정이다. 이는 그룹 구성원들이 자신들의 지식과 경험을 바탕으로 문제를 해결하고 결정을 내릴 수 있도록 도와주는 것을 목적으로 한다. 퍼실리테이션이 원활하게 이루어지도록 돕는 사람을 퍼실리테이터(facilitator)라고 부른다. 퍼실리테이터는 중립적인 입장에서 대화를 촉진하고, 구성원들이 협력하고 참여하도록 유도하며, 필요한 경우 갈등을 조정하는 역할을 한다(Schwarz, 2002). 이러한 과정은 특히 복잡한 문제해결, 전략적 계획 수립, 팀 빌딩 등 다양한 상황에서 효과적이다(Bens, 2017). 퍼실리테이션의 주요 목적은 참여자들이 자발적으로 참여하고, 공동의 목표를 향해 협력하도록 돕는 것이다.

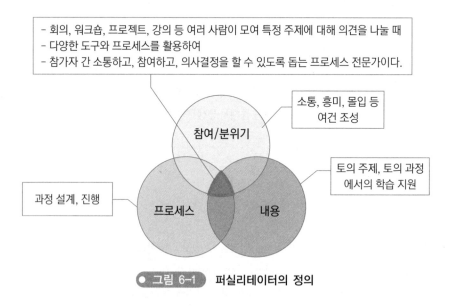

● 그림 6-1   퍼실리테이터의 정의

2) 배경

퍼실리테이션의 유래는 교육학과 심리학에서 기인하며, 20세기 중반에 걸쳐 발전하였다. 이 개념은 1960년대 인간 잠재력 운동(Human Potential Movement)과 함께 중요성이 대두되기 시작했다. 초기에는 사회심리학자 쿠르트 레빈(Kurt Lewin)이 집단 역학 (group dynamics) 연구를 통해 퍼실리테이션의 중요성을 강조하였다. 레빈은 사람들이 그룹 내에서 어떻게 상호작용하고 협력하는지를 이해하는 것이 중요하다고 주장하였다. 그는 이론적 틀을 제공하고, 그룹 내 상호작용을 촉진하는 기술을 개발하는 데 기여하였다. 이후 1960년대와 1970년대에는 칼 로저스(Carl Rogers)와 같은 인본주의 심리학자들이 퍼실리테이션의 개념을 확장하였다. 로저스는 인간 중심 접근법을 통해 사람들이 자신의 문제를 스스로 해결할 수 있도록 돕는 퍼실리테이션 기법을 강조하였다. 그는 퍼실리테이터가 중립적이고 비판단적인 태도로 참여자들을 지원하는 것이 중요하다고 보았다. 1970년대와 1980년대에는 조직 개발(Organization Development: OD) 분야에서 퍼실리테이션이 널리 활용되기 시작하였다. 리처드 벡하드(Richard Beckhard)와 에드거 샤인(Edgar Schein) 같은 OD 전문가들은 조직 변화와 개발 과정에서 퍼실리테이션의 중요성을 강조하였다. 이들은 퍼실리테이션이 조직 내 의사소통을 개선하고, 갈등을 해결하며, 협력을 증진하는 데 필수적인 도구라고 보았다. 이처럼 퍼실리테이션은 교육, 심리학, 조직 개발 등 다양한 분야에서 발전해 왔으며, 다양한 환경에서 그룹의 목표 달성을 돕기 위한 중요한 방법론으로 자리 잡고 있다. 오늘날에는 비즈니스, 교육, 공공 서비스 등 거의 모든 분야에서 퍼실리테이션 기술이 중요하게 여겨지며, 조직의 효율성을 높이고 참여와 협력을 촉진하는 필수적인 요소로 인식되고 있다.

3) 현장 적용

(1) 평생교육 현장에서 퍼실리테이션이 중요한 이유

평생교육 현장에서의 퍼실리테이션은 학습자들이 적극적인 참여자로서 교육과정에 참여하게 하고, 자신의 의견과 경험을 공유할 수 있는 환경을 조성함으로써 교육의 효과를 극대화하는 데 중요한 역할을 한다. 퍼실리테이터는 다양한 활동과 토론을 통해 학습자 간의 상호작용을 촉진하고, 이를 통해 비판적 사고와 문제해결 능력을 증진시킨다. 또한 평생교육은 다양한 배경을 가진 학습자들이 참여하는 만큼, 퍼실리테이션은 다양성을 인정하고 포용하는 교육 환경을 조성하는 데 기여한다. 이 과정에서 모든 참여자가 평등하게 의견을 나눌 수 있도록 하며, 소외되지 않도록 주의를 기울인다. 이러한 활동은 학습자가 자신의 학습목표를 설정하고, 학습과정을 반성하며, 필요한 조정을 할 수 있도록 도와 지속적인 학습과 성장을 촉진한다. 따라서 평생교육에서 퍼실리테이션은 학습자 중심의 교육을 실현하고, 모든 학습자가 개인적으로도, 집단적으로도 성장할 수 있는 환경을 조성하는 데 필수적인 역할을 수행한다.

(2) 역할에 따른 퍼실리테이터 구분

평생교육 현장에서 퍼실리테이션이 적용되는 상황에 따라 퍼실리테이터를 세 가지 유형으로 구분할 수 있다(김형숙 외, 2022). 평생교육 현장에서 이루어지는 다양한 회의를 효율적으로 준비하고 이끌어야 하는 경우 미팅 퍼실리테이터의 역할이 필요하나. 배움의 현장에서 학습자 참여를 촉진해야 하는 상황이라면 러닝 퍼실리테이터의 역할이 요구된다(정강욱, 2019). 평생교육 전문가로서 지역에 일어나는 다양한 문제 상황을 해결해야 할 경우 문제해결 퍼실리테이터의 역량이 필요하다.

미팅 퍼실리테이터	어떻게 효율적으로 미팅(회의)을 이끌 수 있을까?
러닝 퍼실리테이터	어떻게 스스로 배움에 이르도록 도울 수 있을까?
문제해결 퍼실리테이터	어떻게 효율적으로 문제해결에 이르도록 가이드를 할까?

● 그림 6-2 역할에 따른 퍼실리테이터 구분

(3) 퍼실리테이션 적용방법

퍼실리테이션을 효과적으로 적용하는 과정에서 사용되는 방법은 다양하며, 이는 참여자들의 활발한 참여를 유도하고 목표 달성을 촉진하는 데 중점을 둔다(고수일 외 역, 2009).

① 개방적인 질문 사용

퍼실리테이터는 개방적인 질문을 사용하여 참여자들이 자신의 생각과 의견을 자유롭게 표현하도록 독려한다. 이러한 질문은 일반적으로 '무엇' '왜' '어떻게'로 시작하여 참여자들로 하여금 보다 깊이 있는 답변을 고민하고 공유하도록 한다.

② 적극적 경청

퍼실리테이터는 적극적 경청을 통해 참여자의 의견을 주의 깊게 듣고 이해한다. 이를 통해 참여자가 존중받고 가치 있게 느끼도록 하며, 필요한 경우 추가적인 설명이나 정보를 제공하여 대화를 더욱 깊이 있게 이끈다.

③ 소그룹 활동

대규모 그룹을 소그룹으로 나누어 각 그룹이 특정 주제나 문제에 대해 논의하게 하는 방법이다. 소그룹 활동은 참여자 간의 긴밀한 상호작용을 촉진하고, 보다 다양한 아이디어와 해결책을 도출할 수 있게 한다.

④ 시각적 도구 사용

플립차트, 화이트보드, 포스트잇, 그래픽 등을 활용하여 정보를 시각적으로 표현하고 아이디어를 정리한다. 시각적 도구는 정보를 명확하게 전달하고, 참여자들의 이해를 돕고, 논의 내용을 추적하는 데 유용하다.

⑤ 피드백 및 반영

세션 중에 수집된 피드백을 실시간으로 반영하여 프로그램의 진행 방향을 조정한다. 참여자들의 반응과 피드백을 주의 깊게 듣고, 필요에 따라 세션의 내용이나 방식을 수정하여 최대한의 효과를 보장한다.

⑥ 합의 도출 기법

다양한 의견 중에서 공통적인 요소를 찾아내어 합의점을 도출하는 과정이다. 이는 브레인스토밍, 점투표, 순위 매기기 등 다양한 기법을 사용하여 진행될 수 있다.

읽어보기

퍼실리테이션 현장에서 명목집단법 적용하기

◆ 이런 회의를 경험해 본 적이 있는가?

목소리 큰 사람의 의견이 전체의 의견인 것처럼 왜곡된다. 분명 더 좋은 생각이 있을 터인데 참여하는 사람이 의견을 제시하지 않으니 회의 주관자 혼자 북치고 장구치고 하고 있다. 회의 참여자 중 한 사람에게 의견을 요청했는데 회의 참여자들은 발언자의 얘기를 경청해서 듣는 것이 아니라 다음에 본인이 해야 할 발언 내용을 생각하고 있는 듯하다. 모든 사람이 돌아가면서 의견을 얘기하기는 했는데 제대로 공유했다는 생각은 들지 않는다. 막내는 얘기하고 싶어도 주눅이 들어서 본인 의견을 얘기하는 것에 어려움을 겪고 있다.

◆ 이런 미팅을 어떻게 바꿀 수 있을까?

명목집단법(Nominal Group Technique: NGT)에서 답을 찾을 수 있다. **명목집단법의 정의는 다음과 같다.**

- 참가자 각자가 다른 사람과 얘기하지 않고(침묵 속에서) 토의 주제에 대한 자신의 생각을 정리할 수 있도록 일정한 시간을 부여하는 방법(출처: 한국액션러닝협회(2020), 액션러닝 퍼실리테이터 과정 교재)
- 집단의사결정에서 구성원 간에 의도적으로 토론이나 의사소통을 하지 못하게 하여 각 구성원들이 서로 영향을 받지 않은 상태에서 진실로 마음속의 생각하는 바를 제시하는 방법(출처: 우리말샘 국어사전)

◆ 퍼실리테이터가 명목집단법(NGT)을 어떤 상황에서 어떤 방법으로 사용할 수 있을까?

명목집단법(NGT)은 **빅마우스(혼자 발언을 주도하는 사람을 지칭하는 말)가 미팅 과정에서 관찰되어서 '회의가 저 사람 주도로 갈 수밖에 없겠구나' 생각될 때, 또 회의에 적극적으로 참여하지 않는 방관자가 보일 때** 효과적으로 활용할 수 있다.

명목집단법을 활용하는 방법에 대해서 살펴보자.

1. 퍼실리테이터가 함께 논의가 필요한 안건을 제시한다. 그 안건은 모든 사람이 명확하게 이해할 수 있는 상태여야 한다. 필요하면 그 안건의 이해를 돕기 위한 질문을 받을 수 있다. **모든 사람이 논의하고자 하는 안건을 정확하게 이해하고 있어야 한다(토의 주제에 대한 이해).**

2. 참가자가 그 안건에 대해서 본인의 의견을 정리할 수 있는 분위기와 환경을 만들어 준다. **다른 사람의 개입 없이 본인의 생각을 정리할 수 있도록 해야 한다.** 퍼실리테이터는 침묵을 어색하게 여기지 않아야 한다. 의견을 적는 동안 본인의 생각을 다른 사람에게 어필하고자 하는 구성원이 있더라도 제재해야 한다. 침묵 유지가 이루어지도록 돕는 것이

우선이다. 처음 시작할 때 명목집단법을 활용하는 취지에 대해서 공유하고 이해를 구하며 시작하는 것도 좋은 방법이다.

3. 회의의 긴장감을 유지하기 위해서 **생각을 정리하는 시간을 한정하는 것도 좋은 방법이다.** '지금부터 ○○○ 주제에 대해서 본인의 생각을 5분 동안 정리하는 시간을 갖도록 하죠.' 이렇게 얘기할 수 있다.

4. 안건에 대한 개개인의 의견을 접착식 메모지인 **포스트잇에 기록하도록 하면** 향후 의견을 분류하고 정리하는 데 도움을 받을 수 있다. 포스트잇에 적을 때에는 의견 분류가 쉽도록 **한 장에 하나의 아이디어만 적도록 하고, 가독성이 있도록 굵은 펜을 사용하여 바른 글씨로** 의견을 기록하도록 한다.

5. 의견 정리시간이 끝나면 포스트잇에 적어진 의견을 동료와 함께 나누도록 한다. 의견에 대한 피드백이나 판단은 유보하고 의견에 대한 내용이 무엇인지에 집중한다. 의견을 구체적으로 이해하기 위한 질문은 할 수 있지만 하나의 의견으로부터 꼬리를 무는 생각이 연결되어 정작 공유되어야 할 다른 의견이 공유되지 못하는 것은 경계해야 한다. 전체 공유의 맥락에서 벗어나지 않도록 퍼실리테이터가 가이드해야 한다.

6. 의견을 공유하는 방법은 참석자 한 사람 한 사람이 의견을 얘기하면 이를 퍼실리테이터가 정리해 가는 방법(퍼실리테이터가 기록자 역할 수행)과 퍼실리테이터는 진행자 역할을 수행하고 참석자 스스로가 아이디어를 붙여가고 분류해 가도록 하는 방법이 있다. 상황에 따라서 진행 방법을 결정하자.

7. 모든 사람의 의견이 공유되고 나면 그 의견을 비슷한 것끼리 모아볼 수 있다. 모아진 의견에 제목을 붙여본다. 논의 과정에서 누락된 의견이 보이면 추가로 보완할 수 있다. 모든 의견이 공유되고 정리되고 나면 투표의 방법을 통해서 의견의 우선순위를 정리할 수도 있다.

2. 문제중심학습(PBL)

1) 정의

문제중심학습(Problem Based Learning: PBL)은 학습자들이 실제로 직면할 수 있는 복잡하고 비구조적인 문제를 기반으로 학습을 진행하는 교육방법이다. 이 방식은 학습자에게 실제와 유사한 복잡한 문제를 제시하고, 그 문제를 해결하기 위해 필요한 지식을 스스로 찾아서 학습하게 한다. 학습 과정에서 학습자는 문제를 분석하고 해결 방안을 모색하며, 이 과정에서 필요한 정보를 조사하고 적용해 본다. 문제중심학습(PBL)의 핵심은 학습자가 스스로 학습의 주체가 되어 문제를 해결하는 과정에서 필요한 지식을 탐색하고, 이를 실제 상황을 가정하여 적용해 보는 것이다(Baden & Major, 2004). 이 과정은 학습자의 자기주도적 학습 능력을 키우고, 비판적 사고와 문제해결 능력을 발전시키는 데 큰 도움이 된다. 또한 문제중심학습(PBL)은 팀워크와 협업을 필요로 하기 때문에, 다른 학습자들과 의견을 교환하고 함께 해결책을 도출해 나가는 과정에서 의사소통 능력과 협동 능력도 함께 강화된다. 문제중심학습(PBL)은 전통적인 강의 중심의 수동적 학습 방식과 대비되며, 학습자에게 더 적극적이고 참여적인 학습 경험을 제공한다. 이러한 방식은 학습자가 학습 과정에서 직면하는 문제를 해결하면서 독립적으로 생각하고 창의적인 해결책을 찾아가는 능력을 개발하도록 한다. 결과적으로, 문제중심학습(PBL)은 학습자가 직업 세계 및 실생활에서 마주할 다양한 문제를 효과적으로 해결할 수 있는 실질적인 능력을 갖추도록 돕는다(Hmelo-Silver, 2004).

2) 배경

문제중심학습(PBL)의 유래는 1960년대로 거슬러 올라간다. 이 교육방식은 처음에 캐나다 맥마스터 대학교의 의과대학에서 도입되었다. 당시 의학 교육의 전통적인 강의 중심 방식은 학생들이 실제 의료 현장에서 마주칠 복잡한 문제들을 효과적으로 해결하는 데 필요한 기술을 충분히 개발하지 못한다는 인식에서 출발하였다. 이에 맥마스터 대학의 교육자들은 학생들이 실제와 유사한 문제를 해결하면서 필요한 지식을 스스로 찾아 학습하는 방식을 개발하였다. 이는 학생들이 직접 문제에 대해 연구하고, 해결책을 모색하며, 그 과정에서 필요한 지식을 적극적으로 습득하게 함으로써 더 실용적이고 효과적인 학습이 이루어지도록 했다. 문제중심학습(PBL)은 그 후 전 세계적으로 다양한 학문 분야로 확산되었다. 이 교육방법은 의학뿐만 아니라 비즈니스, 공학, 법학, 교육 등 여러 분야의 교육과정에서도 채택되어 학습자들이 실제 문제를 해결하는 능력을 개발할 수 있도록 도왔다. 문제중심학습(PBL)은 학습자가 현장의 문제를 깊이 있게 분석하고, 그에 대한 해결책을 찾아가는 과정에서 비판적 사고, 문제해결, 협업, 의사소통 능력 등 여러 핵심 역량을 키울 수 있도록 한다. 오늘날 문제중심학습(PBL)은 교육의 질을 향상시키고 학습자의 적극적인 참여를 이끌어 내는 혁신적인 교육방법으로 인정받고 있다. 학습자 중심의 이러한 접근 방식은 교육이 단순한 지식 전달을 넘어서 학습자가 현장의 문제에 적극적으로 대처하고 해결할 수 있는 능력을 배양하는 데 중점을 두고 있다.

3) 문제중심학습(PBL) vs. 프로젝트기반학습(PjBL)

문제중심학습(PBL)과 프로젝트기반학습(Project based learning: PjBL)은 모두 학습자 중심의 교육방법이다. 이 두 방법은 학습자들이 현장의 문제를 다루면서 필요한 지식과 기술을 습득하는 과정을 강조한다. 각각의 교육방식은 학습자의 참여를 촉진하고, 실용적이며 의미 있는 학습 경험을 제공한다. 문제중심학습(PBL)은 학습자들에게 구체적인 문제가 제시되며, 이 문제를 해결하기 위해 필요한 지식을 자기주도적으로 찾아 학습하는 방식이다. 이 과정에서 학습자는 문제를 정의하고, 정보를 수집하며, 다양한 해결책을 고안해 본다. 문제중심학습(PBL)은 특히 의료, 법률, 비즈니스 등 다양한 전문 분야의 교육에서 널리 사용된다. 학습자는 실제와 유사한 복잡한 문제를 해결하는 과정을 통해 비판적 사고, 문제해결 능력, 협업 및 의사소통 능력을 발전시킨다. 반면, 프로젝트기반학습(PjBL)은 프로젝트를 중심으로 학습이 진행된다. 학습자는 특정 프로젝트를 계획하고, 실행하며, 그 결과를 평가하는 전체 과정에 참여한다. 이 방식은 교육목표를 달성하기 위해 구체적이고 실질적인 결과물을 생성하는 것을 요구한다. 프로젝트기반학습(PjBL)은 학습자가 프로젝트를 통해 창의적이고 혁신적인 사고를 할 수 있도록 돕고, 실제 현장의 문제에 적용 가능한 해결책을 제시하도록 한다. 또한 프로젝트기반학습(PjBL)은 긴밀한 팀워크와 지속적인 협업을 필요로 하며, 프로젝트 관리 기술과 리더십 능력도 함께 개발된다. 이 두 학습 방식은 모두 교육 환경을 실제적이고 동적인 학습의 장으로 변화시키는 데 기여한다. 문제중심학습(PBL)과 프로젝트기반학습(PjBL)은 각각 문제해결과 프로젝트 완성이라는 구체적인 목표를 향해 학습자들이 능동적으로 참여하도록 유도하며, 이 과정에서 학습자는 필요한 지식을 습득하고 자신의 역량을 실제적인 상황에서 적용해 볼 수 있다.

문제중심학습(PBL)과 프로젝트기반학습(PjBL)이 갖는 공통점과 차이점에 대해 좀 더 자세히 살펴보면 〈표 6-1〉과 같다(곽민철, 최은미, 2021).

표 6-1 문제중심학습(PBL) vs. 프로젝트기반학습(PjBL)

문제중심학습(PBL)	vs.	프로젝트기반학습(PjBL)
상대적으로 짧으며 수업 차수로 단계별로 구분됨	소요시간	상대적으로 길고 문제의 복잡함/크기에 따라 달라짐
명확한 결과물이 있거나 해결방향이 정해져 있음	결과물	과제를 수행한 학습자가 도출한 해결방안 또는 시제품
체계적이고 정교화된 문제	수행과제	구조화되지 않은 문제를 받고 학습자가 구조를 선택함
학습목표를 달성하기 위한 시나리오 또는 가설로 제공	주제의 영역	진짜 이슈(real world issue)를 탐색해서 주제의 영역을 결정
교수자 중심	주제의 결정권	학습자 중심
수행과제의 조건 통제 학습 피드백을 위한 개방형 질문	교수자의 주요 행동	권한을 강화하는 촉진 질문
두 교수법의 공통점		
학습자 중심 교수 전략 학습자 능동적 학습 탐구중심 학습 협력/팀 기반 학습 상황적 인지에 의한 학습		

4) 평생교육 현장에서의 적용

(1) 평생교육 현장에서 문제중심학습(PBL)이 갖는 의미

랑그랑(Lengrand, 1975)은 평생교육을 개인의 출생에서부터 죽을 때까지(요람에서 무덤까지) 전 생애에 걸친 교육(수직적 차원)과 학교 및 사회 전체 교육(수평적 차원)의 총합으로 정의했다. 태어나면서 죽을때까지 받는 교육이 평생교육이고, 학교교육을 뛰어넘어 사회에서, 삶 안에서 배우는 모든 교육이 평생교육이라는 의미이다.

평생교육 현장에서 문제중심학습(PBL)의 중요성은 다양한 측면에서 부각된다. 먼저, 문제중심학습(PBL)은 학습자가 현장의 문제를 중심으로 지식을 습득하고 이를 적용해 보는 과정을 통해, 실용적이고 의미 있는 학습 경험을 제공한다. 이러한 방식은 학습자가 직접 현장의 문제를 다루는 과정에서 자기주도적으로 학습하며, 필요한 정보를 스스로 찾아가는 능력을 키우는 데 도움이 된다. 문제중심학습(PBL)은 평생교육 학습자의 비판적 사고와 문제해결 능력을 강화한다. 제시된 문제를 분석하고 다양한 해결책을 모색하는 과정에서 학습자는 정보를 비판적으로 평가하고, 창의적으로 생각하며, 합리적인 결정을 내리는 능력을 발전시킨다. 이러한 과정은 학습자가 자신의 의견을 효과적으로 표현하고, 타인과의 의사소통을 통해 공동의 해결책을 찾아가는 과정에서도 중요하다. 또한 문제중심학습(PBL)은 협업을 통한 학습을 촉진한다. 대부분의 문제중심학습(PBL) 환경에서는 학습자들이 팀을 이루어 문제를 해결하게 된다. 이 과정에서 팀원 간의 협력과 의사소통이 필수적이며, 이는 학습자가 현대 사회에서 필요로 하는 협업 능력을 개발하는 데 기여한다. 팀 기반의 문제해결은 각 구성원이 서로 다른 관점을 공유하고, 공동의 목표를 향해 노력하는 중요한 학습 경험이 된다. 문제중심학습(PBL)은 또한 평생교육의 맥락에서 중요한 자기주도학습 능력을 강화하는 데에도 기여한다. 학습자는 문제해결 과정에서 스스로 학습목표를 설정하고, 학습 자료를 탐색하며, 학습 결과를 평가하는 전 과정을 관리하게 된다. 이러한 자기주도적 학습 경험은 학습자가 평생 동안 지속적으로 학습하고 성장할 수 있는 기반을 마련해 준다. 문제중심학습(PBL)은 평생교육 현장에서 학습자가 현장에서 직면할 수 있는 복잡하고 다양한 문제를 해결하는 데 필요한 지식과 기술을 효과적으로 습득하도록 돕는다. 이는 학습자가 개인적으로는 물론 전문적인 측면에서도 지속적으로 성장할 수 있도록 지원하는 중요한 교육방법이다.

(2) 평생교육 현장에서 문제중심학습(PBL) 적용

평생교육 현장에서 문제중심학습(PBL)을 적용하는 방법은 다음과 같다.

- **문제의 선택과 구성**: 교수자는 학습 과정에서 학습자가 도달해야 할 학습목표와 직접 연결될 수 있는 실제적이고 의미 있는 문제를 선정한다. 이 문제는 도전적이어야 하며, 학습자가 다양한 해결 방안을 모색할 수 있도록 설계되어야 한다. 교수자의 역할은 학습자가 문제해결을 통해 필요한 핵심 개념과 기술을 배울 수 있도록 문제를 적절히 구성하는 것이다.
- **학습목표 설정**: 교수자는 문제와 관련하여 학습자가 도달해야 할 구체적인 학습목표를 설정한다. 이 목표는 문제해결 과정에서 학습자가 습득해야 할 지식과 기술을 명확히 하며, 학습자가 이를 달성하기 위해 어떤 정보를 탐색하고 습득해야 하는지를 정의한다.

● **자료 탐색 및 정보 수집**: 교수자의 지도하에 학습자는 독립적으로 또는 소그룹을 이루어 문제와 관련된 자료를 탐색하고 정보를 수집한다. 이 과정에서 다양한 자료 수집 방법이 활용되며, 교수자는 필요한 지도와 지원을 제공한다.

● **해결책 모색과 토론**: 수집된 정보를 바탕으로 학습자들은 가능한 해결책을 모색하고, 이에 대해 팀원들과 토론한다. 이 단계에서 교수자는 학습자들이 창의적이고 비판적으로 사고할 수 있도록 촉진하는 퍼실리테이터 역할을 한다.

● **해결책의 구현과 평가**: 학습자들은 선택된 해결책을 실제로 현장에 적용할 수 있을지 탐색해 본다. 이 과정에서 교수자는 평가 기준을 제공하고, 해결안의 현장 적용 결과를 평가하는 데 필요한 지침을 제공한다. 학습자는 이 평가를 바탕으로 자신의 학습 과정과 결과를 반성한다.

● **성찰과 피드백**: 프로젝트의 마무리 단계에서 학습자들은 교수자로부터 피드백을 받고, 전체 학습 과정을 성찰한다. 교수자는 학습자가 자신의 학습 방법과 문제해결 과정을 평가하고, 향후 유사한 문제에 대처하는 능력을 개선할 수 있도록 돕는다. 이 과정을 통해 문제중심학습(PBL)은 평생교육 현장에서 학습자가 실제적인 문제해결 능력을 개발하고, 자기주도적으로 학습을 진행할 수 있도록 한다. 교수자는 이 모든 과정에서 학습자가 학습목표에 도달할 수 있도록 지도하고 지원하는 중요한 역할을 수행한다.

3. 액션러닝

1) 정의

> **실천 없는 학습은 없고, 학습 없는 실천도 없다.**
> (No learning without action and no action without learning.)
> (Revans, 2017)

액션러닝(action learning)은 교육참가자들이 현장의 실제 문제를 해결해 가는 과정에서 실질적인 문제해결 결과와 더불어 문제해결 과정에 대한 성찰을 통해 학습이 이루어지도록 지원하는 교육방식을 말한다. 이 방식은 참여자들이 작은 그룹인 '액션러닝 팀'을 조직하여 실제 업무나 조직에서 마주하는 복잡한 문제를 직접 해결해 나가는 과정을 중심으로 진행된다. 각 참여자는 문제해결을 위한 구체적인 행동 계획을 수립하고, 이를 실행한 후 결과를 분석하며, 이 과정에서 얻은 교훈과 통찰을 통해 학습한다. 액션러닝의 핵심은 실제 문제해결 과정에서의 직접적인 경험을 통해 학습하고, 이를 통해 비판적 사고, 창의적 문제해결, 의사소통 능력 등을 개발하는 것이다. 또한 이 과정은 참여자가 자신의 행동과 그 결과를 반성적으로 성찰하게 만들며, 이러한 성찰은 참여자의 개인적인 성장과 전문성 향상에 직접적으로 기여한다. 액션러닝은 조직의 리더십 개발, 팀빌딩, 문제해결 능력 강화 등 다양한 상황에서 유용하게 활용될 수 있다. 특히, 다양한 배경을 가진 참여자들이 모여 서로 다른 관점에서 문제를 바라보고 해결책을 도출함으로써, 조직 전체의 혁신과 변화를 이끌어 내는 데 큰 효과를 발휘한다. 이러한 점에서 액션러닝은 개인과 조직의 지속적인 개선 및 성장을 지원하는 매우 강력한 학습 도구로 평가받고 있다(Marquardt et al., 2009).

2) 배경

액션러닝의 유래는 1940년대로 거슬러 올라가며, 이 방법론의 창시자는 레그 레반스(Reg Revans)라는 영국의 물리학자이자 경영 컨설턴트다. 레반스는 학습과 변화가 실제 작업 환경에서 가장 효과적으로 이루어질 수 있다는 관점을 가지고 있었다. 그의 초기 작업은 광산업에서의 문제해결 과정에서 시작되었으며, 그는 광부들이 직면한 실제 문제들을 해결하기 위해 서로 협력하는 과정을 지켜보면서 이러한 방법론의 기초를 마련하였다(Revans, 1982). 레그 레반스는 액션러닝을 'P와 Q의 법칙'으로 요약하였다. 여기서 'P'는 기존 존재하는 지식(Programmed knowledge)을 의미하며 'Q'는 질문(Questioning)을 나타낸다. 그는 문제해결 과정에서 질문이 중심적인 역할을 한다고 보았으며, 참여자들이 질문을 통해 서로의 경험에서 배우고, 동시에 새로운 해결책을 찾아가는 과정이 중요하다고 강조하였다. 액션러닝은 이후 비즈니스와 교육 분야에서 널리 퍼지게 되었으며, 조직의 리더십 개발, 팀 빌딩, 변화 관리 등 다양한 영역에서 활용되고 있다. 이 방법론은 참여자들이 실제적이고 중요한 문제들을 그룹 내에서 협력하여 해결해 나가는 과정에서 깊은 학습과 개인적 성장을 경험하게 한다. 오늘날 액션러닝은 전

세계적으로 많은 조직과 교육기관에서 그 효과를 인정받고 있으며, 복잡하고 빠르게 변화하는 현대 사회에서 문제를 해결하고 혁신을 이끌어 내는 데 필수적인 학습 도구로 자리 잡고 있다.

 읽어보기

액션러닝 창시자 레그 레반스 이야기

"액션러닝 창시자 레그레반스(Reg Revans)가 영국 국가대표 멀리뛰기 선수였다고?"
레반스는 1928년 네덜란드 암스테르담에서 열린 하계올림픽 영국 국가대표 멀리뛰기 선수였고 대회에서 32위에 입상했다. 또한 1930년 대영제국 게임(At the First British Empire Games) 멀리뛰기와 세단뛰기 은메달리스트이기도 하다.

Athletics at the 1928 Summer Olympics – Men's long jump

30	4	Hermann Brügmann	Denmark	?	?	?	6.62	did not advance
31	4	Arild Lenth	Norway	?	?	?	6.60	did not advance
32	3	Reg Revans	Great Britain	?	?	?	6.58	did not advance

(출처 : Wikipedia)

◆ 레반스 소개(1907~2003)
천체물리학을 전공한 물리학자였으며 동시에 경제학자이자 교육자였다. 퀘이커 교도이자 평화주의자로서 절제하는 삶을 중요한 가치로 여겼다. 액션러닝을 처음 도입한 창시자로 클루터버크(Clutterbuck)와 크라이너(Crainer)가 집필한 『경영을 만드는 사람들: 비즈니스 세계를 바꾸다(Makers of Management: The men and women of who changed the business world)』(1990)라는 책에서 현대 경영에 가장 크게 기여한 24명 중 한 명으로 소개되었다.

유년 시기
레반스는 1907년 5월 14일 잉글랜드 포츠머스에서 태어났다. 레반스의 아버지는 메르캔틸 선박의 수석조사관으로 타이타닉 재난에 대한 조사에 깊이 관여했다. 어린 레반스는 많은 선원들이 그의 가족을 방문했는데 그들은 대부분 가난했기 때문에 맨발이었다고 기억한다. 레반스의 유년시절을 얘기할 때 레반스 아버지의 타이타닉 재난조사에 대한 얘기가 많이 언급된다. 레반스는 아버지에게 타이타닉 비극으로부터 어떤 교훈을 얻었는지 물었고 그 과정에서 가장 중요한 삶의 지혜가 영리함(여기서 말하는 영리함은 지식을 의미)과 지혜를 구분하는 법임을 알게 되었다고 얘기한다. 또 레반스는 프로렌스 나이팅게일(우리가 알고 있는 그 나이팅게일이 맞다)이 사망했을 때 어머니가 동료 간호사와 함께 추모식에 참여했던 광경을 기억하고 있다고 얘기한다. 사회적 약자의 입장에서 그들의 고충을 돌아보고자 했던 레반스 아버지, 어머니의 영향이 레반스가 성인이 되어서 이타적인 마인드를 갖는 데 영향을 미쳤을 것으로 판단된다.

학생 시기

레반스의 삶을 얘기할 때 케임브리지 대학의 캐번디시 연구소에 근무했던 시기를 빼놓을 수 없다. 캐번디시 연구소에 근무하는 30~40명의 연구자 중 12명 이상이 우리가 알고 있는 노벨상 수상자일만큼 그곳은 우수한 두뇌가 모여 있는 집합체였다. 레반스는 그곳에서 이루어지는 연구자 모임이 새로운 것을 탐구하는 과정에서 서로의 앎을 뽐내는 것이 아니라 질문을 통해서 알고 있는 부분과 모르고 있는 부분(이해의 경계)을 확인하고 이 과정이 서로에 대한 존중과 경청의 바탕 안에 진행되고 있음에 깊은 인상을 받았다. 이 경험은 레반스가 액션러닝의 틀을 만들어 가는 데 중요한 계기가 된다.

국영석탄회사(1945~1950)

레반스는 광부로 구성된 팀과 함께하면서 관리자의 지시가 아니라 광부 스스로 작업 방식을 설계하고 중요한 결정을 내릴 때 비로소 생산성이 증가한다는 사실을 발견했다. 조직의 구성원들이 함께 현장의 중요한 문제를 해결해 가는 과정에서 서로에게서 더 잘 배울 수 있음을 확신하게 된 계기이다. 액션러닝이 태동된 순간이다.

맨체스터 대학(1955~1965)

레반스가 맨체스터 대학 산업행정학 교수로 재직했던 기간이다. 레반스는 이 기간 중 맨체스터 지역의 간호사들이 훈련기간 동안 이탈하는 문제를 담당해 줄 것을 요청받았다. 레반스는 이 프로젝트를 수행하는 과정에서 공식적인 교육보다 간호사들과 훈련생이 함께 차를 마시며 자신의 경험을 공유하는 과정에서 자신감과 신뢰가 형성되고 이때 더 많은 학습이 이루어짐을 확인했다. 서로 함께 배우는 과정의 중요성을 확인하는 과정이었다.

벨기에 시기(1965~1975)

브뤼셀에 있는 산학협력재단에서 일하고 있던 레반스가 대학 간 고위 협력 프로그램을 설계하고 이행하던 시기이다. 1968년 당시 경제 실적 면에서 OECD 국가 중 최하위에 머물던 벨기에의 경제성과 향상을 위하여 5개 대학과 23개의 기관이 협력한 프로그램이다. 액션러닝은 벨기에 경제성장을 위한 중요한 문제해결의 도구로 사용되었다. 액션러닝이 국가 단위 프로젝트에 활용된 사례이다.

병원커뮤니케이션 개선 프로젝트(1964~1965)

런던 내 10개의 병원이 참여한 병원 커뮤니케이션 개선 프로젝트(Hospital Internal Communication: HIC)이다. 벨기에 프로젝트와 동시에 진행되었다. 이 프로젝트는 일반 병동들이 주로 참여했고 산부인과 병동은 참여하지 않았다. 자연스럽게 실험군 대조군이 만들어졌기 때문에 이 프로젝트는 액션러닝 시행 효과성에 대해서 통제된 비교를 가능하게 했다. 이 프로젝트를 통해서 액션러닝이 가지는 가치가 발견되었다.

하이어 다운스에서의 생활

1974~1975년에 레반스는 벨기에를 떠나 영국에 영구히 정착했다. 레반스는 이때 GE의 임원 프로그램의 고문이었다. 후에 LG 전자가 GE 프로그램을 벤치마킹해서 한국에 액션러닝을 처음 도입했기 때문에 한국의 액션러닝 출발의 끈을 여기에서 찾을 수도 있을 것이다.

최근의 일들

1995년 맨체스터에 있는 살포드 대학에 액션러닝 연구를 위한 레반스 액션러닝 연구센터가 설립되었다. 또한 1995년 영국 히스로에서 액션러닝 상호협력회의가 개최되었다.

레반스의 마지막 날

삶의 마지막을 준비하면서도 레반스는 치열하게 대화하고 토론하고 성찰하였다. 평생을 액션러닝의 삶으로 실천했던 레반스는 2002년 크리스마스 때부터 깊은 잠에 빠졌으며 2003년 1월 8일 세상을 떠났다.

출처: Boshyk & Dilworth (2019).

3) 구성요소

출처: 봉현철, 김종근 역(2000).

(1) 과제

액션러닝은 실제 과제를 중심으로 진행된다. 액션러닝의 과제는 실질적이고 반드시 해결해야만 하는 것으로서 가상으로 만든 문제가 아니라 조직의 이익(생존)과 직결되는 실존하는 문제여야 한다. 액션러닝에서 과제는 참여자들이 적극적으로 참여하고 해결책을 모색하도록 동기를 부여하는 중심축이 된다.

(2) 학습팀

액션러닝에서 학습팀은 소규모 그룹으로 구성되며, 각 구성원은 서로 다른 배경과 전문 지식을 가지고 있다. 이 그룹은 정기적으로 만나 문제를 논의하고, 해결책을 모색하며, 실행 계획을 수립한다. 그룹 구성원들은 서로를 지원하고, 서로의 학습을 촉진한다. 학습팀의 적정 규모는 5~6명이 적합하며 4명 이하일 경우 다양성, 창의성, 도전적 역학관계 형성이 어렵고 7명 이상일 경우는 팀 활동의 복잡성이 증가하고 충분한 성찰시간의 제공이 어렵다.

(3) 러닝코치

액션러닝 프로세스에서 러닝코치는 매우 중요한 역할을 한다. 러닝코치는 학습팀이 핵심 문제에 집중하도록 도우며, 구성원들이 서로의 경험과 지식에서 학습할 수 있도록 촉진한다. 또한 러닝코치는 그룹이 성찰을 통해 학습할 수 있도록 질문을 던지고, 토론을 유도한다.

(4) 스폰서와 실행의지

액션러닝 프로그램에서 스폰서는 통상적으로 프로그램을 지원하고, 액션러닝 프로젝트에 필요한 자원을 제공하는 고위 관리자나 조직의 리더를 말한다. 스폰서의 주된 책임은 액션러닝 프로젝트의 목표와 조직의 전략적 목표를 연결하는 것이다. 이는 액션러닝이 단순히 학습의 차원을 넘어 조직의 실제적인 변화와 발전에 기여하도록 하는 데 중요하다.

● 표 6-2 **액션러닝에서 스폰서의 종류**

종류	설명	역할
프로그램 스폰서	프로그램 전체에 대한 스폰서	• 프로그램의 취지를 정확하게 이해할 수 있도록 관심을 환기시키고 참가자들의 동기부여를 위한 제도 마련 및 분위기 조성
과제 스폰서	최종적인 의사결정 권한을 가진 스폰서	• 도출할 Output Image를 구체화하며 실행 스폰서를 지정하고 학습팀을 도울 수 있도록 요청(지시)
실행 스폰서	해결대안의 실행에 주도적으로 책임져야 할 스폰서	• 과제와 관련된 정보 원천인 자료 및 네트워크 정보 등을 제공하는 등 학습팀을 지원

(5) 질문 및 성찰

액션러닝에서 질문은 학습과 혁신의 촉매제 역할을 한다. 구성원들은 서로에게 도전적이고, 깊이 있는 질문을 던짐으로써 문제의 본질을 탐구하고, 창의적인 해결책을 도출할 수 있다. 질문은 그룹 내에서 생각을 확장하고, 다양한 관점을 탐색하는 데 도움을 준다. 또한 액션러닝에서 성찰(reflection)은 학습과정의 핵심 요소로, 개인과 팀의 지속적인 성장과 발전에 중요한 역할을 한다. 성찰을 통해 참여자들은 자신들이 직면한 문제를 해결하는 과정에서의 행동, 결정, 그리고 그 결과를 깊이 있게 고민하고 분석한다.

(6) 과제의 내용과 해결과정에 대한 학습

액션러닝에 참여하는 학습자들은 액션러닝 활동을 통해 과제 관련 깊이 있는 내용 학습과 더불어 과제 해결과정에 대한 성찰을 통해 개인과 조직의 성장을 경험하게 된다. 액션러닝 참여자들은 액션러닝을 통해서 실질적인 문제해결능력과 더불어 의사소통, 협업 역량을 높일 수 있고 자기주도적인 학습능력을 증진시킬 수 있다.

4) 과제 유형에 따른 액션러닝 구분

액션러닝은 과제 형식에 따라 팀 과제 방식과 개인과제 방식으로 구분된다. 팀 과제 방식은 팀원 모두가 한 가지 과제만을 수행하는 방식을 말하고, 개인과제 방식은 팀원 각자가 자기 자신의 과제를 수행하되 다른 학습팀원들이 과제해결을 위한 조언과 정보를 제공하는 방식으로 팀워크를 발휘하는 형태를 말한다([그림 6-4] 참조).

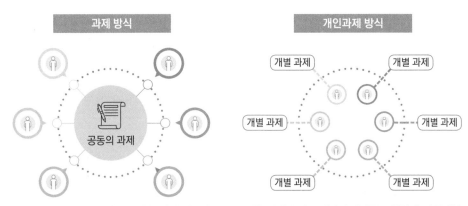

과제 방식	개인과제 방식
공동의 과제	개별 과제

그림과 같이 팀원 모두가 공동의 한 가지 과제만을 수행하는 것을 말한다.

팀원 각자가 자기 자신의 과제를 수행하되, 다른 학습팀원들이 과제 해결을 위한 조언과 정보를 제공하는 방식으로 팀워크를 발휘하는 형태를 말한다.

● 그림 6-4 과제 유형에 따른 액션러닝 구분

5) 평생교육 현장에서의 적용

(1) 평생교육 현장에서 액션러닝이 갖는 의미

액션러닝은 평생교육 현장에서 중요한 학습 방법으로, 참여자들이 실제 문제를 해결하는 과정을 통해 학습하고 개인적인 성장을 경험할 수 있게 한다. 이 방법은 참여자들이 직면한 실질적인 문제를 중심으로 진행되어, 이론적 지식을 실제 상황에 적용하며 문제해결 능력을 개발하도록 한다. 또한 액션러닝은 성찰적 사고를 촉진하여 참여자들이 자신의 행동과 결과를 깊이 분석하고 이를 통해 더 나은 결정을 내리는 방법을 배울 수 있도록 돕는다. 협업과 네트워킹도 액션러닝의 중요한 요소이다. 다양한 배경을 가진 참여자들이 함께 문제해결을 모색하면서 서로의 경험에서 배우고, 창의적인 해결책을 발견하는 과정에서 전문적인 관계를 구축하게 된다. 이러한 경험은 지속적인 학습 문화를 촉진하며, 참여자들이 새로운 기술과 지식을 개발하고 변화하는 환경에 적용하는 능력을 키우는 데 기여한다. 액션러닝은 또한 참여자들에게 리더십을 발휘할 기회를 제공하여, 문제해결 과정에서 리더의 역할을 맡음으로써 개인의 리더십 스타일을 개발하고 팀을 이끌며 영감을 주는 능력을 향상시킬 수 있다. 이 모든 요소들이 결합되어, 액션러닝은 참여자들이 개인적, 직업적으로 성장하도록 돕고, 그들이 속한 조직이나 커뮤니티에 긍정적인 변화를 가져오는 데 중요한 역할을 한다(박승희 외, 2023). 평생교육에서 액션러닝의 적용은 참여자들이 배운 내용을 삶의 다양한 영역에 적용하고, 평생 동안 학습하는 태도를 개발하도록 격려하는 매우 효과적인 방법이다(박승희 외, 2020).

(2) 평생교육 현장에서 액션러닝 적용

평생교육에서 액션러닝이 적용되었던 사례를 살펴보면 다음과 같다(원지윤, 2018).

- **프로그램명**: 부천시 주민자치 리더 교육
- **추진목적**:
  ① 주민자치위원 역할에 대한 깊은 성찰을 통한 주민자치위원 Mind Set
  ② 지역의제 해결 과정에서 의사소통, 의사결정, 문제해결, 갈등관리 역량 Up
  ③ 주민자치 회의를 효율적으로 진행할 수 있는 방법 체득
- **교육대상**: 부천시 관내 주민자치위원(위원장, 유급간사, 분과위원장, 기타 희망자)
- **운영방법**: 지역에서 실제 해결해야 할 문제를 발굴하여 이를 주민자치위원 간 협업을 통해 문제해결 해가도록 지원
- **성과**:
  ① 주민자치위원들이 지역의 문제를 발견하고 해결하는 과정을 팀 프로젝트로 실시하고 발표한 최초의 교육과정
  ② 6개 권역의 지역 문제해결 과정을 준비 발표하면서 팀원과의 소통과 협업을 배울 수 있는 기회 제공
  ③ 설문조사 결과: 강좌 전반 만족도 95% / 새로운 교육시도 95%

1차 Action Learning	2차 Action Learning	3차 외부 특강	4차 Action Learning
• 오리엔테이션 • 팀 빌딩 • 주민자치위원으로서 필요 역할/역량 • 액션러닝의 이해	• 소통의 기본기(관찰/경청/질문/칭찬/의사소통 3규칙) • 주민자치 차원에서 해결해야 할 이슈 발굴 • 팀별 과제 선정	• 풀뿌리 민주주의 구현을 위한 주민자치위원 역할 • 주민이 직접 만드는 정책 제안을 고민할 때 고려해야 할 요소	• 이슈 Deep Dive 연구 • 현장 방문 계획 구체화

5차 자체 활동	6차 Action Learning	7차 Action Learning	8차 Action Learning
• 팀별 현장 방문(Ⅰ)	• 현장 방문 결과 정리 • 문제해결 or 정책 제안을 위한 핵심 이슈 발견 • 해결 아이디어 도출(Ⅰ)	• 팀별 과제 수행 현황 공유 및 상호 코칭/피드백 (중간워크숍)	• 해결 아이디어 도출(Ⅱ) • 해결 아이디어 타당성 검증 계획 수립

9차 자체 활동	10차 Action Learning	11차 Action Learning	12차 공유회
• 팀별 현장 방문(Ⅱ)	• 타당성 검증 결과 리뷰 • 결과 보고서 초안 작성(블랭크 차트)	• 발표 시나리오 구성 • 발표 시연	• 팀별 발표

● 그림 6-5   액션러닝 진행 프로세스

4. 디자인씽킹

1) 정의

디자인씽킹(design thinking)은 문제해결과 혁신을 위한 창의적 접근법으로, 복잡한 문제들을 이해하고 해결하기 위해 사용자 중심의 디자인 원리를 적용하는 과정이다. 이 방법론은 문제를 다각도로 분석하고, 사용자의 요구와 경험을 깊이 파악하여, 보다 혁신적이고 실용적인 해결책을 도출하는 데 중점을 둔다(김형숙 외, 2018). 디자인씽킹은 또한 조직 내에서 혁신적 사고를 촉진한다. 이 방법은 팀원들이 기존의 사고방식을 넘어서 새로운 아이디어를 자유롭게 탐색하고 실험할 수 있는 환경을 조성함으로써, 문제해결 과정에서 창의성을 발휘하도록 한다. 이 과정에서 팀원들은 복잡한 문제에 대해 다각도로 접근하고, 서로 다른 배경과 전문지식을 가진 동료들과의 협업을 통해 보다 포괄적이고 혁신적인 솔루션을 개발할 수 있다. 이와 동시에 디자인씽킹은 조직의 문제해결 능력을 강화하며, 다양한 직무에서 직면하는 도전과제를 체계적이고 효과적으로 해결하는 데 기여한다(김형숙 외 역, 2016). 프로젝트를 통해 팀원들은 문제를 심도 있게 분석하고, 실제적인 프로토타입을 개발하며, 지속적인 테스트를 통해 최적의 해결책을 찾아나간다. 이러한 과정은 조직 전반의 학습 문화를 촉진하고, 지속 가능한 개선을 위한 기반을 마련한다.

디자인씽킹은 디자이너들의 일하는 방법이자 문제해결 방법이다.

사람에 대한 깊은 공감을 통해 사람들이 진정으로 원하는 것을 발견하고 빠른 시도와 시행착오를 통해 점진적으로 개선하려는 일하는 방식(Way of Working)이자 마음가짐(Mindset)이다.

-Tim Brown

● 그림 6-6 **디자인씽킹의 정의**

출처: Brown(2008).

2) 배경

디자인씽킹의 유래는 1960년대로 거슬러 올라가며, 이 개념은 처음에 디자인과 공학 분야에서 문제해결 방법으로 사용되기 시작했다. 초기에 디자인씽킹은 주로 제품 디자인과 개발에 초점을 맞추어 사용되었으나, 시간이 지나면서 그 적용 범위가 확장되었다. 1980년대와 1990년대에 들어서는 스탠퍼드 대학교의 디자인 학교(d.school)와 IDEO와 같은 혁신적인 디자인 회사들이 이 방법론을 채택하고 발전시켜, 문제해결의 프레임워크로서 더욱 체계화하였다. 스탠퍼드 d.school에서는 팀워크와 사용자 중심의 디자인 접근법을 강조하면서 디자인씽킹의 핵심 원칙을 발전시켰다. 이곳에서 개발된 디자인씽킹 모델은 복잡한 문제들을 해결하기 위한 강력한 도구로 인정받으며, 교육, 건강, 공공 서비스 및 비즈니스 혁신 등 다양한 분야에 적용되었다. IDEO의 경우, 이 방법론을 적극적으로 사용하고 홍보함으로써 디자인씽킹을 전 세계적으로 알리는 데 큰 역할을 했다. 이들은 디자인씽킹을 단순히 제품 디자인뿐만 아니라, 조직 문화와 전략 개발 프로세스에도 통합하여 사용하였다. 디자인씽킹의 핵심은 사용자 경험을 깊이 이해하고, 이를 바탕으로 창의적이고 혁신적인 해결책을 도출하는 것이다. 이 접근법은 문제를 다각도로 파악하고, 다양한 이해관계자의 요구를 충족시킬 수 있는 솔루션을 개발하는 데 특히 유용하다. 오늘날 디자인씽킹은 전 세계 많은 기업과 교육기관에서 중요한 전략적 도구로 활용되며, 지속적인 혁신과 개선을 위한 핵심적인 방법론으로 자리 잡고 있다(조남재, 2021).

3) 프로세스

디자인씽킹은 문제를 해결하고 혁신적인 솔루션을 개발하는 과정에서 다섯 가지 주요 단계를 포함한다. 이 프로세스는 반복적이며, 각 단계는 서로 연결되어 있어 창의적인 결과를 도출하기 위해 계속해서 수정하고 개선한다.

(1) 공감하기(Empathize)

이 단계는 문제해결 과정의 출발점으로, 사용자의 경험과 요구에 대해 깊이 공감하고 이해하는 것이 목표다. 연구자는 관찰, 인터뷰, 그리고 사용자의 경험을 직접 체험하는 등 다양한 방법을 통해 사용자의 관점을 체득한다. 이 정보는 문제를 정의하고 사용자 중심의 솔루션을 개발하는 기반이 된다.

(2) 문제 정의하기(Define)

공감 단계에서 수집된 정보를 바탕으로 실제 문제를 명확하고 구체적으로 정의한다. 이 단계에서는 문제의 본질을 이해하고, 해결해야 할 핵심적인 도전과제를 명확히 하여 팀이 목표를 분명히 인식하도록 한다.

(3) 아이디어 도출하기(Ideate)

문제가 명확히 정의되면, 다양한 해결책을 창의적으로 생각해 내는 과정이 이어진다. 브레인스토밍, 스케치, 스토리보드 등 다양한 기법을 활용하여 가능한 한 많은 아이디어를 생성하고, 이 중에서 가장 유망한 아이디어를 선별한다.

(4) 프로토타입 만들기(Prototype)

선별된 아이디어는 실제로 구현해 볼 수 있는 초기 모델인 프로토타입으로 발전된다. 이 단계는 아이디어를 현실화하여, 솔루션의 실제적인 적용 가능성을 탐색하고 테스트하기 위한 것이다. 프로토타입은 저렴하고 빠르게 제작될 수 있어야 하며, 핵심적인 기능이나 디자인 요소를 테스트할 수 있어야 한다.

(5) 테스트하기(Test)

마지막 단계에서는 프로토타입을 실제 사용자에게 제공하고 피드백을 수집한다. 이 피드백은 솔루션을 개선하고 최종적으로 사용자의 요구를 만족시키는 제품이나 서비스로 발전시키는 데 필수적이다. 필요한 경우, 이 단계는 여러 번 반복될 수 있으며, 각 반복을 통해 솔루션은 점점 더 개선된다.

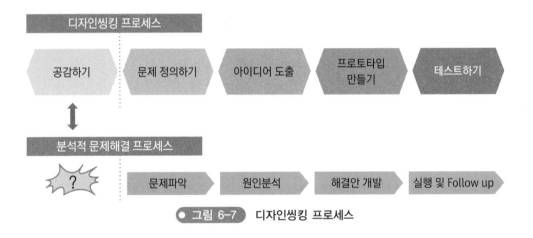

그림 6-7 디자인씽킹 프로세스

3) 적용 사례

개발도상국의 작은 마을에서 신생아들이 체온 유지 실패로 인해 어려움을 겪고 있었다. 이 문제에 직면한 스탠퍼드 대학교의 d.school 학생들은 신생아 사망률을 줄이기 위한 방법을 모색하기 시작했다. 이들은 현장을 방문해 의료진과 가족들을 만나고, 그들의 이야기를 들으며 문제의 심각성을 깊이 이해하게 되었다. 팀은 이동이 가능하며, 저렴하고, 지역사회에서 쉽게 사용할 수 있는 인큐베이터의 필요성을 깨닫고, 이를 해결하기 위해 디자인씽킹 접근법을 도입했다. 그들은 먼저 다양한 아이디어를 도출하기 위해

그림 6-8 디자인씽킹 적용 사례(Embrace portable incubator)

출처: https://www.embraceglobal.org/

브레인스토밍 세션을 가졌다. 그 결과, 특수 왁스를 이용해 상온에서도 온도를 일정하게 유지할 수 있는 이동식 인큐베이터의 아이디어가 탄생했다. 이 아이디어를 바탕으로 초기 프로토타입을 제작하고, 현장의 실제 사용자들에게 제공하여 테스트했다. 사용자들의 소중한 피드백을 받아 제품을 계속해서 개선해 나갔다. 그 결과, 입는 인큐베이터(Embrace Infant Warmer)가 저렴한 비용으로 제작되어 개발도상국의 병원뿐만 아니라 신생아들의 체온 유지에 어려움을 겪는 오지 지역에서도 널리 사용될 수 있게 되었다. 이 제품은 세계적으로 인정받으며, 많은 신생아의 생명을 구하는 데 결정적인 역할을 하였다. Embrace 프로젝트는 디자인씽킹이 사용자 중심의 혁신을 통해 실제 세계의 복잡한 문제들을 해결할 수 있음을 보여 주는 탁월한 예가 되었다.

4) 현장 적용

평생교육 분야에서 디자인씽킹은 교육 프로그램의 설계와 개선, 교수자와 학습자 간의 상호작용 향상, 그리고 교육내용의 혁신적 전달에 큰 역할을 한다. 이 방법론을 적용함으로써, 교육과정은 더욱 사용자 중심적이고 창의적으로 변모하며, 학습자의 요구와 기대에 부응하는 교육 서비스를 제공할 수 있다. 첫째, 디자인씽킹은 교육 프로그램 개발 단계에서부터 학습자의 경험을 중심에 둔다. 이는 교육 기획자와 교육자가 실제 학습자들의 필요와 문제를 깊이 이해하고, 이를 바탕으로 학습자의 참여와 만족도를 높일 수 있는 교육 커리큘럼과 자료를 개발하는 데 도움을 준다. 예를 들어, 공감 단계를 통해 학습자들이 어떤 학습 방식을 선호하고, 어떤 주제에 관심이 있는지 파악하고, 이를 교육과정에 반영할 수 있다. 둘째, 디자인씽킹은 교육 프로세스를 혁신하는 데 기여한다. 교육자는 아이디어 도출과 프로토타입 단계를 활용하여 새로운 교수법을 실험하고, 이를 테스트하여 효과적인 교수 전략을 개발할 수 있다. 예를 들어, 교육자는 협업 학습, 게임화 학습, 디지털 도구의 활용 등 다양한 방식을 시도하여 최적의 학습 방법을 찾아낼 수 있다. 셋째, 디자인씽킹은 교육자와 학습자 간의 의사소통을 강화한다. 팀 기반의 문제해결 과정을 통해 교육자와 학습자는 서로의 아이디어와 피드백을 공유하며, 이는 교육과정의 투명성과 참여도를 높이는 데 기여한다. 이러한 과정은 교육 커뮤니티 내에서 상호 존중과 이해를 증진시키며, 교육의 질을 향상시킨다. 결론적으로, 평생교육 분야에서 디자인씽킹의 적용은 교육 프로그램을 보다 혁신적이고 사용자 중심적으로 만들며, 교육과정에서의 창의성과 효과성을 증대시킨다. 이는 학습자의 지속적인 성장과 발전을 지원하고, 변화하는 교육 요구에 효과적으로 대응할 수 있는 유연성을 제공한다.

《 생각해 보기

〈퍼실리테이션〉

1. 평생교육에서 퍼실리테이터가 수행하는 핵심 역할은 무엇이며, 이들이 평생교육에 어떻게 기여할 수 있는가?

2. 평생교육 현장에 있는 사람들이 퍼실리테이션 기술을 어떻게 개발하고 향상시킬 수 있으며, 이 과정에서 중점적으로 다루어야 할 주제는 무엇인가?

3. 퍼실리테이션을 통해 다양한 배경을 가진 학습자들의 참여를 어떻게 증진시킬 수 있으며, 이를 위한 구체적인 전략은 무엇인가?

4. 디지털 학습 환경에서 퍼실리테이션을 적용하는 방법과 기술 도입이 퍼실리테이션에 미치는 영향 및 도전 과제는 무엇인가?

5. 평생교육 현장에서 퍼실리테이션을 적용하는 과정에서 예상되는 문제점은 무엇이고, 이를 극복하기 위한 대안은 어떤 것들이 있는가?

〈문제중심학습〉

1. 문제중심학습(PBL)에서 제시되는 문제는 어떠해야 하는가? 평생교육 7대 영역별로 문제중심학습(PBL)을 적용할 수 있는 방법에 대해서 생각해 보자. 평생교육 7대 영역별로 문제중심학습(PBL)을 어떻게 적용할 수 있으며, 학습자에게 제시할 수 있는 적절한 문제가 무엇일까?

평생교육 7진 분류	문제중심학습(PBL) 적용방법	제시할 수 있는 문제
기초문해교육		
학력보완교육		
직업능력교육		
문화예술교육		
인문교양교육		
시민참여교육		
성인진로교육		

2. 문제중심학습(PBL)에서 학습자의 참여를 증진하는 것은 교육 성공의 핵심이다. 학습자들이 문제중심학습(PBL) 과정에 적극적으로 참여하도록 유도하기 위한 방법에는 무엇이 있을까? 어떤 동기부여 방법이나 교수-학습 참여전략이 학습자 참여를 촉진할 수 있을까?

3. 문제중심학습(PBL)의 성공적 적용을 위해서는 명확하고 적절한 평가기준 설정이 필수적이다. 문제중심학습(PBL)의 학습결과를 평가를 어떻게 해야 할까? 어떤 평가기준이 학습자의 학습 과정과 최종 결과를 정확하게 반영할 수 있을지 생각해 보자.

〈액션러닝〉

1. 액션러닝과 전통적 교육방법은 어떤 점에서 차이가 있을까? 각 방법의 장단점을 얘기해 보고 어떤 상황에서 액션러닝이 더 적합할지 생각해 본다.

2. 평생교육 영역에서 액션러닝 적용이 필요한 영역은 어디일까?

3. 평생교육 영역에서 액션러닝을 도입할 부분을 정해 보자. 액션러닝 구성요소에 비추어서 액션러닝 프로그램을 어떻게 디자인할 수 있을까?

〈디자인씽킹〉

1. 평생교육 영역에서 디자인씽킹 적용이 필요한 영역은 어디일까?

2. 디자인씽킹이 평생교육 프로그램 교육 설계에 어떻게 적용될 수 있을까?

3. 평생교육 영역에서 디자인씽킹을 적용할 때 마주치는 도전과 장벽은 무엇인가?

 참고문헌

고수일, 김형숙, 김종근 공역(2009). 회의에 날개를 달아주는 퍼실리테이션 스킬(마이클 윌킨슨 저). 서울: 다산서고.

곽민철, 최은미(2021). DT시대 온라인 협업툴 기반으로 한 프로젝트 수업. 한국인사관리학회 추계학술대회.

김형숙, 김경수, 봉현철(2018). 디자인씽킹으로 일 잘하는 방법: 창의적 인재들은 왜 디자인씽킹으로 일 하는가. 서울: 초록비책공방.

김형숙, 박승희, 최은미, 봉현철(2022). 돕는 인간, 퍼실리테이터의 시대가 온다: 소통형 리더의 회의 잘하는 방법. 서울: 초록비책공방.

김형숙, 봉현철 공역(2016). 디자인씽킹, 경영을 바꾸다: 비즈니스는 왜 디자인을 필요로 하는가(진 리드카, 팀 오길비 공저). 서울: 초록비책공방.

박승희, 조연주, 봉현철(2020). Action Learning for Community Development in a Korean Context. *Action Learning: Research and Practice, 17*(3), 273-291.

박승희, 조연주, 봉현철(2023). Action learning for community development from the lens of the UN's SDGs: a systematic literature review. *Action Learning: Research and Practice, 20*(3), 252-281.

봉현철, 김종근 공역(2000). 액션러닝: 최고의 인재를 만드는 기업교육 프로그램(마이클 J. 마쿼트 저). 서울: 21세기북스.

원지윤(2018). 주민자치위원 역량향상과정 그 후의 이야기. 대한민국액션러닝컨퍼런스 발표자료집.

정강욱(2019). 러닝퍼실리테이션: 가르치지 말고 배우게 하라. 서울: 플랜비디자인.

조남재(2021). 비즈니스 디자인 씽킹. 서울: 북스타.

한국액션러닝협회(2020). 액션러닝 퍼실리테이터 과정 교재.

Baden, M. S., & Major, C. H. (2004). *Foundations of problem-based learning*. McGraw-hill education (UK).

Bens, I. (2017). *Facilitating with Ease!: core skills for facilitators, team leaders and members, managers, consultants, and trainers*. John Wiley & Sons.

Boshyk, Y., & Dilworth, R. L. (2019). 액션러닝 역사와 진화(김혜정, 조연주, 이승희 공역). 서울: 학지사.

Brown, T. (2008). Design thinking. *Harvard business review, 86*(6), 84.

Hmelo-Silver, C. E. (2004). Problem-based learning: What and how do students learn? *Educational psychology review, 16,* 235-266.

Lengrand, P. (1975). An introduction to lifelong education.

Marquardt, M. J., Leonard, H. S., Freedman, A. M., & Hill, C. C. (2009). Action learning for development leaders and organizations. Principles, strategies, and cases Washington: American Psychological Association, 313.

Revans, R. (2017). *ABC of action learning.* Routledge.

Revans, R. W. (1982). What is action learning?. *Journal of management development, 1*(3), 64-75.

Rothwell, W. J. (2002). 액션러닝 가이드북(김미정, 유평준, 봉현철 공역). 서울: 다산서고.

Schwarz, R. M. (2002). *The skilled facilitator: A comprehensive resource for consultants, facilitators, managers, trainers, and coaches.* John Wiley & Sons.

제7장

인공지능시대 평생교육방법

학습개요

　제7장에서는 인공지능시대 평생교육방법으로 이러닝, 블렌디드 러닝, 플립드 러닝, 소셜 러닝에 대해 포괄적으로 학습한다. 평생교육에서 효과적인 학습은 다양한 경험을 통해 학습자들이 주체적으로 참여하고 몰입하는 것이 중요하다. 이러닝, 블렌디드 러닝, 플립드 러닝, 소셜 러닝은 학습자에게 다양한 경험을 제공하고, 이를 통해 학습을 촉진할 수 있다.

　이 장에서는 각 교육방법의 유래와 정의, 특징 및 장단점, 진행 방법과 사례, 그리고 실습 내용 등을 상세히 다루어 학습자들이 이러한 교육방법을 쉽게 이해하고 적용할 수 있도록 구성하였다. 이를 통해 교수자는 다양한 교육 상황에서 적합한 방법을 선택하고, 학습자들의 학습 효과를 극대화할 수 있다.

학습목표

1. 학습자는 이러닝, 블렌디드 러닝, 플립드 러닝, 소셜 러닝의 개념을 이해하고, 각각의 특징과 용어를 설명할 수 있다.
2. 학습자는 이러닝, 블렌디드 러닝, 플립드 러닝, 소셜 러닝의 장단점을 비교하고, 각 교육방법의 적합성을 분석하여 설명할 수 있다.
3. 학습자는 실제 교육 현장에서 이러닝, 블렌디드 러닝, 플립드 러닝, 소셜 러닝 중 적합한 방법을 선택하고 설계하여 교육 환경을 구축할 수 있다.

1. 이러닝

1) 정의

이러닝(e-learning)은 학습자가 원하는 시간·장소에서 학습자에게 다양한 콘텐츠 및 학습기회를 제공하고, 상호작용적 온라인 학습활동을 실현하는 교수–학습환경이다. 이러닝에서 'e'는 electronic을 의미하며, PC, 휴대전화, PDA(Personal Digital Assistance) 등의 정보기기를 사용하여 인터넷·이동통신망 등 네트워크를 통해 실시하는 원격교육을 의미한다. 호턴(Horton, 2011: 1)은 이러닝이란 학습자에게 시간과 장소의 제약 없이 인터넷 및 다양한 디지털 기술을 활용하여 학습자 중심의 상호작용 측면을 활성화하여 유연하고 효과적인 학습환경을 제공하는 학습방법이라고 정의했다. 비슷한 개념으로 칸(Khan, 2005)은 이러닝이 디지털 기술을 활용하여 학습자가 원하는 시간과 장소에서 학습자 중심의 상호작용으로 이루어지며, 분산성과 개방성, 융통성의 특징을 갖는 학습방법으로 정의했다.

2) 배경

기술의 발달 중에서도 특히 인터넷의 발달은 우리의 생활을 아날로그에서 디지털로, 고정식에서 이동식으로, 고립에서 연결로, 집단에서 개인으로, 소비에서 창조로, 폐쇄에서 개방으로 변화하게 하였다. 이렇게 변화하는 시대의 흐름에 맞추어 교육방식에도 변화가 있었다. 기존의 교육기관이나 훈련 시스템만으로는 학습자들의 다양한 요구를 충족시킬 수 없었고, 이에 대한 대안으로 이러닝의 개념이 발전되었다.

3) 특징과 용어

(1) 특징

이러닝은 교육 패러다임의 변화로 면대면 학습환경에서 온라인을 기반으로 학습자의 학습을 지원하고 촉진시키며, 학습에 대한 접근을 용이하게 하므로 학습효과를 극대화할 수 있기 때문에 미래 교육으로 나아가는 데 중요한 학습형태로 자리 잡고 있다. 이러닝은 시·공간의 제약 없이 누구나 정보에 대한 접근이 원활하다는 장점과 실시간 상호작용과 피드백이 가능하다. 이러한 특징은 개인별 맞춤형 교육을 실현할 수 있는 기반이 된다.

이러닝의 형태는 매우 다양해서 인터넷 기술을 기반으로 원격교육, 온라인 교육, 사이버 교육, 웹기반 교육, ICT 교육 등 각각의 특성에 따라 개념화되어 교육현장에서 활용되고 있다. 이와 비슷한 개념으로 사이버 교육은 '사이버 공간에서 수행하는 교육'으로 정의할 수 있다.

사이버 교육은 학습자가 원하는 때 컴퓨터 네트워크를 통해 학습을 경험하는 특징을 갖는다. 가상교육과의 차별점은 사이버교육은 실제 상태를 그대로 모사하는 것에 그치지 않고 실제 현실을 구축하고 운영하는 데 있다.

ICT(Information Communication Technology) 교육은 교수자가 인터넷에서 수업 자료를 다운받아 편집을 통해 학습에 활용하는 방식의 교육으로 인식되고 있다.

ICT 교육은 학습자료에 대한 선택과 편집이 용이하기 때문에 학습자 수준에 맞게 맞춤형 학습자료 분배 및 학습 수행이 가능하다. 이 교육은 기본적으로 교수자와 학습자의 디지털 리터러시 역량을 기반으로 활용 영역이 상이할 수 있으며, 교수자가 이 학습에 대한 수행을 위해 많은 준비시간을 요구하기도 한다.

(2) 관련 용어

이러닝과 관련되어 많이 사용하는 용어는 〈표 7-1〉과 같다.

● 표 7-1 **이러닝 관련 용어**

구분	내용
이러닝	정보통신기술을 활용하여 언제나(anytime), 어디서나(anywhere), 누구나(anyone) 원하는 수준별 맞춤형 학습을 할 수 있는 체제
동시적 의사소통	송신자와 수신자 사이의 상호작용이 동시에 일어나는 의사소통(전화나 텔레콘퍼런스 등)
비동시적 의사소통	송신자와 수신자 사이의 상호작용이 동시에 일어나지 않는 의사소통(전자우편이나 팩스 등)

원격교육	교수자와 학습자가 지리적으로 떨어져 있지만 교수 매체를 사용하여 전통적인 수업에서 제공하는 것과 같이 교수자-학습자, 학습자-학습자 간에 상호작용이 이루어지는 교수-학습 형태
인트라넷	인터넷 프로토콜을 쓰는 폐쇄적 근거리 통신망인 LAN을 기반으로 데이터 저장 장치인 서버를 연결하고 PC에 설치된 인터넷 검색 프로그램을 통해 업무를 처리할 수 있게 하는 것
사이버 교육	사이버 공간에서 이루어지는 교육으로 학습자가 시간과 장소의 제약에서 벗어나 언제, 어디서나 각종 교수-학습활동을 수행하는 정보통신기술 기반의 교육 형태

출처: 조은숙, 염명숙, 김현진(2012), p. 14.

4) 장점과 문제점

(1) 이러닝의 학습적 장점

이러닝은 컴퓨터 네트워크 기술을 바탕으로 접근할 수 있는 지식의 범위를 확장하고 이를 재구성할 수 있도록 한 학습자 중심의 혁신적인 학습형태이다. 이러닝은 교수자 중심의 전통적인 학습과 달리 학습자 중심으로 설계되어 있기 때문에 스스로 학습의 속도를 조절할 수 있고, 시간과 공간의 제약 없이 학습에 접근할 수 있다는 장점이 있다. 테크놀로지를 활용한 이러닝은 학습을 전달하는 방법적 측면에서 전통적인 학습과 큰 차이를 보이는데, 이러닝이 가진 학습 전달적 측면의 특징은 다음과 같다.

① 이러닝은 다원적인 상호작용이 가능하다

이는 시공간의 제약이 없는 이러닝의 장점과 연결되는 부분으로 학습자는 온라인상에서 이러닝을 통해 새롭고 실용적인 정보에 대한 접근성을 확대시킨다. 필요한 때에 필요한 정보를 획득할 수 있는 정보 접근성은 지식 창출자와 이용자 간의 상호작용을 활발하게 전개함으로써 다원적인 상호작용을 확대한다.

② 이러닝은 공동체 형성이 가능하다

이러닝은 공통의 관심사나 흥미를 가진 사람들이 분야의 지식과 정보를 공유하는 학습 커뮤니티 형성이 수월하다. 타인과의 상호작용을 통해 형성된 온라인 커뮤니티는 활발한 네트워킹에 기초해서 방대한 양의 지식을 생산하고 공동체 형성을 촉진한다.

③ 이러닝은 자기주도학습을 지원한다

이러닝은 자동화된 학습관리 시스템을 제공함으로써 학습자의 활동을 자동 추적하여 학습상황에 대한 객관적인 정보를 제공할 수 있으며, 학습이 발생했는지의 여부를 확인할 수 있는 평가시스템 구축 환경을 제공한다. 이러한 시스템은 교수자의 관리적 부담을 덜어줄 수 있으며, 학습자의 자기주도학습을 지원한다. 이와 같이 이러닝은 지식의 전달적 측면에서 학습자들이 주도적으로 학습할 수 있는 물리적 환경을 제공한다는 특징을 가지고 있다.

④ 이러닝은 지식의 확장성을 가진다

기본적으로 제공되는 교수 자료뿐만 아니라 인터넷을 통해 추가적인 자료를 획득하고, 다수와 동시적인 또는 비동시적인 상호작용을 통해 의견과 정보를 교환하는 등 다양한 도구를 통한 지식의 확장이 가능하다. 이러한 특징은 학습자가 지식구성의 주체가 된다는 구성주의 패러다임에 적용되어 학습자 중심 학습환경 창출의 원동력이 되었다. 이러한 학습자 중심의 온라인 학습에서 학습 성과에 결정적인 영향을 미치는 요인은 학습자의 참여와 학습 지속이다.

⑤ 이러닝 교육은 유연성과 편의성을 제공한다

이러닝은 시간과 장소에 구애받지 않고 학습할 수 있는 장점이 있다. 학습자들은 각자의 일정에 맞춰 학습을 진행할 수 있고, 인터넷이 연결된 어떤 장소에서든 학습이 가능하다. 이러닝을 통해 학습자는 일상생활과 교육을 조화롭게 이어나갈 수 있다.

⑥ 이러닝 교육은 개인 맞춤 학습을 지원한다

각 학습자는 자신의 학습 수준과 목표에 맞게 학습을 진행할 수 있다. 이러닝 플랫폼은 학습자의 학습 기록과 성취도를 분석하여 맞춤형 학습자료를 제공할 수 있다. 이를 통해 학습자는 자신의 약점을 보완하고 효율적인 학습을 할 수 있다. 반복 수강도 가능하여 자신의 진도에 따라 학습이 가능하다.

⑦ 이러닝 교육은 비용과 시간을 절약할 수 있다

전통적인 교육방식은 교육 장소와 교재, 교사의 비용 등 많은 비용이 든다. 하지만 이러닝은 인터넷을 통해 학습자료를 제공하기 때문에 이에 따른 비용을 절감할 수 있다. 또한 학습자는 이러닝을 통해 효율적인 학습을 할 수 있기 때문에 시간을 절약할 수 있다.

(2) 이러닝의 문제점

이러닝의 장점이 많은 가운데에도 부정적인 견해도 적지 않다. 기본적으로 학습자의 자발성에 기초하여 학습이 이루어지기 때문에 강제성이 낮고 가상학습이라는 특성으로 인해 학습 효과가 낮다는 점이다. 구체적으로 다음의 네 가지로 정리해 볼 수 있다.

① 학습 실천 및 통제가 어렵다

의욕이 부족한 학습자의 경우 교육을 마칠 수 있는 정해진 시간이 없기 때문에 뒤처질 수 있다. 저학년생이거나 장애를 가진 참여자의 경우 원격 수업을 적용하는 데 어려움이 있다.

② 학습 형태에 따라 한계가 있다

학습 형태가 직접적 체험이나 경험을 추구하는 경우 이러닝은 호기심이나 학습 의욕을 불러일으키는 데 한계가 있다. 또한 심리적 고립감을 느낄 수도 있다.

③ 즉각적인 대응이 어렵다

이러닝의 경우 관리자가 근무 시간 내에서 작업을 수행하고 이러한 근무 시간을 통해 학습하는 교육생은 질문에 대한 즉각적인 답변을 얻지 못해 의욕을 잃을 수 있다. 실험이나 실습 수업이 어렵고 상호작용에 한계가 있다.

④ 컴퓨터 능력이나 자원이 부족한 경우 적응이 어렵다

컴퓨터 사용이 불편한 사람들이 있을 수 있다. 또한 경제적 사정이나 학업 문제로 컴퓨터 같은 전자기기의 사용이 어렵거나 자원이 부족한 경우에는 학습이 불가능한 상황도 발생할 수 있다.

이러닝을 효과적으로 활용하기 위해서는 이러닝의 장점을 최대한 활용하고 단점을 극복하는 방법을 고려해야 한다. 학습자들이 개별적인 상황과 선호도에 맞게 이러닝을 활용할 수 있도록 지원하고 미리 점검할 필요가 있다.

2. 블렌디드 러닝

1) 정의

블렌디드 러닝(blended learning)이란 이러닝과 면대면 학습의 각각의 장점을 접목시켜 학습자의 학습경험을 극대화하기 위한 학습 형태이다. 대표적인 학자들의 정의는 〈표 7-2〉와 같다.

● 표 7-2　블렌디드 러닝의 정의

구분	정의
Mantyla (2001)	학습 성과나 경험을 향상시키기 위해 두 가지 이상의 전달 및 확산방식(테크놀로지뿐만 아니라 강의, 사례연구, 토론, 코칭, 멘토링, 개별학습, 협력학습 등)을 조합하는 것
Driscoll (2002)	웹기반 테크놀로지(예: 실시간 가상수업, 자기진도학습, 협동학습, 스트리밍 비디오 오디오, 텍스트 등)를 조합하거나 혼합하는 형태, 최적의 학습 성과를 위해 다양한 교육학적 접근들(예: 구성주의, 행동주의, 인지주의 등)을 조합하는 것, 웹기반 테크놀로지(예: 비디오테이프, CD-ROM, 웹기반 훈련, 필름 등)와 면대면 교수자 중심의 훈련과의 조합, 학습과 업무의 조화로운 효과를 내기 위해 실무과제와 교수 테크놀로지를 조합
Singh & Reed (2001)	적합한 학습 기술을 적용하여 적합한 개인 학습 스타일을 적합한 시간에 적합한 사람에게 적합한 기술을 전달함으로써 학습목표의 성취를 최적화하는 것

교육공학적 관점에서 블렌디드 러닝은 다양한 웹기반 테크놀로지와 교실수업의 혼합을 전제로, 비구조적·비공식적 학습 경험까지 공식적 학습에 포함시킨 학습 형태라고 할 수 있다. 최근에는 학습자 중심의 학습체제를 기준으로 학습자에게 최상의 학습을 제공하기 위해 정보기술이 학습과 결합한 가장 진화된 학습 형태로 정의하기도 한다.

2) 배경

온라인 혹은 오프라인만의 한계를 극복하는 대안으로서 온 · 오프라인 교육을 연계한 교육인 '혼합교육(블렌디드 러닝, Blended Learning)'이 등장하게 되었다. 블렌디드 러닝은 전통적 훈련 방식과 테크놀로지를 활용한 이러닝 교육의 혼합형태의 학습이다. 블렌디드 러닝의 협의적 정의는 온라인과 오프라인 수업의 결합이 일반적인 의미로 통용된다. 광의적 의미로는 학습내용과 학습 경험을 강화하기 위하여 두 가지 이상의 전달 및 확산의 방법들을 취하여 조합하는 것을 의미한다. 전달 및 확산방법이란 테크놀로지 뿐만 아니라 사례연구, 토론, 코칭, 멘토링, 개별학습, 협력학습 등과 같은 다양한 학습방법을 의미함으로써 거의 모든 학습개념이 포함된 학습전략으로 그 의미가 확대되고 있다.

3) 영역

블렌디드 러닝의 주요 영역은 학습목표, 학습내용, 학습시간, 학습장소, 학습매체, 학습형태, 상호작용 유형, 학습환경의 총 여덟 가지로 나눌 수 있다.

(1) 학습목표

학습목표는 인지적 목표, 정의적 목표, 심체적 목표로 나눌 수 있다. 전통적인 오프라인 수업에서는 이미 이 세 가지의 목표가 적절히 혼합되어 활용되고 있는데, 여기에 정보의 수집, 분석, 공유, 종합, 활용 등과 같은 정보 활용 능력, 상대방에 대한 존중, 대인관계 기술, 커뮤니케이션 스킬 등과 같은 온라인 활동을 추가하게 되면 학습목표 달성에 더 용이할 것이다.

(2) 학습내용

학습내용은 구조화된 학습내용과 비구조화된 학습내용으로 나누었는데, 전자는 교과서와 같이 정해져 있는 교육과정과 참고자료들이 이에 해당하고, 후자는 정해진 학습내용들을 더욱더 풍부하게 만들어 줄 수 있는 자료들을 말한다. 예를 들어, 동료 학습자들을 통해 얻게 된 새로운 정보나 검색을 통해 알게 된 자료들을 비구조화된 학습내용이라고 할 수 있겠다. 상황에 따라서는 비구조화된 학습내용을 활용하는 것이 학습목표를 달성하는 데에 더 효과적일 때도 있다.

(3) 학습시간

학습시간은 실시간(synchronous)과 비실시간(asynchronous)으로 나누었는데, 일반적으로 교실에서 교사와 함께 진행되는 수업을 실시간 수업이라고 하고, 교실 밖 온라인 수업을 비실시간 수업이라고 한다. 이때, 모든 온라인 수업을 비실시간 수업이라고 하는 것은 아니며 웹채팅이나 메신저 등을 활용해 온라인상에서도 실시간으로 진행되는 수업도 있다.

(4) 학습장소

학습장소는 교실 수업(on-class)과 체험현장 수업(off-class)으로 나눈다. 이때, off-class는 교실 밖, 가정이나 사회, 현장체험 장소에서 이루어지는 모든 학습을 말한다.

(5) 학습매체

학습매체는 다양한 교수-학습매체들 중에서 조건에 맞는 매체를 말하며, 교수-학습 시 어떤 것을 선택하느냐와 관련된 요소라고 할 수 있다. 교수-학습매체의 구체적인 하위 요소로는 텍스트 자료, 오디오, 비디오, 멀티미디어, 컴퓨터·인터넷 기반 매체를 언급하였다.

(6) 학습형태

학습의 형태는 개별학습과 협동학습, 일체학습으로 나누었는데, 이러한 형태의 학습은 온·오프라인 수업에서 모두 활용이 가능하다. 개별학습은 학생이 개별적으로 하는 학습을, 협동학습은 조별 혹은 집단별로 협동하여 진행하는 학습을, 일체학습은 교사가 모든 학생을 대상으로 동시에 같은 내용을 교수하는 방법으로 진행하는 학습을 말한다. 상호작용 유형은 학습자가 누구와 상호작용하는 학습을 중요시할 것인지에 따라 학습자와 학습내용, 학습자와 교사, 학습자와 학습자, 학습자와 커뮤니티로 구분하였다.

(7) 상호작용 유형

상호작용 유형은 학습자를 기준으로 학습내용, 교수자, 커뮤니티, 그리고 학습자 서로 간의 상호작용으로 이루어진다.

(8) 학습환경

학습환경은 온라인 사이버학습과 오프라인 교실 수업으로 나누었다. 이러한 분류는 굉장히 다양한 요소로 혼합이 이루어질 수 있음을 보여 준다.

지금까지 언급한 블렌디드 러닝의 설계를 위한 여덟 가지의 영역을 그림으로 나타내면 [그림 7-1]과 같다. 그림에서 화살표의 방향으로 나타나듯이 여덟 가지의 영역들을 모두 고려한 블렌디드 러닝이 설계되어야 할 것이다.

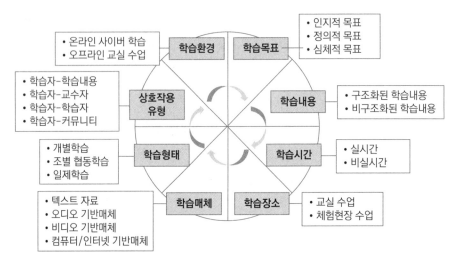

◑ **그림 7-1** 블랜디드 러닝의 주요 영역과 요소

출처: 서대원, 임정훈(2003), p. 17; 이보람(2019), p. 54 재인용.

4) 모형 사례

블렌디드 러닝의 모형은 분류 기준에 따라 다양하게 실시될 수 있다. 블렌디드 러닝은 대개 온라인과 오프라인의 비중을 각 50% 정도씩 하거나 또는 3시간 수업 중 2시간은 오프라인으로, 1시간은 온라인으로 하기도 한다.

여기에서는 블렌디드 러닝의 모형 중 오프라인 교실 수업이 중심이 되고 온라인 수업은 이를 보조하는 블렌디드 러닝의 모형을 기준으로 수업사례를 구성해 본다. 사례는 수업 전 학습(온·오프라인)과 본시 학습(오프라인) 그리고 수업 후 학습(온라인)의 3단계 구성 모형으로, 수업 전 학습과 수업 후 학습은 온라인으로, 본시 학습은 오프라인으로 진행하는 수업 방안이다. 이 모형의 각 단계별 진행 내용은 다음과 같다.

- **수업 전 학습(온·오프라인)**: 학습자가 오프라인 수업 참여 전에 미리 집에서 혼자 학습하는 단계다. 배울 내용을 미리 학습하고 생각해 본 후 오프라인 수업에서 설명할 수 있도록 한다.
- **본시 학습(오프라인)**: 교실에서 4단계 수업으로 진행된다. 영상 및 학습목표를 제시하는 도입 단계, 교재 수업 중심의 설명 단계, 역할극·토론 등 상호작용을 통한 활용 단계 그리고 학습내용을 정리하고 집에서 할 온라인 과제를 부여하는 마무리 단계다.

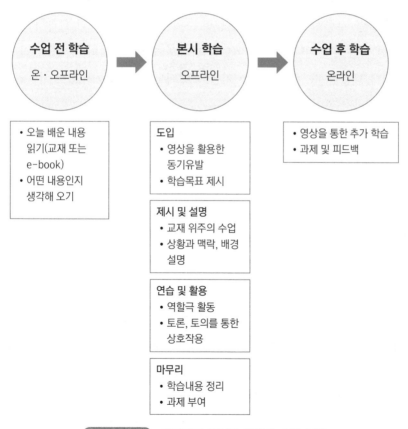

● 그림 7-2　블렌디드 러닝을 활용한 수업 모형

출처: 이보람(2019), p. 58 일부 수정.

- **수업 후 학습(온라인)**: 집에 가서 온라인으로 진행한다. 영상을 통한 추가학습과 학습자들의 대화문을 커뮤니티 과제 방에 '공개'로 올리고, 교수자는 댓글로 피드백을 올린다. 올려진 게시물에 대한 질문이나 댓글에 대해 학습자 서로 확인하고 상호작용하도록 한다.

5) 활용

(1) 특성

블렌디드 러닝은 온라인 또는 오프라인 교육환경의 장점들을 활용할 수 있으므로 온라인 또는 오프라인만으로 이루어지는 교육의 한계를 극복할 수 있는 대안으로 등장하였다. 오프라인의 면대면 교실 수업은 익숙한 형태의 수업으로 안정감을 주며 형식과 순서를 예측할 수 있고 직접적 상호작용과 피드백을 얻을 수 있다는 장점이 있다. 현장학습, 실험 실습, 토론이나 시뮬레이션 등의 수업에는 대면 교육이 효과적이며, 교수자가 학습자의 학습 수준이나 수업 참여도를 파악하기가 용이하다. 한편, 온라인 학습은 스마트폰이나 태블릿 PC 등 스마트기기를 통해서도 이용 가능하므로 시 · 공간적으로 접근성이 뛰어나서 편리하며 경제적이다.

학습자의 입장에서는 온라인 수업이 대면 수업보다 심리적 부담감이 적고, 자기주도적으로 자신의 학습 관련 사항을 선택할 수 있으며, 보충학습이나 심화학습도 가능하다. 또한 다양한 매체나 자료도 활용할 수 있다. 그러나 비대면의 온라인 교육은 학습의 질을 보장하기 어렵고 학습자의 수업 태도나 수행 수준을 파악하기 어려우며 중도탈락률이 높다는 비판이 있다.

따라서 블렌디드 러닝을 활용할 때 교수자는 학습자의 학습 이해도나 몰입도 등을 파악하기 위한 노력에 주의를 기울여야 한다. 또한 교수자와 같은 공간에서 수업하지 않으므로 학습자의 학습 참여도가 낮아질 수 있어서 학습자의 주의를 촉구하는 교수법을 적용할 필요가 있다. '교수 실재감(presence)'은 학습환경에서 교수자가 학습자와 함께 존재함으로써 교육적 취약함을 보완해 주고 유의미한 학습을 촉진하는 역할을 한다. 따라서 교수자가 함께하고 있다는 인식인 교수 실재감을 높이기 위한 노력이 필요하다.

블렌디드 러닝을 효율적으로 진행하기 위한 보다 구체적인 교수자의 역할은 다음과 같다.

- 교수자는 컴퓨터 및 온라인 플랫폼 활용 능력을 갖추고 여러 기능을 숙달하여야 한다.
- 다양한 디지털 미디어를 활용해서 참신한 교육 콘텐츠를 제공한다.
- 학습자 관리 및 모니터링 시스템을 개발하고 학습자에게 피드백하며 상호작용 한다.
- 수업 활동이나 과제를 자기주도적 학습이 가능한 형태로 구조화하여 제공한다.
- 학습자가 교수 실재감을 느낄 수 있도록 질문, 퀴즈 등 상호작용을 높이는 학습환 경을 조성한다.

3. 플립드 러닝

1) 정의

플립드 러닝(flipped learning)이란 교실 수업 전에 교수자가 제공한 강의 영상이나 수업자료를 온라인으로 학습자들에게 제공하여 학습자들이 스스로 학습하게 하고, 교실 수업에서는 사전에 학습한 내용을 기반으로 학습자들이 상호작용과 토론을 통해서 적극적으로 과제를 해결하도록 유도하는 학습자 중심의 교육방법이다(Bergmann & Sams, 2012). 이 개념은 학습자의 주도적 지식 형성을 돕는 데 효과적인 교육방법으로 버그만과 샘(Bergmann & Sams, 2012)에 의해 처음 알려지게 되었다. 플립드 러닝은 '역전학습' '적시수업'이라고도 하며, 온라인과 오프라인을 혼합한 블렌디드 러닝의 특화된 유형으로 인식된다.

온라인 학습의 장점과 오프라인 학습의 장점을 결합한 블렌디드 러닝의 한 형태로 플립드 러닝은 학습자들이 미리 학습해 올 내용과 교실 수업에서 진행할 내용을 명확하게 분류하여 설계하는 것에 중점을 둔다. 플립드 러닝은 온라인과 오프라인의 두 가지 학습환경을 혼합한다는 점에서 블렌디드 러닝과 공통점이 있다.

두 학습법의 차이점은 블렌디드 러닝은 오프라인 수업이 주가 되고 온라인 학습은 보충적 성격을 가지는데, 플립드 러닝은 온라인상에서는 미리 수업자료를 선행학습하고 오프라인 대면 수업은 선행학습한 내용에 대한 토론 및 관련 활동으로 이루어진다는 데 있다. 플립드 러닝은 pre-class(이러닝) → in-class(강의실 수업) → post-class(과제수행)

순으로 교수-학습 과정이 절차화되어 있다. 따라서 플립드 러닝은 블렌디드 러닝 범주에 포함되는 여러 가지 형태들의 혼합 방식 중 하나라고 할 수 있다. 플립드 러닝은 인터넷 기반의 온라인 수업을 통해 먼저 과제를 하고 교실 수업을 나중에 하는 식으로 과제-수업으로 순서를 뒤집었기 때문에 '거꾸로 학습'이라고도 한다.

2) 배경

플립드 러닝은 2000년 미국의 제11회 대학 교수학습국제콘퍼런스에서 베이커(Baker, 2000)가 'Classroom Flip'라는 용어로 소개되면서 등장하였다. 또한 레이지(Lage, Platt, & Treglia, 2000)도 학습자의 다양한 학습 양식(강의식 학습자, 경험적 학습자, 협력적 학습자, 독립적 학습자)과 수업 양식의 불일치로 인해 수업에 대한 관심이 떨어지는 문제를 개선하기 위한 방안으로 'Inverted Classroom'을 제시하기도 하였다. 2007년 버그만과 샘(Bergmann & Sams, 2012)은 자신들의 수업에서 'flipped classroom' 용어를 사용하면서 플립드 러닝이 확산 되었다. 미국의 고등학교 화학교사인 이들은 수업에 출석하지 못하는 운동부 학생들을 위해 짧은 동영상으로 강의를 만들어 주었는데, 이 동영상을 결석생뿐만 아니라 출석한 학생들도 시청하면서 교실 안에서의 수업을 토론 등의 다양한 활동으로 변화시킬 수 있었다.

이후 미국 전역의 교수자들에게 호응을 얻었으며, 플립드 러닝을 훈련시키는 목적으로 2012년 콘퍼런스(Flipped Class Conference)가 개최되었다. 또한 위 학자들 외에 많은 플립드 러닝 개척자들에 의해 FLN(Flipped Learning Network)이라는 비영리 온라인 커뮤니티가 개설되었으며, 이 커뮤니티는 플립드 러닝 수업을 위한 도구, 전략 등을 공유하는 허브 역할을 담당하고 있다.

3) 내용과 특징

(1) 내용

플립드 러닝이란 교실 수업 전에 교수자가 제공한 강의 영상이나 수업자료를 온라인으로 학습자들에게 제공하여 학습자들이 스스로 학습하게 하고(사전학습), 이후 강의실 안에서 자신이 구성한 사전학습 지식에 대해 피드백을 얻고, 핵심개념을 적용하는 활동에 참여한다(본 수업). 강의실 수업이 끝난 뒤에는 학습내용에 대한 이해도를 점검하고 고차원적 학습을 이어간다(사후학습). 〈표 7-3〉은 전통적 수업과 플립드 러닝의 패러다임을 비교한 것이다.

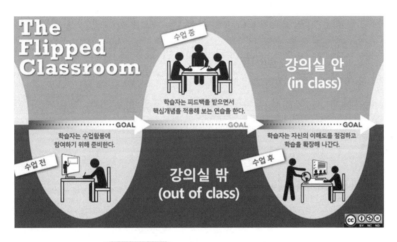

● 그림 7-3 플립드 러닝의 수업방식

출처: 조선대학교 교수학습센터(2021). 플립드 러닝 가이드 북. p. 9 재인용.

● 표 7-3 전통적 수업 패러다임과 플립드 러닝 패러다임의 비교

전통적 수업 패러다임	플립드 러닝 패러다임
• 교사 중심의 수업(교사 주도의 획일적 강의 → 학생의 수동적 학습)	• 학생 중심의 학습(교사의 학습 지원 → 학생의 자기주도적 학습 및 능동적 · 자율적 학습)
• 교사는 수업의 전달자 또는 통제자 • 학생은 수동적 학습자	• 교사는 수업의 안내자 또는 학습의 친구 • 학생은 자기 학습의 통제권 행사
• 지식의 전달 및 이해	• 지식의 활용 및 고차적 사고력의 신장
• 강의식 수업 또는 직접 교수법 • 중간층 대상의 획일적 수업	• 개별학습/개별 보충학습/자기 속도 맞춤학습 • 탐구, 보충학습 등 다양한 활동의 비동시적 수행
• 개인별 학습 속도의 조절 곤란	• 개인별 학습 속도의 조절 가능
• 대집단 학습	• 소집단 학습/개별학습

출처: 박상준(2015), p. 4.

(2) 특징

플립드 러닝의 특징에 관한 정리는 2007년 버그만과 샘에 의해 설립된 플립러닝 네트워크(Flipped Learning Network: FLN)에서 연구를 본격적으로 시작하며 이루어졌다. 플립

드 러닝을 수업에 적용할 때 고려해야 할 핵심 구성요건을 플립의 'F-L-I-P' 첫 글자를 따서 다음 네 가지로 정리하였다(Hamdan et al., 2013).

① 유연한 환경(Flexible environment)

플립드 러닝은 학습자의 다양한 학습양식을 존중하고 학습공간과 학습시간을 유연하고 탄력적으로 조절해야 한다. 교수자는 학습자의 활동을 강조하는 플립드 러닝의 in-class 수업이 정형화된 강의식 수업과 비교하여 어수선하고, 소란스러울 수 있다는 점을 인정한다. 수업설계 시 이러한 유연한 환경의 특성을 고려하여 학습자 활동과 평가를 준비하는 것이 중요하다.

② 학습문화의 변화(Shift in learning culture)

플립드 러닝은 교수-학습 과정에서 학습자가 능동적으로 참여함으로써 지식을 구성한다는 점을 강조한다. 교수자 중심 수업에서 학습자는 수동적으로 지식을 습득하지만, 학습자 중심인 플립드 러닝 수업에서 학습자는 자기주도적인 사전학습을 바탕으로, 강의실에서의 상호작용을 통해 스스로 지식을 구성해 나가는 학습의 주체로 변화한다. 따라서 교수자는 개별 학생에게 의미있는 활동 기회와 차별화된 피드백을 제공할 필요가 있다.

③ 의도된 학습내용(Intentional content)

교수자는 pre-class 단계에서 학습자가 무엇을 학습할 것인지, in-class 단계에서 이와 연결하여 무엇을 탐구/심화할 것인지에 대하여 의도적이고 명확하게 계획을 세워야 한다. 학습내용을 선정한 후에 학습매체, 액티브 러닝 등의 수업 방법을 고민하여 양질의 콘텐츠를 제공하고 학습시간을 확장하는 것이 가능하도록 구성한다.

④ 전문적인 교수자(Professional educators)

플립드 러닝에서 교수자의 역할이 학습 촉진자, 학습 안내자로 변화함에 따라, 이를 적용하는 교수자에게는 학습자 관찰, 과제점검 후 적기에 피드백 제공, 개별 학습자에게 맞춤형 피드백 제공 등과 관련한 교수역량이 요구된다. 또한 교수자는 학습자와 학습자 간의 상호작용을 강화하고, 무질서한 학습자의 행동들을 절제시키며, 학습자의 건설적인 비판을 수용할 수 있어야 한다.

4) 장단점

(1) 플립드 러닝의 장점

플립드 러닝의 장점을 다음과 같이 정리할 수 있다.

① 개별학습과 반복학습으로 학업 성과의 향상

기존 수업 절차를 반전시킴으로써 학습자는 강의실에 들어오기 전에 개별학습을 하게 된다. 사전학습자료는 대부분이 온라인 동영상으로 제공되므로 학습자는 자신의 속도에 맞게 반복학습이 가능하다. 강의실 수업에서는 자신의 궁금증을 해결하거나, 팀 기반으로 심화 활동을 전개하고 형성평가를 치른다. 평가결과는 보충학습 여부를 결정하는 단서가 되며, 이후 진행되는 형성평가와 총괄평가의 결과는 목표달성 여부를 확인시켜 준다. 교수자는 평가결과를 토대로 미달성자에게 보충학습과 재시험 기회를 줄 수 있다. 이와 같이 동영상을 활용한 반복학습과 평가결과에 의한 보충학습은 학습 성과 향상을 가능하게 한다.

② 학습자 중심의 교육환경과 교수자의 역할 변화

수업의 주체가 교수자 중심에서 학습자 중심으로 전환됨에 따라 학습자는 자기주도적으로 학습하게 되며, 교수자는 학습을 돕는 조력자, 안내자가 된다. 지식은 동영상을 통해 사전에 전달되므로, 강의실 수업에서 교수자는 지식전달자가 아닌 문제해결 과정을 도와주는 학습의 조력자 역할을 하게 된다.

③ 다양한 활동과 상호작용 증진

학습자는 pre-class에서 습득한 지식을 바탕으로 강의실 수업에서 팀 기반의 문제해결 활동에 참여한다. 학습자들은 공동의 문제를 해결하기 위해 상호 소통하고 협력하며, 교수자는 학습자들이 지식을 융합하고 새로운 아이디어를 생산해 내도록 지원한다. 이렇듯 교실 수업에서 토론, 프로젝트 학습, 문제해결학습, 협동학습 등 다양한 활동을 할 수 있다. 이런 다양한 상호작용을 통해 학습자는 스스로 심화된 지식을 구성해 나갈 수 있으며, 의사소통 능력, 협업 능력, 창의적 문제해결 능력 등의 역량을 키워나갈 수 있다.

④ 수업 몰입도 향상

미리 동영상 강의를 통해 학습내용을 파악하고 수업에 참여하므로 수업 몰입과 학습효과가 향상될 수 있다. 또한 수업에서는 학습자 특성에 맞게 다양한 활동 기회가 제공되므로, 학습활동에 대한 흥미도, 자기효능감, 수업 참여도를 높일 수 있다.

⑤ 고차원적 사고 개발

플립드 러닝 도입은 기억, 이해, 적용의 인지 능력을 요구하던 대학의 강의식 수업이 액티브 러닝 수업으로 변화된다는 것을 의미한다. 액티브 러닝은 교수-학습 과정에 참여하는 학습자에게 분석, 평가, 창안의 인지 능력을 요구하므로, 고차원적 사고 개발을 용이하게 한다.

(2) 플립드 러닝의 단점

플립드 러닝의 단점을 다음과 같이 정리할 수 있다.

① 학생의 준비 부담과 흥미 유지의 어려움

학생들이 수업 전에 기본 내용을 스스로 학습해야 하므로, 준비에 대한 부담이 커질 수 있다. 일부 자기주도적 학습이 안 되는 학생의 경우 학력 격차가 일어날 수 있다. 또한 새로운 수업 방식에 대한 학습자의 호기심과 관심이 수업기간 동안 지속적으로 유지되기가 쉽지 않을 수 있다.

② 자료 접근성 문제

모든 학생들이 집이나 다른 장소에서 고품질의 학습자료에 접근할 수 있는 것은 아니다. 경제적 여건이나 환경적 이유로 일부 학생들이 미리 과제를 수행하는 데 어려움을 겪을 수 있다.

③ 교사의 추가 작업

교사는 학생들이 수업 전에 학습할 수 있는 자료를 만들거나 선별해야 하므로, 추가적인 시간과 노력이 필요하다. 교수자가 학습자료와 영상 제작 등을 위해 기술적 역량이 필요하므로 교수자의 역량 유무에 따라 추가적인 노력이 많이 필요하다. 또한 학생에 대한 피드백과 상호작용도 추가해야 해서 기존 교실 수업에 비해 과도한 업무 부담이 발생한다.

5) 수업 절차

다양한 플립드 러닝의 공통된 수업 절차는 수업 전, 수업 중, 수업 후의 세 단계로 나뉜다. 플립드 러닝을 실제 적용할 때에는 교수자에 따라 더 세분화되기도 한다. 대체적인 플립드 러닝 교실 수업의 절차는 다음과 같이 정리될 수 있다.

(1) 수업 전 단계

교사는 학습내용을 담은 동영상과 학습자료를 제작하고 교사에 따라 강의 학습 노트를 제공하며, 사전 과제를 제시한다. 학습자는 교사가 계획한 수업 전 활동을 수행한 후 교사가 제공한 과제를 해결하거나, 강의 학습 노트에 기록한다. 또한 사전학습자료에 관한 관련 질문을 적어 둔다.

(2) 수업 중 단계

먼저 도입 부분에서는 학습자가 사전학습에서 발생한 질문을 하거나, 교사가 사전학습과 관련한 질문을 하며, 이 과정 속에서 교사는 학생들의 학습 정도를 파악하고 교실 수업에서 학생들에게 필요한 내용을 예상하게 된다. 본격적인 수업 중 단계에서 교사는 학습자가 수업시간 동안 수행해야 할 과제와 과업을 제시하고, 학습자는 수업이 시작된 후 교사가 제공한 과업을 해결하기 위해 토론과 토의, 협력 학습을 수행한다. 교사는 이때 학생들의 수행 과정을 자세히 관찰하여 피드백을 제공하고, 필요시 소규모의 강의를 제공할 수 있다.

(3) 수업 후 단계

이 단계에서 가장 중요한 과정은 평가와 성찰이다. 기존의 수업에서 평가가 주로 교사에 의해 이루어졌다면, 플립드 러닝에서는 교사와 학습자, 학습자와 학습자 사이의 다양한 상호작용을 통해 평가가 이루어진다. 교사와 학습자 모두 수업에 대한 성찰의 결과를 다음 차시의 수업에 반영한다.

6) 수업 모형

박상준(2015)은 한국의 '거꾸로 교실'의 특성과 학습활동 절차를 살펴보고, 한국의 교육제도와 환경에 적합한 '거꾸로 교실' 수정 모형을 제시하였다. 우리나라의 경우 정보 통신 인프라가 잘 구축되어 있고, 대부분의 가정과 학교에 인터넷이 설치되어 있으며, 정보통신기기를 활용한 학습환경이 구비되어 있어 사전학습이 용이하다고 밝히고 있다. 세부적인 절차를 살펴보면 다음과 같다(〈표 7-1〉 참조). 단계에서 가장 중요한 과정은 평가와 성찰이다.

이 모형은 총 8단계로 이루어져 있으며, 먼저 교사가 사전에 제공하는 학습자료나 동영상을 활용하여 학생들이 사전학습을 실행하고, 교실에서는 사전학습과 관련한 질문과 교사의 답변으로 수업을 시작한다. 이후, 교실 수업에서는 소집단 및 개별학습이 이루어지는데 학생들이 활동하는 동안에 교사의 주된 역할은 학생들에 대한 피드백을 제공하는 것이다. 또한 교사는 수업 시간 학생들의 활동 과정과 의사소통 과정에 대하여 과정형 수행평가를 한다. 학생들은 모둠활동이 끝나면 모둠활동의 결과를 정리하여 발표하고 다른 모둠과의 논의를 통해 지식을 재구성한다. 이 단계에서도 교사는 발표와 토론 횟수, 이해력 및 표현력, 의사소통 능력 등을 측정하여 수행평가에 반영한다.

다음으로는 모둠 발표와 토론에 대해 교사는 적절한 피드백을 제공하여 학습내용이 구조화되도록 한다. 과제의 제출 단계에서의 교사는 학생들의 과제물 점검을 통해 학습목표에 도달하지 못한 학생들에 대한 개별지도를 실시하고, 평가 단계에서는 단원별 형성평가뿐 아니라 서술형, 논술형 시험, 구술 시험, 보고서, 포트폴리오 등의 다양한 평가방식과 요소를 종합하여 평가한다.

● 표 7-4 플립드 러닝 수업 모형

순서	내용
학습자료의 제공	• 학습자료(동영상, 문서 파일, 텍스트 등 제작) • 학습자료 올리기 및 복사 자료 제공
학습자료의 학습/ 학습지 제출	• 학습자료의 예습 • 학습지의 작성 및 제출
교실에서 질의 · 응답	• 학습내용 관련 학생의 질문 • 교사의 답변

소집단학습/ 개별학습	• 모둠 구성 및 학습과제 부여 • 모둠활동 • 교사의 순회지도/개별보충학습의 지원
소집단 발표와 토론	• 모둠별 발표 • 발표에 대한 질의 • 응답
교사의 피드백	• 학습내용의 핵심 정리 • 학습내용의 구조화 • 차시 수업 안내
과제의 제출	• 모둠활동의 결과물 제출 • 과제물의 검사 및 차시 반영
평가	• 다양한 형태의 평가 • 평가의 방식과 요소의 다양화

출처: 박상준(2015), p. 13.

4. 소셜 러닝

1) 정의

스마트기기의 보급률 증가와 새로운 교수-학습환경에 대한 요구의 증대로 최근 소셜 러닝(social learning)에 대한 관심이 급증하고 있다. 소셜 미디어(social media)란 사고, 경험, 관점, 정보를 공유하기 위한 온라인 도구와 플랫폼을 의미하며, 사용자 간 혹은 사용자와 정보를 연결하고 상호작용할 수 있는 서비스를 제공하는 특성을 가진다. 소셜 러닝이란 일반적으로 소셜 미디어나 소셜 네트워크 서비스(Social Network Service: SNS)를 활용하여 학습하는 방법을 의미한다. 소셜 러닝은 좁게는 소셜 미디어를 통한 학습을 의미하고, 넓게는 사람들이 소셜 미디어를 통해 서로 협업과 집단 지성을 나누며 스스로 학습하는 것을 의미한다. 소셜 러닝은 온라인 커뮤니티 작업환경에서 소셜 미디어를 활용한 모든 커뮤니케이션 학습활동이나 소셜 미디어나 협업 툴을 이용한 집단학습 등 기존의 교수자에 의해 사전에 구성되어 학습자에게 전달되는 형식을 벗어나 블로그, SNS 등을 학습 플랫폼으로 활용하여 사회적 상호작용을 통해 학습하는 것 등으로 정의되고 있다(이정민, 박현경, 정연지, 2016).

2) 배경

SNS는 비약적으로 발전하여 학습자가 다양한 학습자원을 활용하여 상호작용하면서 적극적으로 학습할 수 있는 환경을 제공하였다. 학습자의 사회적 상호작용이 소셜 러닝의 중요한 요소라고 할 수 있다. SNS의 발달로 학습자들이 스스로 새로운 지식을 창출하거나, 지식을 여러 사람이 공유하며 문제해결하는 형태의 학습이 가능해졌다. 즉, 소셜 미디어의 대중들이 스스로 떠들고 듣는 것처럼, 학생들이 스스로 가르치고 배우고 학습하게 한다는 개념으로, 네트워크로 연결된 군중 간의 지식과 정보 공유, 의견 교환 등을 통해 개인의 인지와 행동에 변화, 즉 학습이 발생하게 된다는 것이 소셜 러닝의 기본 원리이다.

소셜 러닝은 학습자가 사회적 맥락에서 타인의 행동을 관찰하고 모방하며 학습한다는 반두라(Bandura, 1977)의 사회적 인지주의 이론에서 시작하여, 현재는 SNS 기반의 참여, 협업, 소통의 특성을 공통으로 규명하는 다양한 의미로 정의되고 있다. 그는 개인의 학습 결과에 영향을 주는 세 가지 요인은 학습자, 동료 및 행동과 관련된 보상 결과라고 정리하였으며, 인간의 행동 발달과 학습은 환경과의 끊임없는 상호작용을 통해 형성된다고 강조했다.

3) 특징

소셜 러닝이 기존의 교육과 구별되는 가장 큰 특징은 콘텐츠의 생산과 소비 방법이다. 기존의 교육에선 교수자에 의해 사전에 구성되고 학습자에게 전달되는 게 일반적이었다면, 소셜 러닝에서는 협업 도구를 지원하는 도구들인 페이스북, 유튜브에 의해 콘텐츠가 제공된다는 것이다. 소셜 미디어를 활용한 협력 학습은 개인이 혼자 학습하거나 일방적인 학습 콘텐츠의 전달에 의한 학습보다 효과적이다.

이러한 추세의 소셜 러닝의 초기 모델로서 미국의 비영리 재단이 개최하는 지식 콘퍼런스인 TED는 '퍼뜨릴 가치가 있는 생각들(Ideas worth spreading)'을 모토로 각 분야의 저명인사 및 괄목한 업적을 이룬 사람을 강연자로 초청하여 수준 높은 강의를 제공하였다. 이를 동영상의 형태로 인터넷에 무료로 공개하고 자원봉사들을 통한 번역서비스를 제공하여 가치 있는 지식을 전 세계적으로 공유했다. 또 다른 모델로는 Apple사의

iTunes University가 있는데 이는 아이튠즈에서 제공하는 학습 콘텐츠로서 하버드, MIT, 옥스퍼드 등 해외 유수의 대학들이 제공하는 강의를 동영상 형태로 무료 다운로드 할 수 있다. 해당 강의의 슬라이드도 제공하며 다운로드된 강의는 컴퓨터를 비롯 iPhone, iPad에 담아 활용이 가능하다.

소셜 러닝은 미래 지식정보사회의 새로운 학습모델로 기존의 학습과 달리 개인의 능동성과 타인과의 관계 형성을 강조한다. 소셜이라는 단어가 ICT와 결합하면서 단순히 '사회적'이라는 의미를 넘어 참여, 개방, 공유와 대화, 협업, 연결 등을 포괄하는 개념으로 진화하고 있다.

● 표 7-5 소셜 러닝의 특징

소셜 미디어의 특성	소셜 러닝의 특성
참여(Participation)	교수자와 학습자의 경계 소멸
개방(Openness)	학습 콘텐츠에 대한 자유로운 접근과 사용
대화(Conversation)	참여자 간의 활발한 상호작용
커뮤니티(Community)	공통의 학습 욕구를 지닌 참여자들 간의 커뮤니티 구성
연결(Connectedness)	참여자의 수 및 참여자가 소유한 지식, 정보의 무한한 확장

출처: 한국정보화진흥원(2011), p. 7; 신용주(2021), p. 337 재인용.

4) 유형

(1) 소셜 미디어

인터넷과 정보통신기술의 발달에 힘입어 소셜 미디어의 열풍은 최근에 빠르게 확장되며 지속되고 있다. 소셜 미디어는 사람들을 연결해 주는 네트워킹 서비스를 토대로 정보, 의견, 경험 등의 공유를 위해 사용하는 온라인 플랫폼을 의미한다. 신문, 잡지, 라디오로 대표되는 전통적인 미디어가 일 대 다수, 일방적, 메시지 중심적인 특징을 갖는다면, 이와 달리 소셜 미디어의 전반적인 특징은 참여, 개방, 대화, 커뮤니티, 연결 등이라고 할 수 있다. 소셜 미디어를 통해서 많은 사람이 모여 다양한 생각을 교환하고 발전시키면서 집단지성을 발현시키는 힘을 갖게 된다.

아날로그와 디지털 경계가 무너짐으로써 상호 연결의 링크 시대가 도래하면서, '참여'와 '공유'가 강조되는 UCC(User Created Contents), '개방'을 중시하는 블로그, '소통'

을 강조하는 SNS 등과 같은 '소셜 미디어'가 발전하게 되었다. 소셜 미디어는 참여, 개방, 대화, 커뮤니티, 연결의 다섯 가지 특성을 가진다. 소셜 미디어는 대표적으로 블로그(Blog), 손수제작물(UCC), 위키(Wiki), 소셜 네트워크 서비스(SNS), 마이크로 블로그(Micro Blog) 다섯 가지로 분류할 수 있다(〈표 7-6〉 참조).

● 표 7-6 **소셜 미디어 서비스 특징**

구분	Blog	UCC	Wiki	SNS	Micro Blog
사용 목적	정보공유	엔터테인먼트	정보공유 협업에 의한 지식창조	관계 형성, 엔터테인먼트	관계 형성, 정보 공유
주체, 대상	1 : N	1 : N	N : N	1 : 1, 1 : N	1 : N, N : N
사용환경	인터넷	인터넷, 모바일	인터넷	인터넷, 모바일	인터넷, 모바일
콘텐츠	특정 주제에 대한 주관적 논평	특정 주제에 대한 동영상	협업에 의해 창조된 지식, 지속적/역동적 업데이트	신변잡기 정보	현재 상태, 개인적 감정 (문자수 제한)
대표 사례	개인 블로그	유튜브, 아프리카TV	위키피디아	Myspace, 페이스북, 싸이월드	Twitter, 미투데이

출처: 조병호(2013), p. 190.

이들 소셜 미디어는 소통, 콘텐츠 공유, 협업의 3C로 정리할 수 있다(이지원, 김규정, 2019).

- **소통(Communication):** 시간과 장소의 제약이 없는 온라인 공간을 통해 다수의 사람과 의사소통한다.
- **콘텐츠 공유(Contents Sharing):** 다수의 이용자가 각자의 콘텐츠를 공유함으로써 혼자일 때보다 더 많은 자료에 대한 접근성을 확보한다.
- **협업(Collaboration):** 다수의 이용자와 함께 하나의 과업을 동시에 진행하므로 시간 대비 완성도 높은 결과물 도출이 가능하다.

(2) 소셜 러닝 플랫폼

소셜 러닝 플랫폼들을 분석해 보면, TED, Khan Academy, iTunes U는 초기 형태의 소셜 러닝 사이트로서 중앙에서 콘텐츠를 다수에게 제공하는 '일 대 다'의 방식을 취하고 있고, 이후 Udemy, SunLearning eXchange, Live Mocha, Grockit이 있는데 이는 '다수 대 다수'의 학습을 지원하는 방식으로 형식이 변화되었다고 볼 수 있다(〈표 7-7〉 참조).

● 표 7-7 소셜 러닝 플랫폼 사례 분석

구분	특징
TED	• Technology, Entertainment, Design의 약자 • Idea worth spreading을 모토로 각 분야의 저명인사 및 괄목할 만한 업적을 이룬 사람이 무료로 강의하는 프로그램. 2007년 이후 인터넷에 동영상이 탑재되면서 세계적으로 인기를 끌게 됨 • 자원봉사자들을 통한 번역서비스를 제공
Khan Academy	• MIT 출신의 금융인 샐먼 칸이 수학강의 동영상을 유튜브에서 올린 데서 출발한 비영리 무료 교육 사이트 • 15분 내외의 짧은 강의, 칠판에 판서하는 모습의 비디오 녹화 등 적은 비용을 들여 높은 교육 효과를 거둠 • 현재 생물, 화학, 물리, 경제, 역사 등 다양한 분야의 약 2,100여 편에 이르는 강의 콘텐츠를 제공
iTunes U	• Apple사의 다운로드 채널인 아이튠즈에서 제공하는 학습 콘텐츠 • 하버드, MIT, 옥스퍼드 등 해외 유수 대학들이 제공하는 강의를 동영상 형태로 무료 다운로드 할 수 있으며, 해당 강의의 슬라이드도 제공
Udemy	• 누구나 자신이 자신 있는 영역에 대한 강의를 올릴 수 있고, 자신이 필요한 강의를 찾아볼 수 있는 소셜 러닝 플랫폼 • 사람들이 학교를 졸업한 후에도 끊임없이 무언가를 배워야 하지만 이를 충족시켜 줄 교육 수단이 거의 없다는 데서 출발함 • 사회생활을 하면서 필요한 것을 가장 잘 가르쳐 줄 수 있는 사람은 교수나 강사가 아니라 그 분야를 경험한 사람일 것이라는 점에 착안함
SunLearning eXchange	• Sun Microsystems사에서 직원 개인이 경험에 의해 습득한 지식을 비디오로 제작, 서로 공유할 수 있도록 하여 획기적인 학습 효과를 거둔 학습 플랫폼 • 직무 관련 학습의 약 90%가 직원 간에(Peer to Peer), 비공식적(informal)으로 이루어진다는 데 착안하여 직원들이 각자 경험을 통해 획득한 암묵지를 공유할 수 있도록 지원

Live Mocha	• 외국어를 배우기 원하는 사용자들끼리 1 : 1로 매칭, 서로 언어를 가르쳐 주고 배울 수 있도록 지원해 주는 학습교환 사이트 • 2007년 서비스 시작 이후, 현재 195개국 약 1,000만 명의 이용자가 38종의 언어를 학습 중
Grockit	• SAT, GRE, GMAT 등 시험 관련한 과목이 주요 교과 • 교실에서 자신이 일방적으로 가르치는 것보다 학생들이 온라인상에서 소규모 그룹을 이뤄 협업과 자발적 참여를 통해 문제해결하는 방식을 택함

출처: 조병호(2013), p. 191.

(3) 소셜 네트워크 서비스

소셜 네트워크 서비스(Social Network Service)는 소셜 미디어의 일부로, 정보 공유, 인맥 관리, 자기표현 등을 통하여 타인과의 관계를 형성하고, 유지하고, 관리할 수 있는 서비스이다. SNS는 사회적, 감정적 측면을 고려한 1인의 미디어 및 커뮤니티를 중심으로 하는 인적 네트워크 형성 서비스라는 점에서 위키, 블로그 등의 다른 소셜 미디어 도구와 차별된다.

SNS는 사용자 간의 사회적 관계개념을 형성해 주며, 개인의 일상 및 관심사를 공유할 수 있는 환경을 제공함으로써 사용자 간의 협력적 네트워크 형성을 지원한다. SNS에는 네이버카페, 구글플러스 등의 온라인 커뮤니티, 페이스북, 싸이월드, 마이스페이스 등의 미니홈피 및 인맥관리 서비스, 카카오톡, 페이스북 메신저와 같은 인스턴트 메신저 등이 포함된다. 최근에는 새롭고 다양한 종류의 SNS가 수없이 등장하고 있으며, 출시된 대부분의 SNS들이 페이스북, 카카오톡 등의 주요 SNS에서 제공하는 기능 혹은 사용자가 선호하는 기능을 공통적으로 제공하고 있어 이용 용이성과 편의성이 더욱 증대되고 있다 (〈표 7-8〉 참조).

● 표 7-8 소셜 네트워크 서비스의 종류

종류	주요 특징	사용자층	주요 기능	교육적 활용 방안	사용자 (명)
페이스북 (Facebook)	친구와의 소통, 다양한 콘텐츠 공유, 그룹 및 페이지 운영	전 연령층, 특히 중장년층	게시물 작성, 댓글, 좋아요, 공유	학습 그룹 운영, 교육 관련 페이지 팔로우, 학습자료 공유	약 29억

유튜브 (YouTube)	동영상 콘텐츠 제작 및 공유, 스트리밍 서비스 제공	모든 연령층, 크리에이터	동영상 업로드, 라이브 스트리밍, 댓글	교육용 동영상 콘텐츠 제작 및 공유, 실시간 온라인 강의 및 튜토리얼 제공	약 25억
인스타그램 (Instagram)	사진 및 동영상 공유, 비주얼 중심의 플랫폼	젊은 층, 크리에이터	사진 및 동영상 업로드, 스토리, 릴스	교육 관련 비주얼 콘텐츠 제작 및 공유, 학습자료 시각화	약 20억
틱톡 (TikTok)	짧은 동영상 중심, 음악 및 댄스 콘텐츠, 바이럴 콘텐츠 제작 및 공유	젊은 층, 특히 10대와 20대	동영상 제작 및 공유, 라이브 스트리밍	교육용 짧은 동영상 제작 및 공유, 교육 콘텐츠 바이럴 마케팅	약 12억
링크드인 (LinkedIn)	비즈니스 네트워킹, 전문적인 프로필 관리, 구직 및 채용 정보 제공	직장인, 구직자, 전문가	프로필 작성, 네트워킹, 구직/채용 정보	전문적인 교육 네트워킹, 교육 관련 경력 및 성과 공유, 온라인 학습 과정 홍보	약 9억
스냅챗 (Snapchat)	사진 및 동영상 메시지, 콘텐츠 자동 삭제, AR 필터 사용	10대와 20대	스냅 메시지, 스토리, AR 렌즈	AR 필터를 활용한 교육 콘텐츠 제작, 짧은 교육 메시지 및 스토리 공유	약 7억 5천만
핀터레스트 (Pinterest)	이미지 중심의 아이디어 및 영감 공유, 주제별 보드 생성	여성 사용자, 크리에이터	이미지 핀, 보드 생성, 검색	교육 자료 및 아이디어 보드 생성, 학습자료 및 프로젝트 아이디어 검색	약 4억 5천만
트위터 (Twitter)	짧은 문자 기반의 소통, 실시간 정보 공유, 해시태그 사용	청년층, 전문가, 인플루언서	트윗 작성, 리트윗, 좋아요, 해시태그	최신 교육 정보 및 트렌드팔로우, 교육 관련 토론 및 네트워킹	약 3억 5천만
레딧 (Reddit)	다양한 주제의 토론 및 정보 공유, 커뮤니티 중심의 플랫폼	다양한 연령대와 관심사 그룹	게시글 작성, 댓글, 서브레딧 운영	교육 관련 커뮤니티 참여, 학습자료 및 정보 공유, 학습 토론 및 질의응답	약 4억 3천만
카카오톡 (KakaoTalk)	메신저 서비스, 다양한 부가 기능(채팅, 결제, 게임 등)	한국 사용자, 모든 연령층	채팅, 멀티미디어 메시지, 이모티콘	학습 그룹 채팅방 운영, 학습자료 공유, 실시간 질문 및 답변	약 5천만

출처: 연구자 정리, 사용자 수(2024년 기준)

5) 의의

(1) 교육적 의미

소셜 러닝은 학습자가 기존의 하향식 학습방식을 벗어나 스스로 의미를 구성해 나가고, 사회적 관계를 기반으로 소통과 협력을 통해 학습하도록 돕는다는 점에서 의의를 가진다. 소셜 러닝은 학문 탐구에 있어 학습자의 능동적 역할을 강조하고, 다양한 종류의 학습공동체를 형성하여 사회적 협업 능력을 효과적으로 개발할 수 있다. 특히, 학습자 간의 공유와 참여를 높이고 협력적 지식 창출을 이끌어 내기 위한 도구로써 페이스북(Facebook), 트위터(Twitter), 카카오톡(Kakaotalk)과 같은 SNS의 활용이 증대되고 있다. SNS는 사회적, 감정적 측면을 고려하여 학습자 간의 관계 형성 기회를 제공하고, 상호작용을 촉진한다는 점에서 다른 소셜 미디어 도구와는 차별된다.

SNS 기반 학습은 교수자, 학습자 간의 경계를 소멸하며, 학습콘텐츠에 대해 자유로운 접근과 사용을 가능하게 하여 학습자의 능동적 역할 수행을 촉진할 수 있다. 또한, SNS는 모바일 환경과 접목되며 실시간성, 즉시성, 이동성의 추가적인 이점을 취할 수 있게 되어, 시공간을 넘어선 확장된 학습환경을 제공할 수 있다는 교육적 가치를 가진다.

(2) 장단점과 유의할 점

SNS를 활용한 소셜 러닝의 장점, 단점, 주의할 점은 다음과 같다.

장점

- **쉬운 커뮤니케이션**: SNS는 학생과 교사 간, 그리고 학생들 간의 원활한 소통을 가능하게 하며, 실시간 피드백을 받을 수 있다.
- **다양한 자료 공유**: 사진, 동영상, 링크 등 다양한 형태의 자료를 쉽게 공유할 수 있어 학습자료의 다양성이 높아진다.
- **학습 커뮤니티 형성**: 유사한 관심사를 가진 학습자들끼리 커뮤니티를 형성하여 협력 학습 및 정보 교환이 가능하다.
- **글로벌 접근성**: 전 세계의 학습자들과 연결되어 다양한 문화와 지식을 접할 수 있으며, 글로벌 네트워킹이 가능하다.
- **창의적 학습 콘텐츠**: SNS의 다양한 기능을 활용하여 창의적이고 재미있는 학습 콘텐

츠를 제작하고 공유할 수 있다.

단점

- **정보 과부하**: 너무 많은 정보가 제공되어 학습자가 혼란을 느끼거나 집중력을 잃을 수 있다.
- **개인 정보 노출**: SNS 사용 중 개인 정보가 노출될 위험이 높아 개인 정보 보호에 대한 주의가 필요하다.
- **비효율적 사용**: 학습과 무관한 콘텐츠 소비로 인해 비효율적인 시간 사용이 발생할 수 있다.
- **광고 노출**: 학습 도중에 광고에 자주 노출되며, 이는 학습 흐름을 방해할 수 있다.
- **상호작용 부족**: 일부 SNS에서는 깊이 있는 상호작용이 부족할 수 있으며, 이는 학습 효과를 저하시키는 요인이 될 수 있다.

유의할 점

- **개인 정보 보호**: SNS를 통해 학습할 때는 개인 정보 유출 및 사생활 침해의 위험이 있으므로 개인 정보를 신중하게 관리해야 한다.
- **정보의 신뢰성**: SNS에 게시되는 정보는 항상 신뢰할 수 있는 것이 아니므로, 출처를 확인하고 신뢰할 수 있는 자료인지 검토해야 한다.
- **집중력 저하**: SNS의 다양한 알림과 콘텐츠는 학습 집중력을 떨어뜨릴 수 있으므로 학습 목적에 맞게 SNS 사용을 제한하는 것이 필요하다.
- **시간 관리**: SNS는 학습 외의 다양한 활동으로 인해 시간 낭비가 될 수 있으므로 효율적인 시간 관리가 중요하다.
- **안전 문제**: SNS상의 부적절한 콘텐츠나 악성 사용자에 대한 노출을 방지하기 위해 안전한 환경을 조성해야 한다.

이러한 주의점, 장단점을 고려하여 SNS를 학습 도구로 활용하면 보다 효과적인 소셜 러닝 환경을 구축할 수 있다.

<< 생각해 보기

〈이러닝〉

1. 효과적인 상호작용을 위한 기술적, 교육적 접근법은 무엇일까?

2. 이러닝 환경에서 학습 커뮤니티를 형성하는 방법과 그 중요성에 대해 논의해 보자.

3. 이러닝에서 자기주도학습을 지원하는 방법에 대해 논의해 보자.

4. 이러닝의 문제점들(학습 실천 및 통제의 어려움, 학습 형태에 따른 한계, 즉각적인 대응의 어려움, 컴퓨터 능력이나 자원의 부족 등)에 대해 논의하고, 이를 극복하기 위한 방안은 무엇일까?

5. 특히, 학습자의 자발성을 높이고 효과적인 학습을 도모하기 위한 방법은 무엇인가?

〈블렌디드 러닝〉

1. 블렌디드 러닝에서 오프라인 교육의 장점과 온라인 교육의 장점을 어떻게 균형 있게 활용할 수 있을까?

2. 효과적인 블렌디드 러닝을 위해 교수자는 어떤 교육 콘텐츠를 제공해야 하며, 그 콘텐츠의 특징과 필요 조건은 무엇일까?

3. 블렌디드 러닝 환경에서 학습자 관리 및 모니터링 시스템의 중요성은 무엇이며, 효과적인 피드백 방법은 무엇일까?

4. 교수 실재감을 높이기 위한 교수자의 전략은 무엇이며, 그 효과는 어떻게 나타날까?

5. 블렌디드 러닝에서 자기주도적 학습을 촉진하기 위한 수업 활동 및 과제의 구조화 방법은 무엇이 있을까?

〈플립드 러닝〉

1. 플립드 러닝에서 사전학습자료와 평가 결과를 활용한 보충학습이 학업 성과 향상에 어떻게 기여할 수 있을까?

2. 플립드 러닝에서 교수자의 역할 변화는 학습자 중심 교육 환경에 어떤 영향을 미칠까?

3. 플립드 러닝에서 팀 기반의 문제해결 활동과 다양한 상호작용이 학습자의 협업 능력과 고차원적 사고 능력에 어떻게 기여할까?

4. 플립드 러닝 환경에서 학습자의 의사소통 능력과 창의적 문제해결 능력을 향상시키기 위한 구체적인 교수 전략은 무엇일까?

5. 플립드 러닝에서 학생들의 사전학습 준비 부담을 줄이고 흥미를 지속적으로 유지하기 위한 방법은 무엇이 있을까?

〈소셜 러닝〉

1. 소셜 미디어를 활용한 학습에서의 정보 신뢰성 문제를 어떻게 해결할 수 있을까?

2. 소셜 러닝 환경에서 학습자의 집중력을 유지하기 위한 효과적인 전략은 무엇인가?

3. 소셜 러닝을 통한 협업 학습이 기존의 전통적인 학습방식보다 더 효과적인 이유는 무엇인가?

4. 소셜 러닝 환경에서 개인 정보 보호를 위해 학습자와 교육기관이 취해야 할 조치는 무엇인가?

 참고문헌

박상준(2015). 거꾸로 교실 모형의 개발과 적용 사례의 연구. 사회과교육연구, 22(2), 1-21.

서대원, 임정훈(2003). 교실수업-사이버학습 연계를 위한 커뮤니티 기반 교수 학습모형 개발연구. 한국교육학술정보원 연구보고서.

신용주(2021). 평생교육방법론. 서울: 학지사.

이보람(2019). 블렌디드 러닝(Blended Learning)을 활용한 한국어의 고맥락 문화 교육 방안 연구. 경희대학교 대학원 석사학위논문.

이정민, 박현경, 정연지(2016). 대학환경에서의 소셜 러닝 국내 연구 동향 고찰. 디지털융복합연구, 14(4), 111-128.

이지원, 김규정(2019). 소셜 미디어(Social Media)에서 집단지성에 의한 사이버불링 현상에 관한 다학제적 연구. 한국과학예술융합학회, 37(4), 269-283.

조병호(2013). 협력학습을 위한 소셜 러닝 플랫폼의 설계. The Journal of the Institute of Internet Broadcasting and Communication, 13(5), 189-194.

조선대학교 교수학습센터(2021). 플립드 러닝 가이드북. https://contents3.chosun.ac.kr/2020/guide/down/01-F_L_guide.pdf

조은숙, 염명숙, 김현진(2012). 원격교육론. 경기: 양서원.

한국정보화진흥원(2011). IT & Future Strategy, 제4권.

Baker, J. W. (2000). The 'Classroom Flip': Using Web Course Management Tools to Become the Guide by the Side. Proceedings of the 11th International Conference on College Teaching and Learning, Jacsonville, FL.

Bandura, A. (1977). Self-efficacy: Toward a unifying theory of behavioral change. *Psychological Review, 84*(2), 191.

Bergmann, J., & Sams, A. (2015). 거꾸로 교실: 진짜 배움으로 가는 길 [*Flip your classroom:*

제7장 인공지능시대 평생교육빙법

Gateway to student engagement]. (정찬필, 임성희 공역). 서울: 에듀니티. (원저 2014 출간).

Driscoll, M. (2002). Blended learning: Let's get beyond the hype. *E-learning, 1*(4), 1-4.

Hamdan, N., McKnight, P., McKnight, K., & Arfstrom, K. M. (2013). A review offlipped learning. Retrieve from https://flippedlearning.org/wp-content/uploads/2016/07/LitReview_FlippedLearning.pdf

Horton, W. (2011). *E-learning by design*. John Wiley & Sons.

Khan, B. H. (Ed.). (2005). *Managing e-learning: Design, delivery, implementation, and evaluation*. IGI Global.

Lage, M. J., Platt, G. J., & Treglia, M. (2000). Inverting the classroom: A gateway to creating an inclusive learning environment. *The Journal of Economic Education, 31*(1), 30-43.

Mantyla, K. (2001). *Blending e-learning: The power is in the mix*. Alexandria, VA: ASTD.

Singh, H. (2021). Building effective blended learning programs. In *Challenges and opportunities for the global implementation of e-learning frameworks* (pp. 15-23). IGI Global.

Singh, H., & Reed, C. (2001). A white paper: Achieving success with blended learning. *Centra software, 1*, 1-11.

Srein, J., & Graham, C. R. (2014). 블렌디드 러닝: 이론과 실제[*Essentials for Blended Learning: A Standards-Based Guide*] (김도훈, 최은실 공역). 서울: 한국문화사.

Thorne, K. (2003). *Blended learning: How to integrate online & traditional learning*. Kogan Page Publishers.

Grockit. http://grockit.com

iTunes U. http://www.apple.com/education/itunes-u/

Khan Academy. www.khanacademy.org

Live Mocha. http://livemocha.com

SunLearning eXchange. http://slx.sun.com/

TED. www.ted.com

Udemy. www.udemy.com

평생교육과 HRD

학습개요

제8장에서는 평생교육과 관련된 HRD 이론과 방법론 중에서 멘토링, 코칭, 경력개발, 디지털 학습에 대해 포괄적으로 학습한다. 제4차 산업혁명 시대에 맞춰 변화하는 교육 환경과 기술적 요구를 반영하여, 이 교재는 이론적 배경과 실질적 적용 방법을 함께 제공하였다.

이 장에서는 각 교육방법의 배경과 정의, 특징 및 장단점, 진행 방법과 사례, 그리고 실습 내용 등을 상세히 다루어 조직과 개인 모두가 경력 개발과 디지털 학습 등에 활용할 수 있도록 구성하였다. 이를 통해 교수자는 다양한 교육 상황에서 적합한 방법을 선택하고, 학습자들의 학습 효과를 극대화할 수 있다.

학습목표

1. 학습자는 멘토링, 코칭, 경력개발, 디지털 학습의 개념을 이해하고, 각각의 특징과 용어를 설명할 수 있다.
2. 학습자는 멘토링, 코칭, 경력개발, 디지털 학습의 장단점을 비교하고, 각 교육방법의 적합성을 분석하여 설명할 수 있다.
3. 학습자는 실제 교육 현장에서 멘토링, 코칭, 경력개발, 디지털 학습 중 적합한 방법을 선택하고 설계하여 효과적인 교육 환경을 구축할 수 있다.

1. 멘토링

1) 정의

멘토의 개념에 대한 학자들의 정의를 찾아보면, 레빈슨과 맥키(Levinson & Mckee, 1978)는 "어떤 분야에 오래 종사하면서 그에 대한 경험과 지식이 풍부한 연장자"로 정의하였다. 또한 헌트와 마이클(Hunt & Michael, 1983)은 멘토는 우수한 경험과 지식을 가지고 있으면서, 그 정보와 지식을 다른 이에게 주는 사람이라고 정의하였다. 세아(Shea, 1995)는 멘토링이란 멘토와 멘티 간의 상호작용으로 멘티의 잠재 능력을 발견하고 발전시키기 위한 과정이라 하였다. 기업이나 조직의 관점에서 정의하자면, 노에(Noe, 1988)는 멘토란 후배들의 역할 모델이 되어주며 조직에서 신입사원들에게 대인관계 및 경력과 관련한 지도, 지원, 피드백을 제공해 주는 경험이 풍부한 상급자라 정의하였다. 콜린스와 스콧(Collins & Scott, 1978)은 멘토는 조직의 믿을 만한 리더나 후원자로 멘티의 직속 상관이거나 다른 부서의 리더나 상급자라 하였다. 또한 쭈이(Zey, 1984)는 멘토란 멘티에게 집단에서의 실무에 관한 기술을 알려주고 상담이나 심리적인 지원을 통해서 자신감을 느끼도록 도와주며 발전을 돕거나 영향력을 끼치는 사람으로 정의하였다.

이런 개념들을 종합해 보면, 멘토는 어떤 조직에서 구성원보다 경험이 많은 사람으로 조직 내 경험과 지식이 부족한 구성원에게 후원, 지시, 피드백 등을 제공하여 그들의 발전에 영향을 주고, 조직 내에서 행동 모델이 되어주는 사람을 의미한다. 그리고 멘토와 멘티 사이에서 형성되는 상호 긍정적인 관계를 멘토링 또는 멘토관계라고 한다.

2) 배경

멘토란 단어는 고대 그리스 서사시인 오디세이아에서 유래되었는데, 오디세우스의 조언자인 멘토르(Mentor)에서 그 시작을 찾을 수 있다. 트로이 전쟁이 발발하고, 오디세우스가 전쟁에 나서면서 그의 가정과 아들의 교육을 조언자인 멘토르에게 맡기게 되었고, 멘토르는 전쟁이 끝나기까지 10여 년 동안 텔레마코스의 친구, 스승, 상담자, 아버지의 역할을 하며 돌봐주었다. 이후로 멘토르라는 그의 이름은 신뢰와 지혜로 누군가의 삶을 이끌어 주는 사람이라는 뜻으로 불리고 있다. 이러한 이유로, 멘토는 믿을 수 있고, 슬기로운 조언자, 상담자, 스승의 의미라 할 수 있다. 멘토는 연장자가 일반적이지만, 동년배나 후배라도 얼마든지 각 분야에서 경험과 지식을 많이 가지고 있는 사람으로 멘토를 삼는 경우도 많다.

이러한 관계 속에서 스승의 역할을 하는 사람을 멘토라 칭하고, 가르침을 받는 사람을 멘티라 칭한다. 멘토의 조언과 가르침을 통하여 대상자의 능력을 향상시키며 대상자가 가지고 있는 잠재력을 깨우는 일련의 과정을 멘토링이라 한다. 멘토와 멘티의 관계는 조직에서 인위적으로 형성하기도 하고 인간관계를 통하여 자연적으로 형성되기도 한다.

3) 기능과 모델

(1) 멘토링의 기능

멘토링은 멘토와 멘티 사이에서 정서적 결합을 기반으로 이루어지고, 깊은 유대감과 신뢰감을 바탕으로, 높은 수준의 정보를 교환하고 정서적 지지 기반을 형성하게 된다. 이런 이유로 멘토링 관계는 멘티의 행동, 태도, 건강 관련, 인간관계(Relational), 동기, 경력 등의 측면에서 긍정적인 성과를 만들어 낸다.

멘티는 멘토가 자신이 추구하는 역할 모델과 유사할수록 더 높은 수준의 멘토링 관계를 형성하게 된다. 멘토는 멘티가 겪게 될 경력과 진로문제, 심리 사회적 고민 등에 대해 먼저 경험한 사람으로서 멘티의 성장에 더 효과적으로 기여할 수 있다. 크람(Kram, 1983)은 멘토가 멘티에게 제공하는 기능을 크게 아홉 가지 항목으로 목록화하였고, 이를 크게 두 가지로 범주화하여 경력 관련 기능과 심리사회적 기능으로 정의하였다. 스캔두라(Scandura, 1992)는 크람의 모델에서 역할 모형 기능을 따로 분류하여 〈표 8-1〉과 같이 세 가지 차원으로 분류하였다.

● 표 8-1 멘토링 기능(3차원)

경력개발 기능	심리사회적 기능	역할 모델 기능
후원 홍보 지도/보호 도전적 과제	수용 및 확인 상담 우정	역할 모형

출처: Scandura(1992), p. 169.

① 경력개발 기능

경력개발 기능은 다시 후원 기능, 홍보 기능, 보호 기능, 도전적 과제 기능으로 나눌 수 있다.

- **후원(sponsorship) 기능**: 멘티가 집단에서 많은 기회를 얻을 수 있도록 도와주는 것이다. 홍보 기능은 멘티가 성장할 수 있도록 직간접적으로 집단 내 네트워크에 노출시키고 소개하는 기능을 의미한다.
- **지도 기능**: 멘토가 자신의 경험 및 지식을 멘티가 성장할 수 있도록 전수하는 것을 의미한다.
- **보호 기능**: 조직 내외적으로 멘티에게 부정적 영향을 미칠 우려가 있는 요소로부터 멘토가 사전에 이를 차단 및 통제하는 것을 의미한다.
- **도전적 과제 기능**: 멘티의 성취감과 자신감을 제고시키기 위해 새로운 기술 습득을 위한 도전적인 업무를 부여하고 이에 대한 적극적인 피드백을 수행하는 것을 의미한다.

네 가지 기능 중에 도전적 과제 기능을 제외한 나머지 세 개의 기능들은 간접적으로 멘티에게 도움을 주는 활동인 데 반하여 도전적 과제 기능은 업무 능력 향상을 위한 직접적인 도움이라 할 수 있다. 멘토가 도전적인 업무를 부여할 시에는 멘티의 직무에 대한 충분한 파악이 선행되어야 부정적 영향을 방지할 수 있다.

② 사회심리적 기능

사회심리적 기능이란 멘토가 멘티의 자존감, 자신감, 자기효능감, 명확한 자아상을 형성할 수 있도록 멘티를 수용하고, 개인적인 문제를 상담 또는 멘토의 자기 노출을 통해 멘티의 긍정적인 변화를 유도하는 것이다. 이는 멘토와 멘티의 친밀한 관계 형성을 통해 가능하며, 인생 전반에 걸쳐 멘티의 성장에 긍정적인 영향을 주는 기능이다. 이러한 사회심리적 기능이 효과적으로 발휘되기 위해서는 멘토와 멘티 간의 상호 신뢰감과 친밀감이 형성될 때 가능하다.

사회심리적 기능의 하위개념에는 수용 및 확인(acceptance and confirmation) 기능, 상담(counseling) 기능, 우정(friendship) 기능이 존재한다.

- **수용 및 확인 기능**: 멘토, 멘티 서로 간의 신뢰를 기반으로 서로를 이해하고 배려하면서 해결방안을 찾아가는 기능이다. 이러한 과정에서 멘티는 심리적 안정감을 얻게 되고 멘토는 또 다른 해결방안을 찾을 수 있게 조언한다.
- **상담 기능**: 멘티가 집단 내에서 얻게 되는 나쁜 감정들(고민이나 불안, 두려움 등)을 계속적인 상담을 통해 해소하거나 해결점을 찾아 마음의 안정감을 가질 수 있도록 조언하는 기능이다.
- **우정 기능**: 멘토와 멘티가 비공식적 활동을 통해 서로의 이해를 높여 긍정적인 감정을 갖는 기능이다. 업무 이외에 식사나 취미생활을 함께하면서 직무상 발생하는 압박감을 해소하여 과업수행 과정에서 긍정적인 결과를 발생하도록 돕는다.

③ 역할 모델 기능

역할 모델 기능은 멘토가 조직에 진입하는 멘티들에게 조직 내 적절한 행동방식과 태도, 가치관 등을 전해 주고 멘티는 멘토를 바람직한 역할 모델로서 설정하고 닮아가는 것으로 멘티의 역할 수행 효율성을 고취하는 기능을 말한다. 쉽게 말해 멘토는 멘티의 역할 모델로 멘토가 가진 지식, 기술, 태도 등을 멘토링의 과정을 통해 닮아가고자 하는 상호작용의 기능이라 할 수 있다.

멘토링 기능 중 사회심리적 기능에서 역할 모델 기능을 분리한 연구에서(Scandura, 1992) 사회심리적 기능과 역할 모델 기능의 가장 큰 차이점은 역할 모델은 '적극적인' 기능인데 비해 사회심리적 기능은 '소극적인' 기능이라는 것에 있다.

(2) 멘토링의 모델

앤더슨과 쉐넌(Anderson & Shannon, 1988)은 학자들이 제시한 멘토링의 기능을 정리하여 멘토링의 관계, 멘토링의 기능, 멘토링 활동을 통합적으로 인식할 수 있는 모델을 제시했다. 이 모델에는 멘토링 관계에 역할 모델, 양육자, 보호자의 역할을 제시하였고, 멘토는 이러한 역할을 통해서 멘티의 마음을 열고, 점진적으로 이끄는 역할을 한다. 멘토의 기능에는 가르치기, 후원하기, 격려하기, 상담하기, 친구되기를 포함하고 각 영역의 하위 기능을 함께 제시하였다([그림 8-1] 참조). 그리고 멘토의 활동으로 멘티에게 활동의 시범을 보이고 멘티의 활동을 관찰하고 피드백해 주는 것이라 하였다.

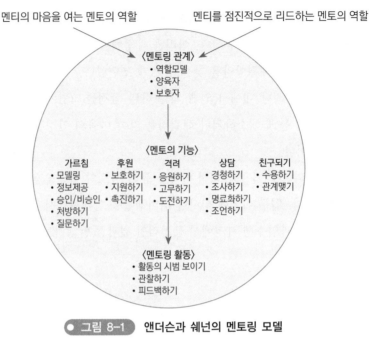

● **그림 8-1** **앤더슨과 쉐넌의 멘토링 모델**

출처: Javis(2006), p. 160.

4) 멘토링의 능력

코헨과 갈브레이스(Cohen & Galbraith, 1995)는 멘토링의 다양한 차원을 파악하고 멘토링 과정을 이해하는 데 도움이 되도록 성인 멘토링 능력의 여섯 가지 요소를 다음과 같이 제시하였다.

① 관계 형성하기
- 반응적으로 경청하기
- 동기에 대한 추정이 아닌 관찰을 통한 상황 기술적 피드백 제공하기
- 지각을 넓히기 위한 질문하기
- 정서 상태 및 반응의 명료화를 위해 비판단적이고 섬세한 반응 제공하기

② 정보와 조언 제공하기
- 교육 및 진로를 객관적으로 이해하기 위한 질문하기
- 멘티 스스로 자신의 미래상을 그려 보도록 돕기

- 구체적인 대답을 유도하는 질문하기
- 당면 문제 및 대안에 대하여 직접적으로 논평하기
- 경청한 내용의 요약을 통해 사실을 정확하게 이해하고 해석하기 위한 대화 이끌기

③ 촉진 및 격려하기

- 관점을 확대시키기 위한 질문하기
- 암묵적 전제나 고정관념에 대한 명시적 인식 유도하기
- 대안의 심층 분석으로 의사결정을 유도하기 위한 다양한 시각과 관점 제시하기
- 목표 달성을 위한 성실성 점검하기
- 현재 무엇에 몰두하는지 이유를 깨닫도록 돕기
- 취미와 직업 선호도를 인식하도록 돕기

④ 도전하기

- 다른 관점을 반영함으로써 얻게 되는 혜택을 고려하도록 돕기
- 건설적 · 비관적 피드백이 관계에 부정적 영향을 가져올 수 있다는 점을 알려주기
- 내적 모순을 스스로 파악할 수 있도록 도전적인 질문하기
- 의미 있는 변화를 위하여 가장 필요한 행동의 선택을 요구하기
- 최소한의 효과적인 피드백 제시하기
- 현 상황의 극복으로 얻을 수 있는 성장 가능성에 대한 신념 강화하기

⑤ 자신의 경험 나누기

- 실패나 역경에서 배운 가치 있는 경험과 그에 대한 느낌 말해 주기
- 자신의 경험에서 적절한 사례 선택하기
- 멘티의 목표 추구 능력에 대한 신뢰감 표현하기
- 개인적 · 교육적 · 직업적 발전 및 능력 개발을 위한 도전 촉진하기
- 목표 성취에 필요한 행동을 명료화하기

⑥ 비전 제시

- 현재 및 미래의 교육적 능력 개발 및 직업적 성취에 대한 성찰 요구하기

- 변화와 성취 능력에 대한 확신 제공하기
- 합리적 의사결정을 위한 피드백 제공하기
- 문제해결 방법 및 과정에 대해 조언하기
- 신중한 의사결정에 대한 신뢰감 표현하기
- 능력 개발 및 목표 실현을 위한 노력 격려하기

5) 실시

(1) 절차

효과적인 멘토링이 되기 위해서는 멘토의 역할에만 기대할 것이 아니라, 멘토링 제도를 실시하는 관리역할을 하는 평생교육자의 개입과 관리가 필요하다. 평생교육자는 멘토의 역할을 수행할 수 있도록 미리 체계적인 매뉴얼을 준비하고 계획할 필요가 있다.

① 계획 수립
- **목표 설정**: 멘토링의 목표를 명확히 설정하고, 멘토링을 통해서 달성하고자 하는 목표를 명확히 한다.
- **대상 선정**: 멘토링을 받을 대상 학생을 선정하고, 멘토와 멘티 대상 인원 파악과 매칭을 실시한다.
- **활동계획과 일정 수립**: 멘토링 활동과 일정을 정하고, 활동의 상세한 미션을 매뉴얼로 작성한다.

② 멘토링 진행
- **소개 및 목표 공유**: 첫 번째 세션에서는 멘토와 멘티가 서로 소개하고, 멘토링의 목표를 공유한다.
- **진행 상황 확인**: 각 세션에서 학생들의 진행 상황을 확인하고, 어려움이 있는 부분을 해결하며 필요한 지원을 한다.

③ 평가 및 후속조치
- **피드백 제공**: 학생들에게 세션 후에는 피드백을 제공하고, 발전 방향에 대해 논의한다.

- **평가 및 조정**: 멘토링 기간 동안 학생들의 학습 결과를 평가하고, 목표 달성 여부를 확인한다.
- **멘토링 종료**: 멘토링 기간이 종료되면 학생들과 함께 멘토링의 성과를 돌아보고, 이후의 계획을 논의한다.
- **후속 지원 제공**: 멘토링 종료 후에도 필요한 경우 추가적인 지원이나 자원을 제공한다.

(2) 선발과 교육

멘토링의 성패를 좌우하는 결정적인 요소는 바로 멘토의 선발과 교육이라고 할 수 있다. 멘토의 자질에 따라 멘티의 만족도 차이가 크기 때문에 선발과 교육에 관심과 주의를 기울여야 한다.

① 멘토 선발

멘토링의 목적에 따라 적합한 멘토를 선발한다. 멘토는 조직의 가치관이나 비전에 대해 충분히 이해하고 올바른 가치관과 태도를 가진 사람으로 선발한다. 멘토가 부정적 인식을 가지고 있으면 멘티에게 오히려 조직에 대해 잘못된 이미지를 심어줄 수 있다. 또한 멘토는 담당 분야에 대해 전문적 지식과 노하우를 가지고 있어야 한다. 인재 육성에 대한 리더십이 있고 롤모델이 될 수 있는 사람으로 선발한다. 대상자에게 멘토링의 목적과 기간, 역할을 미리 알려서 멘토링 기간 중 이탈하거나 예상하지 못한 상황이 발생하지 않도록 한다.

② 멘토 교육

멘토 선발 이후 멘토 교육을 실시한다. 멘토링의 성패를 좌우하는 중요한 단계이다. 멘토의 역할과 멘토링 기간 동안 어떤 역할과 활동을 해야 하는지 상세히 전달한다. 또한 앞에서 언급한 멘토링 능력 척도와 멘토의 역할 모델 등을 활용해 멘토의 태도와 자세에 대한 교육을 하여 멘토의 리더십을 확보할 수 있도록 한다. 멘토의 태도와 자세 이외에 멘토 교육에 포함되어야 할 내용은 다음과 같다.

- **체계적인 매뉴얼 제공**: 효과적인 멘토링을 위해 멘토가 멘티에게 어떤 과제를 주고, 활동을 해야 하는지를 정확히 알려준다. 업무의 특성에 따라 소단위의 작업 또는

미션으로 멘티에게 제시하고, 멘티가 활동 종료 후 멘토가 확인할 수 있는 소통체계를 마련하도록 해 준다.

- **평생교육자와 멘토의 소통체계 확보**: 평생교육자는 모니터링을 위해서 멘토가 정해진 활동 단위를 마치면 결과를 보고하도록 하고, 멘토의 어려운 점이나 개선 사항 등에 대한 의견을 청취한다.
- **핵심 주의사항 전달**: 멘토의 지위를 이용하여 멘토링 이외의 일을 부여하지 않는다. 이성이나 동성에 상관없이 적절한 예의를 지키고 너무 허물없이 대하는 관계가 되지 않도록 주의한다. 멘토의 말 한마디의 의미가 크므로 비난이나 편향된 사고방식, 강요가 되지 않도록 주의한다.
- **이성 간의 멘토링 주의점**: 전문가다운 행동을 위한 지침을 제공한다. 이성 간의 멘토링인 경우 옷차림이나 성적인 암시나 농담, 불필요한 신체접촉에 특히 주의한다. 전문적 관계와 이성적 관계를 분명히 분리해야 하며 멘토가 지나치게 열정적인 태도를 보일 경우 개인적 관심으로 오해할 수 있음을 경계한다.

6) 기대효과와 활용

(1) 멘토링의 기대효과
멘토링 제도는 조직은 물론 멘토나 멘티에게 많은 이점을 제공해 줄 수 있다.

① 조직 차원에서 멘토링의 효과
- **조직 내 지식을 이전하는 효과**: 멘토링은 멘토의 머릿속에 가지고 있는 지식을 멘티에게 이전시켜 줌으로써, 특정 사람이 조직을 떠나더라도 조직 내에 중요한 지식을 남겨두는 효과가 있다.
- **조직의 핵심 가치나 조직 문화를 강화/유지하는 데 기여**: 멘토링은 공통의 문화적 가치나 조직이 기대하는 바를 구성원들의 마음속에 심어줌으로써, 공동체 의식과 회사에 대한 몰입을 강화시키는 효과가 있다.
- **인재 육성**: 멘토링의 가장 중요한 기능 중의 하나로서 업무에 필요한 기술과 역량을 습득하도록 유도함으로써, 핵심 인력이나 리더를 육성할 수 있다.

② 개인 차원에서 멘토링의 효과
- **멘티의 이익**: 조직 생활에 신속히 적응하는 데 도움을 준다. 선배나 동료와의 관계 등과 같은 전반적인 조직 생활이나 담당 업무에 대해 상시적으로 조언을 얻고 대응함으로써, 자신감 있는 생활이 가능하다는 것이다.
- **멘토의 이익**: 멘티를 지도하면서, 조직 내에서는 접하기 힘들었던 새로운 지식을 배울 수 있으며, 젊은 세대의 가치관이나 관점에 대해 이해할 수 있는 계기도 된다. 또한 멘티를 지도/조언하면서 대인관계 기술이나 리더십 역량도 향상시키는 효과도 얻을 수 있다.

(2) 멘토링의 활용

성인학습자들이 새로운 직업으로 이전하거나 이전에 경험하지 않았던 분야에 진입할 때 멘토링을 통해 새로운 경험을 하도록 적용할 수 있다. 특히 장애를 가지고 있거나 비전통적 배경을 가진 학습자의 경우 멘토링 제도를 유용하게 적용할 수 있다. 또한 지역사회의 구성원을 멘토로 활용하여 지역사회 활동에 자연스럽게 유입되도록 하거나 안내할 수 있다. 향후 멘토링 프로그램이 IT 기술과 접목되어 대면 활동과 비대면 활동 등으로 다양하게 활용될 것으로 예상된다.

2. 코칭

1) 정의

코칭(coaching)은 고객의 개인적, 전문적 가능성을 최고로 발휘할 수 있도록 영감을 불어 넣고 고객이 당면한 주제나 문제에 대해 생각을 불러일으키게 하는 창의적인 프로세스 안에서 고객과 파트너 관계를 맺는 것으로 정의한다(International Coaching Federation: ICF). 코칭을 개인과 조직의 잠재력을 극대화하여 최상의 가치를 실현할 수 있도록 돕는 수평적 파트너십으로 정의하고 있다((사)한국코치협회, 2024). 대표적인 학자로는 Peterson과 Hicks(1996), Gallwey(2001), Whitmore(2002) 등이 있으며, 학자들의 정의를 살펴보면, 고객의 성장과 발전을 위해 상호 신뢰적인 파트너십이라는 공통점을 찾을 수 있다.

● 표 8-2   여러 학자들에 따른 코칭의 정의

학자	정의
Peterson & Hicks (1996)	코치와 고객 간의 상호 신뢰 관계를 바탕으로 현장에서 직면한 문제의 해결과 개인의 능력 개발을 목적으로 고객에게 영향력을 미치는 것
Gallwey (2001)	성과 향상을 위해 개인의 잠재 능력을 발휘할 수 있도록 일깨워 주는 것
Whitmore (2002)	개인의 잠재력을 개발하여 수행을 극대화하기 위해 스스로 학습하도록 돕는 것
Cox et al. (2010)	구조화되고 집중적인 상호작용과 적절한 전략, 도구 및 기법을 통해 고객에게 지속적인 변화를 촉진하는 개발 과정
박윤희, 기영화(2009)	고객이 변화하고 성장할 수 있도록 돕는 협력적인 파트너십
도미향(2017)	고객의 변화와 성장에 관심을 두고, 개인의 변화와 발전을 지원하여 잠재력을 극대화하며, 이를 통해 자기의 삶을 주도적으로 이끄는 리더로 성장시키는 파트너십 과정

출처: 정용석(2024), p. 11.

코칭은 '일대일 상호작용을 통한 개입'이라는 유사성 때문에 멘토링, 카운셀링과 비교되는 경우가 많지만 코칭은 도제형 멘토링이나 치료 및 과거중심적인 카운셀링과는 달리 세분화되고 구조화된 프로세스를 바탕으로 개인들이 현재 직면하고 있는 문제와 해결방법을 인식할 수 있도록 돕는다.

일반적으로 코칭은 고객의 변화와 성장에 대한 관심을 기반으로 개인의 변화와 발전을 지원하고 잠재력을 극대화시키며, 자기의 삶을 주도적으로 이끄는 리더로 고객을 성장시키기 위한 파트너십 과정(partnership process)이라는 점이 공통적인 정의이다. 코칭의 효과성이 널리 알려지면서 리더십, 경영이슈, 성과를 주제로 하는 비즈니스코칭(business coaching), 삶에서 일어나는 다양한 주제를 다루는 라이프코칭(life coaching)으로 발전되어 왔을 뿐만 아니라, 직업과 진로에 관한 커리어코칭(career coaching) 등 가족, 의료, 부모, 학습, 다문화 분야 등 그 범위와 형태가 다양해졌다.

2) 배경

코칭이란 개인이 지닌 능력을 최대한 발휘하여 목표를 이룰 수 있도록 돕는 일을 가리키는 말이다. 개인의 목표를 성취할 수 있도록 자신감과 의욕을 고취시키고, 실력과 잠재력을 최대한 발휘할 수 있도록 돕는 일을 의미한다. '코칭(coaching)'이라는 용어는 커다란 사륜마차를 가리키는 '코치(coach)'로부터 비롯된 것으로, 사람을 목적지까지 운반한다는 의미에서 목표점에 다다를 수 있도록 인도한다는 의미로 변화하였다. 1830년 영국 옥스퍼드 대학에서 학생들의 시험통과를 돕는 가정교사 일을 가리키는 말로 사용되었고, 1861년에 이르러 스포츠 분야에서 사용되기 시작하였다. 코칭은 계약관계로 맺어지고, 개인의 변화와 발전을 지원하는 수평적이고 협력적인 파트너십에 중점을 둔다. 성취를 이루려는 개인과 적극적으로 커뮤니케이션하고, 동기부여와 믿음을 심어주며, 스스로 문제점을 찾아 해결할 수 있도록 도와주는 일이라고 할 수 있다.

3) 철학과 특징

(1) 코칭의 철학

코칭 철학은 로저스(Rogers, 1980)의 인본주의와 칼 융(Carl Jung)의 유기체적 존재론을 기본적인 관점으로 하고 있다. 로저스(Rogers, 1980)는 인간은 자기 자신을 이해하고 자기의 생각과 태도 및 행동을 변화시킬 수 있는 자원을 자신의 내부에 갖고 있으며 바람직한 환경이 제공된다면 그 자원을 일깨울 수 있다고 보고 있다. 융은 그의 저서 『심리학적 유형(Psychological Types)』에서 유기체적 존재론을 언급했다. 이 책에서 그는 인간의 심리와 행동을 설명하기 위해 유기체적 접근 방식을 취하고 있으며, 인간을 자기를 실현해 가는 유기체적 존재로 보았다. 인간은 무한한 가능성, 지혜의 보고, 무의식이 있고, 이 무의식의 의식화 작업을 통해서 자신의 삶에 필요한 지혜를 얻고, 그 지혜를 실제 삶에 반영함으로써 행동으로 옮길 수 있다고 하였다. 이는 코칭이 대상을 바라보는 관점이 긍정적인 인간관에 기반하고 있으며, 고객이 문제해결을 위해 자신이 지닌 자원이나 강점을 좀 더 효과적으로 활용하기 위하여 파트너가 필요하다는 관점과 코칭의 미래지향 커뮤니케이션 방식에 영향을 주었다(배용관, 2020).

이러한 근거를 바탕으로 국제코칭연맹(ICF)은 모든 사람은 창조적이고, 자원이 풍부하고, 전인적이라고 코칭 철학에 명시하고 있으며, 히데타케 에노모토(Hidetake Ennomoto, 2004)는 "모든 사람은 무한한 가능성이 있으며 필요한 해답은 그 사람 내부에 있고, 해답을 찾기 위해서는 파트너가 필요하다."는 원칙을 제시하고 있다. 무엇보다 코칭 철학에서는 스스로 답을 찾는 자율성과 주도성, 그리고 잠재력을 가진 존재로서 고객을 보며 자기 내부의 답을 찾고 자원을 활용하기 위해 고객의 파트너인 코치의 역할을 강조하고 있다.

코칭의 정의와 코칭 철학을 종합해 보면 코칭은 개인의 자아실현과 성장을 위하여 고객 스스로 목표를 정하며 그 목표를 달성할 수 있도록 코치가 지지해 주고 지원하는 과정이라고 할 수 있다. 따라서 코칭이 성공적으로 이루어지기 위해서는 코치의 역할과 코칭 역량이 매우 중요하다.

(2) 코칭의 특징

인본주의적 관점과 긍정적 인간관에 기반하여 코칭의 특징을 다음 아홉 가지로 정리할 수 있다(도미향, 2021).

① 고객 중심

코칭은 고객 중심적이다. 코치는 고객과 상호작용을 통해 고객의 코칭 목표를 파악하고 이를 중심으로 코칭이 진행된다. 경우에 따라 클라이언트와 조직의 목표가 다를 수도 있다. 이런 경우라 하더라도 고객의 목표를 우선해서 집중하여 최종적으로 클라이언트가 원하는 목적지에 도달하도록 돕는다. 장기적으로 이것이 조직의 이익에도 부합한다고 보기 때문이다.

② 질문 중심

코칭은 질문을 통해 고객이 생각을 확장하도록 돕는다. 질문을 통해 고객이 자신의 깊은 내면과 욕구를 살피고 자신을 자세히 성찰하도록 돕는다.

③ 성장 지향

코칭은 고객이 성장하도록 지지한다. 고객이 자신의 잠재력을 발휘하고 지속적인 발전을 추구할 수 있도록 돕는다.

④ 협력적 관계

코치와 고객은 서로 수평적이고 협력적 관계이다. 서로 협력하여 목표를 달성하는 상호파트너적 역할을 인식한다.

⑤ 현재 집중

코치는 과거보다 현재에 집중한다. 미래의 목표를 위해 현재 나의 상태를 점검하고 지금부터 할 수 있는 것을 중심으로 실행하도록 돕는다.

⑥ 자기주도적

코칭은 고객이 스스로 주도적 변화를 하도록 돕는다. 고객이 스스로 문제를 인식하고 해결방법을 생각하고 실행에 옮기도록 지지한다.

⑦ 과정 중시

코칭은 과정에서 가치를 발견한다. 과정 속에서 발견한 가치를 인정하고 자신의 자원으로 활용할 수 있도록 돕는다.

⑧ 유연성

코칭은 상황에 따라 유연하게 진행한다. 고객의 반응에 따라 적절한 대응을 하며 유연하게 진행한다.

⑨ 전문성

코칭은 전문적인 지식과 기술을 보유한다. 코치는 고객에게 도움이 되기 위한 연구와 과정에 대해 꾸준히 학습하고 전문성을 높이기 위해 노력한다.

(3) 코칭과 유사 영역 비교

코칭과 유사 영역을 비교하면 코칭의 특징을 더 명확히 할 수 있다. 컨설팅은 문제를 진단하고 고객에게 솔루션을 주는 것인 데 반해 코칭은 답을 주지 않는다. 왜냐하면 코치의 선서에도 있듯이 모든 사람은 무한한 잠재력이 있다고 믿고, 누구나 내면에 자신의 문제를 스스로 해결할 수 있는 자원을 가지고 있다고 믿기 때문이다. 코치는 고객이 가지고 있는 잠재력을 스스로 이끌어 낼 수 있도록 돕는 역할로서 답은 클라이언트가 찾아가는 과정이다.

멘토링과의 차이점은 멘토링은 지식과 경험이 풍부한 사람이 상대방에게 전달해 주는 수직적인 관계인 반면, 코칭은 창의적이고 온전성을 추구하고자 하는 개인과 조직에 최상의 가치를 실현할 수 있도록 돕는 수평적 관계이다. 또한 카운셀링은 과거 고객이 받은 마음의 상처나 트라우마를 치유하여 정상적으로 활동할 수 있도록 하는 데 반해, 코칭은 고객이 원하는 미래의 꿈에 도달하게 하거나 현재의 주요 과제를 스스로 해결하도록 도움을 주는 프로세스라는 차이가 있다(김영헌, 2023. 6. 5.).

4) 코치와 코칭의 역량

(사)한국코치협회는 코칭 역량에 관해 선행연구를 종합하여 2018년 대한민국 코치대회에서 코치다움과 코칭다움의 KCA(Korea Coach Association) 코칭역량 표준 모델을 발표했다. 코치다움은 코치로서 개인의 삶과 코칭 현장에서 코칭 윤리를 실천하며, 자기인식과 자기관리를 바탕으로 전문계발을 해나가는 것이고, 코칭다움은 코칭 현장에서 고객과 관계를 구축하고, 적극경청과 의식확장을 통해 고객의 성장을 지원하는 것이다. 즉, (사)한국코치협회는 코칭의 핵심역량으로 코치다움에 윤리실천, 자기인식, 자기관리, 전문계발 4개 역량, 코칭다움에 관계구축, 적극경청, 의식확장, 성장지원 4개 역량으로 총 8개 역량을 정리하였다((사)한국코치협회).

(1) 코치의 역량(코치다움)

● 표 8-3 　코치다움

역량	정의	핵심요소	행동지표
윤리 실천	(사)한국코치협회에서 규정한 기본 윤리, 코칭에 대한 윤리, 직무에 대한 윤리, 고객에 대한 윤리를 준수하고 실천한다.	• 기본 윤리 • 코칭에 대한 윤리 • 직무에 대한 윤리 • 고객에 대한 윤리	• 코치는 기본 윤리를 준수하고 실천한다. • 코치는 코칭에 대한 윤리를 준수하고 실천한다. • 코치는 직무에 대한 윤리를 준수하고 실천한다. • 코치는 고객에 대한 윤리를 준수하고 실천한다.
자기 인식	현재 상황에 대한 민감성을 유지하고 직관 및 성찰과 자기평가를 통해 코치 자신의 존재감을 인식한다.	• 상황 민감성 유지 • 직관과 성찰 • 자기 평가 • 존재감 인식	• 지금 여기의 생각, 감정, 욕구에 집중한다. • 생각, 감정, 욕구가 발생하는 배경과 이유를 감각적으로 알아차린다. • 직관과 성찰을 통해 자신의 생각, 감정, 욕구가 미치는 영향을 인식한다. • 자신의 특성, 강약점, 가정과 전제, 관점을 평가하고 수용한다. • 자신의 존재를 인식하고 신뢰한다.

			• 코치는 코칭을 시작하기 전에 신체적, 정신적, 정서적 안정을 유지한다.
자기 관리	신체적, 정신적, 정서적 안정 및 개방적, 긍정적, 중립적 태도를 유지하며 언행을 일치시킨다.	• 신체적, 정신적, 정서적 안정 • 개방적, 긍정적, 중립적 태도 • 언행일치	• 코치는 다양한 코칭 상황에서 침착하게 대처한다. • 코치는 솔직하고 개방적인 태도를 유지한다. • 코치는 긍정적인 태도를 유지한다. • 코치는 고객의 기준과 패턴에 대한 판단을 유보하고 중립적인 태도를 유지한다. • 코치는 말과 행동을 일치시킨다
전문 계발	코칭 합의와 과정 관리 및 성과 관리를 하고 코칭에 필요한 관련 지식, 기술, 태도 등의 전문 역량을 계발한다.	• 코칭 합의 • 과정 관리 • 성과 관리 • 전문 역량 계발	• 고객에게 코칭을 제안하고 협의한다. • 고객과 코칭 계약을 하고, 코칭 동의와 코칭 목표를 합의한다. • 코칭 과정 전체를 관리하고 이해관계자를 포함한 고객과 소통한다. • 고객과 합의한 코칭 주제와 목표에 대한 성과를 관리한다. • 코칭에 필요한 관련 지식, 기술, 태도 등의 전문 역량을 계발한다.

출처: (사)한국코치협회.

(2) 코칭의 역량(코칭다움)

● 표 8-4 **코칭다움**

역량	정의	핵심요소	행동지표
관계 구축	고객과의 수평적 파트너십을 기반으로 신뢰감과 안전감을 형성하며 고객의 존재를 인정하고 진솔함과 호기심을 유지한다.	• 수평적 파트너십 • 신뢰감과 안전감 • 존재 인정 • 진솔함 • 호기심	• 코치는 고객을 수평적인 관계로 인정하며 대한다. • 고객과 라포를 형성하여 안전한 코칭 환경을 유지한다. • 고객에게 긍정 반응, 인정, 칭찬, 지지, 격려 등의 언어를 사용한다. • 고객의 특성, 정체성, 스타일, 언어와 행동 패턴을 알아주고 코칭에 적용한다. • 코치는 고객에게 자신의 생각, 느낌, 감정, 알지 못함, 취약성 등을 솔직하게 드러낸다. • 코치는 고객의 주제와 존재에 대해서 관심과 호기심을 유지한다.

적극 경청	고객이 말한 것과 말하지 않은 것을 맥락적으로 이해하고 반영 및 공감하며, 고객 스스로 자신의 생각, 감정, 욕구, 의도를 표현하도록 돕는다.	• 맥락적 이해 • 반영 • 공감 • 고객의 표현 지원	• 고객이 말한 것과 말하지 않은 것을 맥락적으로 헤아려 듣고 표현한다. • 눈 맞추기, 고개 끄덕이기, 동작 따라하기, 어조 높낮이와 속도 맞추기, 추임새 등을 하면서 경청한다. • 고객의 말을 재진술, 요약하거나 직면하도록 돕는다. • 고객의 생각이나 감정을 이해하며, 이해한 것을 고객에게 표현한다. • 고객의 의도나 욕구를 이해하며, 이해한 것을 고객에게 표현한다. • 고객이 자신의 생각, 감정, 의도, 욕구를 표현하도록 돕는다.
의식 확장	질문 기법 및 도구를 활용하여 고객의 의미 확장과 구체화, 통찰, 관점 전환과 재구성, 가능성 확대를 돕는다.	• 질문 기법과 도구 활용 • 의미 확장과 구체화 • 통찰 • 관점 전환과 재구성 • 가능성 확대	• 긍정적, 중립적 언어로 개방적 질문을 한다. • 고객의 상황과 특성에 따라 침묵, 은유, 비유 등 다양한 기법과 도구를 활용한다. • 고객의 말에서 의미를 확장하도록 돕는다. • 고객의 말을 구체화하거나 명료화하도록 돕는다. • 고객이 알아차림이나 통찰을 하도록 돕는다. • 고객이 관점을 전환하거나 재구성하도록 돕는다. • 고객의 상황, 경험, 사고, 가치, 욕구, 신념, 정체성 등의 탐색을 통해 가능성 확대를 돕는다.
성장 지원	고객의 학습과 통찰을 정체성과 통합하고, 자율성과 책임을 고취한다. 고객의 행동 전환을 지원하고, 실행 결과를 피드백하며 변화와 성장을 축하한다.	• 정체성과의 통합 지원 • 자율성과 책임 고취 • 행동 전환 지원 • 피드백 • 변화와 성장 축하	• 고객의 학습과 통찰을 자신의 가치관 및 정체성과 통합하도록 지원한다. • 고객이 행동 설계 및 실행을 자율적이고 주도적으로 하도록 고취한다. • 고객이 실행 계획을 실천할 수 있는 후원 환경을 만들도록 지원한다. • 고객이 행동 전환을 지속하도록 지지하고 격려한다. • 고객이 실행한 결과를 성찰하도록 돕고, 차기 실행에 반영하도록 지원한다. • 고객의 변화와 성장을 축하한다.

5) 코칭 프로세스와 코칭 모델

(1) 코칭 프로세스

코칭은 보통 코치와 고객과의 인터뷰에 의해서 시작된다. 목표로 하는 것, 기간, 성과의 평가 방법, 코치 비용을 명확하게 한다. 그 후, 주 1회 혹은 정기적인 간격으로 전화 또는 대면에 의한 코칭 세션을 실시한다.

코칭의 프로세스는 일반적으로 다음과 같은 단계로 구성된다.

① 목표 설정(goal setting)
- **목표 정의**: 코치와 코칭 대상자가 함께 목표를 명확히 정의한다. 이 목표는 구체적이고 측정 가능하며 달성 가능한 것이어야 한다.
- **기대치 설정**: 목표를 달성하기 위한 기대치를 명확히 하고, 코칭 과정에서 어떤 결과를 원하는지 설정한다.

② 현황 분석(assessment)
- **현재 상황 평가**: 코칭 대상자의 현재 상태를 평가하고, 강점과 약점, 기회와 위협을 분석한다.
- **데이터 수집**: 필요한 경우 다양한 평가 도구와 방법을 사용하여 데이터를 수집한다.

③ 계획 수립(planning)
- **행동 계획 개발**: 목표 달성을 위한 구체적인 행동 계획을 수립한다. 이 계획은 단계별로 이루어져야 하며, 각 단계마다 필요한 자원과 지원을 고려한다.
- **타임라인 설정**: 목표 달성을 위한 일정과 목표 달성을 위한 성과표시(마일스톤)를 설정한다.

④ 실행(action)
- **계획 실행**: 수립한 행동 계획을 실천에 옮긴다. 이 과정에서 코치는 코칭 대상자가 계획대로 행동하도록 지속적으로 지원하고 격려한다.
- **모니터링**: 진행 상황을 지속적으로 모니터링하고, 필요한 경우 계획을 수정하거나

조정한다.

⑤ 피드백 및 조정(feedback and adjustment)

- **피드백 제공**: 코칭 대상자가 수행한 행동에 대해 피드백을 제공한다. 피드백은 구체적이고 건설적이어야 하며, 목표 달성에 어떻게 도움이 되는지 설명해야 한다.
- **조정 및 개선**: 피드백을 바탕으로 행동 계획을 조정하고 개선점을 반영하여 다음 단계로 나아간다.

⑥ 평가 및 성과 검토(evaluation and review)

- **성과 평가**: 코칭 과정의 결과를 평가한다. 목표 달성 여부와 성과를 측정하고, 성공한 부분과 개선이 필요한 부분을 검토한다.
- **리뷰 및 피드백**: 코칭 대상자와 함께 전체 과정을 리뷰하고, 향후 발전을 위한 피드백을 나눈다.

⑦ 종료 및 후속 조치(closure and follow-up)

- **코칭 종료**: 코칭 과정을 공식적으로 종료하고, 목표 달성 여부를 최종 확인한다.
- **후속 지원 계획**: 필요에 따라 후속 지원 계획을 마련하여 코칭 대상자가 지속적으로 성장할 수 있도록 도와준다.

이와 같은 코칭 프로세스를 통해 코칭 대상자는 자신의 목표를 명확히 하고, 이를 달성하기 위한 구체적인 계획과 행동을 통해 성과를 높일 수 있다.

(2) 코칭 모델

코칭에 대한 기본 자세에 기반하여 코칭 프로세스를 진행하게 되는데 가장 기본적이고 대표적인 모델로 '그로우(GROW) 모델'을 소개할 수 있다. Goal, Reality, Option, Will의 약어로서 목표를 설정하고 문제를 해결하는 데 도움을 주는 효과적이고 구조화된 코칭 프로세스라고 할 수 있다. 각 단계별 질문을 통해 클라이언트가 자신의 현실을 다각도로 살펴보고 대안을 탐색하고 실천 의지를 높이는 것을 목표로 한다.

그로우(GROW) 모델은 문제해결이나 목표 설정을 위한 기법으로 영국에서 개발되어 1980년대와 90년대에 기업 코칭에서 광범위하게 사용되었다. 이 모델은 알렉산더 (Graham Alexander), 파인(Alan Fine), 위트모어 경(Sir John Whitmore)이 창시자로 알려져 있다. 특히 위트모어(Whitmore, 2002)의 저서 『수행을 위한 코칭(Coaching for Performance)』이 출간되면서 GROW 모델이 유명해졌다.

코칭 심리학의 접근 중 이 모델은 행동주의 코칭(behavioral coaching)의 대표적인 모델이다. 행동주의 코칭은 피코치자가 직업적 삶과 개인적 삶에서 가치 있고 지속적인 변화를 성취하는 데 장애물을 제거하고 역량을 개발하도록 돕기 위해 코치와 피코치 간에 설정한 구조화되고 과정이 중심이 된 관계이다. 이 관계에서 진단, 가치와 동기 조사, 측정 가능한 목표, 행동 계획, 타당한 도구 등을 사용한다.

그로우(GROW)의 의미

- G-목표(goal)
- R-현실(reality)
- O-선택(option)
- W-의지 혹은 결론(will/wrap-up)

① 목표 설정(goal setting)

목표 설정은 모델에서 가장 중요한 부분이다. 피코치자는 장기 목표, 단기 목표, 회기별 목표, 코칭 안건별 목표 등을 설정한다. 예를 들어, 코치가 "당신은 이 코칭 세션을 통해 무엇을 얻고 싶습니까?"라는 질문을 할 수도 있다. 목표는 적절하고 도전적이어야 한다. 코치는 피코치자로 하여금 목표에 대한 주인의식을 갖도록 해야 한다. "이 목표는 누구의 것입니까?"라는 물음을 해야 한다.

② 현실(reality)

피코치자가 현재 어떤 상황에 있으며 어떤 일이 일어나고 있는가를 탐색한다. 현재의 이슈는 무엇이며, 그것이 목표로부터 얼마나 멀어져 있는가를 점검한다. 목표는 현실적이고 객관적이어야 한다. 그래야 피코치자가 너무 비현실적인 목표를 설정했다가 초기에 실패를 경험하고 괴로워하지 않는다. 코치는 피코치자로부터 무엇이 효과적이었고 무엇이 그렇지 않았는지에 대해 피드백을 받아야 한다.

③ 선택(option)

코치는 피코치자로 하여금 목표를 달성하기 위한 구체적인 세부 방법의 목록을 만들고 이에 해당하는 실천 계획을 만들게 해야 한다. 여러 선택 목록을 만듦으로써 피코치자가 선택할 수 있는 폭을 최대화할 수 있다. 피코치자가 할 수 없으리라 부정적으로 가정하고 가능한 옵션을 제한하는 것을 방지하기 위해 목록 작성 시 어떠한 비판이나 평가도 하지 말아야 한다. "당신의 목표를 달성하기 위해 사용 가능한 옵션은 무엇이 있습니까?"라는 질문을 할 수 있을 것이다. 한 회기가 끝날 무렵에는 "옵션을 하나만 더 생각해 볼 수 있습니까?"라는 질문으로 도움을 줄 수 있다. 목록이 완성되면 코치와 피코치자가 함께 우선순위와 실천 가능성에 기반해 분류한다.

④ 의지/결론(will/wrap-up)

전형적인 코칭과 마찬가지로 GROW 모델도 미래 지향적이다. 회기가 끝나갈 때 피코치자에게 "이제 무엇을 할 것입니까?"라는 질문을 할 수 있다. 또 "언제까지 실천할 겁니까?" "궁극적인 목표를 달성하는 데 이 노력이 어떤 도움이 될 수 있습니까?" "그 걸림돌을 어떻게 제거하겠습니까?" "그 걸림돌을 제거하는 데 누구의 도움을 얻겠습니까?" 등의 질문도 할 수 있다.

(3) 단계별 질문 활용
① 1단계(goal): 목표 설정

이 단계에서는 논의할 주제와 목표, 기대성과에 대해 코치가 아닌 고객이 스스로 정하게 한다. 다음과 같은 목표 설정 질문을 통해 코칭으로 얻고자 하는 목표를 고객과 코치 간에 설정한다.

- 무엇에 대해 이야기하고 싶은가?
- 어떻게 되길 바라는가?
- 가장 시급하고 중요한 이슈가 무엇인가?
- 본인의 가장 이상적인 모습은 무엇인가?
- 그렇게 된다면 어떤 의미가 있는가?
- 그것이 진짜로 당신이 원하는 것인가?

- 목적을 달성하면 얼마나 삶을 통제할 수 있고 영향력을 가질 수 있는가?
- 언제까지 그것을 얻으려 하는가?
- 당신이 확인해 볼 수 있는, 시한이 정해진 중간 단계는 어떤 것들이 있는가?

② 2단계(reality): 현실인식

이 단계는 고객이 어떤 상황에 있는지 스스로 다각도로 살펴보도록 하는 것이 핵심이다. 코칭 중에는 공감과 긍정적 반응을 하도록 하고 절대로 사실에 대한 가치 판단은 하지 않는다. 또한 코치는 성급한 가정을 하지 않도록 한다. 다음 질문들을 통해 궁극적으로 문제에 대해 통합된 시야에서 재인식하게 하는 것이 목표이다.

- 현재 상황은 어떤가?
- 지금 목표 대비 어디에 와 있는가?
- 당신은 현재 상황에 대해 어떤 결정을 얼마나 하고 있는가?
- 당신을 제외하고 이 문제의 영향을 받는 사람은 누구인가?
- 당신이 이 문제에 대해 대책을 세우려 한다는 것을 누가 알고 있는가?
- 당신은 그 결과에 대해 어느 정도의 책임을 갖고 있는가?
- 이 이슈가 해결되면 어떤 유익이 있다고 생각하는가?
- 행동을 취하는 데 어떤 내부 장애 요소나 개인적 반대가 있겠는가?
- 어떤 자원을 가지고 있는가?(예: 기술, 시간, 열의, 돈, 지원)
- 어떤 자원이 더 필요한가? 그 자원은 어디서 얻을 수 있겠는가?
- 정말로 문제가 되는 것은 무엇인가? 문제의 본질은 무엇인가?
- 당신의 현재 삶에 점수를 매긴다면 10점 만점에 몇 점 정도 되는가?
- 그 일이 해결되지 않으면 어떤 영향이 있는가?
- 무엇 때문에 이 문제가 일어났는가?
- 이를 해결하기 위해 지금까지 어떤 노력을 해왔는가?
- 더이상 하고 싶지 않은 것이 있다면 무엇인가?
- 당장 극복해야 할 가장 시급한 장애물은 무엇인가?

③ 3단계(option): 대안탐색

통찰력이 생겼다면 어떤 변화된 행동을 통해 목표를 실현할 것인가에 대한 대화로 현실성이 없는 이상적인 대안에 매달리지 않도록 한다. 다음과 같은 질문들을 통해서 현실적으로 가능한 대안을 탐색하도록 돕는다.

- 이 문제를 해결할 수 있는 방법은 어떤 것들이 있는가?
- 구체적으로 해결 리스트를 만들어 보라.
- 그 외에 또 어떤 것을 해 볼 수 있는가?
- 시간, 예산이 더 많다면, 혹은 당신이 사장이라면 무엇을 하겠는가?
- 지금까지 해 보지는 않았지만 꼭 해야 할 것으로 생각하는 것은 무엇인가?
- 처음부터 새로운 팀과 다시 시작한다면 어떻게 하겠는가?
- 장기적인 관점에서 볼 때, 가능한 대안은 무엇인가?
- 어떤 대안이 최상의 결과를 가져다줄 것 같은가?
- 이 대안들의 장단점은 무엇인가?
- 10년 후에 이 순간을 돌이켜 본다면 무엇을 해 보고 싶은가?
- 당신의 절친이 이런 상황에 놓여 있다면 뭐라고 조언해 주고 싶은가?
- 그것을 얻게 되는 대신에 어떤 것을 잃을 수 있는가?
- 어떤 방법이 더 효과적인가?
- 그것을 극복하기 위해 무엇을 할 수 있는가?
- 또 다른 대안이 있다면 어떤 방법이 있는가?
- 누구에게 도움을 받을 수 있는가?
- 당신이 보다 용기가 있다면 무엇을 해 보고 싶은가?

④ 4단계(will): 의지확인

앞 단계에서 나온 대안에서 고객이 스스로 실천하고 싶은 것을 직접 선택하게 하고 스스로 책임감을 느끼도록 한다. 구체적으로 실천할 수 있는 실행의지력을 점검하는 다음의 질문들을 활용할 수 있다. 또한 행동계획을 실행에 옮겼을 때 자기보상 시스템을 마련하고, 예상되는 어려움이나 장애 요인도 미리 점검하여 실행력을 높일 수 있도록 한다. SMART 기법을 사용하여 실행 계획이 구체화되도록 돕고, 이때 코치가 생각하는 방향으로 고객을 유도하는 것이 아니라 고객 스스로 결정하도록 한다.

- 지금까지 이야기한 것 중 어떤 게 현실적이라고 생각되는가?
- 당신은 어떤 대안을 선택하겠는가?
- 최종 선택 방안에 대한 구체적인 실행 일정은 무엇인가?
- 이 대안은 당신의 목표 달성에 어느 정도 기여하는가?
- 당신의 성공 기준과 그 측정 방식은 무엇인가?
- 각 행동을 언제 시작해서 언제 마치려 하는가?
- 목표를 달성하는 데 어떤 장애 요소가 예상되는가?
- 어떤 지원이 필요하고 그 지원은 누구에게 받는가?
- 그 지원을 얻기 위해 언제 무엇을 하겠는가?
- 실행 의지를 1~10까지 수치로 나타내 보라.
- 실행 의지를 10으로 올리기 위해 당신은 무엇을 바꿀 수 있는가?
- 만일 당신의 계획을 실행하지 못한다면 어떤 영향을 미칠 것으로 생각되는가?
- 그것을 어떻게 해결할 것인가?
- 오늘 대화에서 무엇을 느꼈는가?
- 내가 무엇을 도와주면 좋겠는가?
- 이번 주 이번 달에 해야 할 일은 무엇인가?
- 그것을 어떻게 극복하겠는가?
- 언제쯤 중간점검을 해 볼 수 있는가?

SMART 기법 사용

- Specific: 그 계획은 구체적인가?
- Measurable: 그 계획은 측정 가능한가?
- Actionable: 그 계획은 행동으로 실행 가능한가?
- Realistic: 그 계획은 현실적인가?
- Timeline: 그 계획은 시의적절하고 시한이 정해져 있는가?

3. 경력개발

1) 정의

경력(career)이란 "한 개인이 일생 동안 직업 생활과 관련하여 얻게 되는 경험 및 활동에서 지각된 일련의 태도와 행위"를 의미한다. 경력개발(career development)이란 "개인의 경력목표를 설정하고 이를 달성하기 위한 경력계획을 수립하여, 조직의 욕구와 개인의 욕구가 합치될 수 있도록 설계된 경력경로를 통하여 각 개인의 경력을 개발하고 지원해 주는 활동"이라고 정의할 수 있다. 즉, 경력목표를 달성하기 위해 경력계획을 실천하는 과정으로서 직무이동, 교육훈련, 자기개발 등이 포함된다. 그리고 개인적인 경력계획을 달성하기 위하여 개인 또는 조직이 실제적으로 참여하는 활동을 총칭하기도 한다. 홀(Hall, 2002)은 "한 개인이 일생을 두고 일과 관련하여 얻게 되는 경력 및 활동에서 지각된 일련의 태도와 행위"로 정의하면서 한 개인이 조직에 몸을 담게 되면서 겪는 모든 경험의 과정을 의미한다고 하였다.

이렇듯 경력이란 어떤 일이든지 개인이 하는 평생의 모든 활동 및 관계 행동이라고 할 수 있다. 즉, 삶 속에서 진행되는 모든 일(totality of work)을 지칭하기 때문에 모든 사람은 근로자든 실업자든 경력을 가지고 있다고 해석할 수 있다. 피고용자의 활용도를 최적화하기 위하여 조직 내에서 피고용자를 계발 또는 승진시키는 데 쏟는 계획적·조직적 노력의 과정으로서, 일반적으로 경력개발에는 승진을 위한 경로를 계획하는 것, 개인적 성장의 기회를 마련하고 직무능력을 향상시키는 것, 피고용자의 능력과 적성에 맞는 목표를 세울 수 있도록 상담을 하는 것 등이 포함된다.

2) 요소

경력개발은 경력목표, 경력계획, 경력개발의 요소를 포함한다. 이와 같이 세 가지 요소를 갖는 경력개발을 정의해 보면 개인의 경력목표를 설정하고, 이를 달성하기 위한 경력계획을 수립하여, 조직의 욕구와 개인의 욕구가 합치될 수 있도록 각 개인의 경력을 개발하는 과정으로 이해할 수 있다.

- **경력목표**: 개인이 경력상 도달하고 싶은 미래의 직위
- **경력계획**: 경력목표를 설정하고 달성하기 위한 경력 경로를 구체적으로 선택하는 과정
- **경력개발**: 개인적인 경력계획을 달성하기 위하여 개인 또는 조직이 실제적으로 참여하는 활동

경력개발은 외적 환경의 급속한 변화와 기술 변화에 대응하기 위해 기업이나 조직에서 인적자원의 육성과 개발문제가 중요한 과제로 등장하면서 부각되었다. 이와 더불어 최근 근로자들의 가치관도 예전 직무 중심 가치관에서 근로생활의 질 중심 가치관으로 바뀌었다. 이러한 가치관 변화에 따라 직무를 개인의 자아실현이나 성장 욕구를 충족시킬 수 있도록 재설계하는 문제도 경력개발의 필요성을 강화시켰다. 경력개발은 사람들의 생애가 비교적 독특한 주제나 과제로 특징지어지는 일련의 단계를 거쳐 진행해 나가는 연속과정이라는 데 근거한다. 생애발달 개념과 유사한데, 경력개발 모형은 일과 관련된 문제에 좀 더 강조점을 둔다는 점이 다르다. 경력개발의 각 모형은 다소간의 차이가 있으며, 또 상당한 공통점도 가지고 있다.

먼저 사람들은 일정한 단계에 따라 점진적으로 나아가며 각 단계마다 일련의 과제와 도전해야 할 일을 만나게 된다. 또 각 단계마다 약간의 차이는 있지만 대략적인 연령범위도 설정되어 있다. 그리고 각 모형은 '일-가정-자기계발' 등과 모두 관련된 개인의 전반적인 삶의 시각에서 바라보고 있다. 사람은 비교적 예측 가능한 경력단계를 거치는데, 개인이 각 경력단계와 관련되어 개발할 과제를 이해한다면 각 경력단계에서 가장 적합한 목표와 전략을 개발할 수 있을 것이다.

3) 경력개발의 두 가지 차원

(1) 조직적인 차원

전통적인 경력 패러다임은 산업화 사회에서 조직을 운영해 온 방식과 깊은 연관성이 있다. 과거 산업사회에서는 위계적이고 수직적인 구조 속에서 구성원들은 주어진 업무를 묵묵히 수행하였다. 그 이면에는 그 조직에서 퇴직할 때까지 안정적인 고용이 보장된다는 심리적 계약이 존재하였다. 또한 조직에서의 적응 및 전략 방향에 따른 성공적

인 업무 수행과 개인의 학습과 성장이 균형을 이룬 경력관리가 요구된다. 조직의 경력 관리 활동은 조직 내 구성원들의 경력 욕구에 따라 경력계획을 수립하고 이와 관련된 조직 차원의 피드백 등을 의미한다.

설리반(Sullivan, 1999)은 전통적인 경력과 무경계 경력을 비교하여 설명하는데, 전통적 경력에서의 고용관계는 조직 충성도가 바탕이 된 직업 보장이다. 한 개 또는 두 개의 조직에 소속되며, 조직 고유의 기술을 습득한다. 경력 성공은 임금, 승진, 지위로 측정되며, 경력 관리 책임은 조직에 있고, 교육은 공식 프로그램으로 운영되며 경력개발의 단계는 연령에 관련되어 있었다. 이처럼 전통적인 패러다임에서 경력은 조직 내의 위치와 지위를 나타내는 것이었고, 산업사회에서 구성원들의 경력은 안정성이나 계급, 명확하게 정의된 직무와 지위, 그리고 승진과 같은 개념으로 인식되었다. 따라서 경력개발 자체가 굉장히 구조적이고, 자동적이며, 예측 가능한 활동이었다. 전통적인 의미에서 경력개발은 조직에서의 경력개발이란 조직에 맞게 특화된 지식이나 기술을 습득하여 수직적 경로를 따르는 것으로 생각해 볼 수 있다(김흥국, 2020).

(2) 개인적인 차원

최근 사회와 산업의 급속한 발전에 따라 새로운 의미의 경력개발이 대두되었다. 경력개발의 주체가 조직에서 개인으로 변화하였고, 개인이 스스로 자신의 가치와 시장성을 높이는 것이 중요하게 되었다. 그 이면에는 1990년대 이후의 노동시장의 유연화와 맞물려 경력 패러다임이 변화되고 있는 배경이 있다.

IMF 이후 평생직장의 개념은 사라지고, 개인들은 무한 경쟁 체제에 놓이게 되면서 조직에 대한 충성보다는 개인의 학습과 지속적인 능력 개발이 강조되었다. 이러한 변화속에서 전통적인 조직 중심의 위계적 경력개발에 맞추어 왔던 기존 관점에서 벗어나 개

● 표 8-5 경력개발의 두 가지 차원

조직적 차원	개인적 차원
조직 목표와 필요인력 구조 중심	개인의 목표, 능력, 흥미 중심
경력계획 및 개발을 위한 기회 제공	인생 단계에 따른 직업의 선택과 목표 인식
경력에 대한 전문적 과정 제공	자신의 평가
전문 경력을 위한 상담 및 프로그램 제공	대안 경로와 경력경로 계획의 수립
조직개발과 직무의 재설계	인생 주기에 따른 흥미와 목표 변화 고려

인 중심의 경력개발에 대한 논의가 활발해지고 있다.

무경계 경력(Boundaryless Career)은 이러한 개인적 차원의 경력개발로 조직 중심의 경력에서 벗어나 산업이나 직업에 기초를 두고 이루어지는 경력개발 개념이다. 무경계 경력은 아서와 루소(Arthur & Rousseau)가 1996년 제안한 개념으로, 전통적인 조직 경계를 넘어 개인이 자신의 경력을 주도적으로 관리하는 것을 강조한다. 이 개념은 현대의 불확실하고 변화하는 직업 환경에서 개인이 자신의 경력을 효과적으로 관리하고 발전시키는 데 중요한 접근 방식을 제시한다. 단일한 고용환경의 경계들을 초월하는 일련의 직무기회들을 의미한다. 조직 중심의 경력에서 벗어나 경력이 개별 기업이나 산업 등의 경계를 넘어 전개되는 점을 강조하는 개념이다. 종신고용의 감소, 새로운 형태의 직무 등장, 개인의 의식 변화 등으로 인해 등장하였으며, 조직 내에서의 이동을 강조하는 기존의 전통적 경력과는 다른 새로운 경력 패러다임으로 평가된다.

무경계 경력의 가장 큰 특징은 개인의 이동성(mobility)이다. 이로 인해 시장으로부터 가치를 인정받는 것이 중요하며 개인은 고용주로부터 독립된 경력정체성을 확립한다. 기존에는 주로 조직 내에 한정되어 네트워크가 이루어졌지만 무경계 경력에서는 조직의 경계를 벗어나 산업이나 직업에 기초를 두고 네트워크 형성이 이루어진다. 경력개발 측면에서는 개인의 책임이 증가하기 때문에 자기주도적 경력개발이 요구된다. 무경계 경력의 주요 특징은 다음과 같다.

- **조직 경계의 붕괴**: 전통적인 조직 경계에 제한되지 않고, 다양한 조직과 직무를 넘나들며 경력을 발전시킴.
- **자율성과 자기주도성**: 개인이 자신의 경력 경로를 주도적으로 관리하며, 목표와 가치를 기반으로 경력 결정을 내림.
- **다양한 경력 경험**: 여러 조직, 산업, 직무에서의 경험을 통해 다재다능한 역량을 개발하고, 직업 시장에서의 경쟁력을 높임.
- **지속적인 학습과 성장**: 변화하는 환경에 적응하기 위해 지속적으로 학습하고 성장하는 것을 강조.
- **네트워킹과 관계구축**: 조직 간의 경계를 넘나들며 네트워킹을 통해 새로운 기회를 탐색하고, 다양한 인적 자원을 활용.

● 표 8-6 전통적 경력개발과 무경계 경력개발 비교

구분	전통적 경력 관점	무경계 경력 관점
고용관계	충성도에 대한 직업 보장	성과와 유연성을 위한 고용 가능성
경계	한두 개의 회사	여러 회사
기술	회사 특정	전이 가능
성공 측정	급여, 승진, 지위	심리적으로 의미 있는 일
경력 관리 책임	조직	개인
훈련	공식 프로그램	직무 내 필요 내용
이정표	연령 관련, 선형적	학습 관련, 역동적
대표 학자	Levinson, 1978 Super, 1957	Arthur & Rousseau, 1996 Feldman, 1989

출처: Sullivan (1999), p. 458.

새롭게 변화하고 있는 경력 개념들은 결국 개인의 노력이 가장 중요함을 알 수 있다. 경력에 대한 책임에 있어서도 개인의 비중이 커지고 개인이 일에서 발견하는 의미와 성장이 경력 선택에서 중요해지며, 가치와 적성 등 주관적인 요소가 강조되는 개념으로 변화하였다. 그럼에도 불구하고 조직 차원에서의 경력개발은 여전히 중요하다. 왜냐하면, 조직 차원에서 끊임없이 새로운 경력개발 방식이 등장하고 있으며, 많은 근로자가 조직에서 받아온 경력개발 과정을 통하여 자신의 일에 적용하고, 익숙해지고, 발전시켜 나가면서 계속적으로 일을 유지해 나가고 있기 때문이다. 이렇듯 새로운 의미의 경력개발은 빠르게 변화하고 있는 고용 관계와 조직구조의 새로운 추세에 따라 전통적 경력단계에 대한 개념에 의문을 제기하고 조직과 개인에게 유연성과 적응력을 요구한다.

(3) 개인 중심 경력개발의 의미

① 능동적인 경력개발과 다양한 경력개발이 가능해짐

최근 조직의 성장과 변화가 빨라진 만큼 개인에 대한 변화 요구도 늘어나 능동적인 경력 형태로 변화하게 되었다. 수직적 이동의 직선형, 전문가형 경력에서 벗어나 나선형 경력, 전이형 경력으로 확대되었다. 나선형 경력(spiral career)이란 창의성과 개인적 성장을 위해 7~10년을 주기로 직장 또는 직종을 옮겨 다니는 것을, 전이형 경력(transitory career)은 직업적 독립성을 확보하고 경력의 다양성을 기하기 위해 3~5년의 기간을 주기로 수평적으로 이동하는 것을 의미한다.

② 경력 공간이 확대됨

직장생활과 일상생활을 뚜렷하게 구분했던 과거와 달리 탄력적인 개념은 업무 외적인 역할까지 종합적으로 파악하고 인정하게 되었다. 개인의 경력개발은 이제 동시다발적으로 다양한 방향에서 이루어질 수 있다. 아서와 루소(Arthur & Rousseau, 1996)는 '무경계 경력(boundaryless career)'을 무경계적으로 다양한 환경에서 개인의 다양한 가치에 기반한 역할을 수행하는 것으로 정의하고 있다.

③ 경력개발의 주체가 변화함

과거 개인의 경력개발이 고용주나 기업의 의도와 계획에서 진행되던 것과 달리, 유능하고 미래 비전을 가진 조직 구성원은 조직이 제공하는 경력개발 외에도 스스로가 경력개발의 주체가 된다. 이와 함께 조직은 구성원들의 역량을 최대한 발굴하고 구성원들을 성장시킬 수 있는 경력경로를 제시해야 한다.

마찬가지로 개인의 입장에서는 한 조직에서만 평생 일하는 것이 아니므로 주변의 다양한 경력경로를 최대한 활용하고 자기개발을 통해 자신의 가치를 높이려는 노력이 필요하다. 홀(Hall, 1996)이 제시한 '프로티언 경력(protean career)'은 새로운 경력 개념으로 개인이 주도적으로 환경에 따라 경력을 자유자재로 변화시켜 나가는 개념이다. 이 개념은 개인이 경력 주체가 되며 과거 경력 패러다임의 성공기준인 승진과 같은 수직적 개념이 아닌, 개인이 느끼는 성취감, 자부심 등 심리적인 성공을 중요시하기 때문에 주도적으로 성장과 학습을 위해 노력해야 한다는 것을 의미한다.

④ 관계에 대한 열린 시각을 제공

새로운 경력 개념은 개인의 주도성과 주관성을 강조하고 있다. 그러나 그것은 다른 사람들과의 관계를 통해서 가능하다. 개인은 자신의 경력에 대한 정체성을 확립하고 이를 통해 변화된 환경과 작업조건에 적응하는 능력을 갖춰야 한다. 이는 다른 사람과의 연결과 상호작용을 통한 관계학습을 통해서 가능하다. 결국, 개인의 경력은 상호의존적인 의미를 만드는 과정 속에서 구성되며, 다른 사람들과의 사회적인 관계망 속에서 형성되는 것이라고 할 수 있다.

4) 경력발달 단계별 특징

(1) 생애발달 단계에서 경력개발

① 밀러와 폼(Miller & Form)의 직업발달 단계

밀러와 폼(Miller & Form, 1951: Hughes, 1958 재인용)은 사회학적 지식을 바탕으로 직업 발달 이론을 발전시켰다. 이들은 경력 단계를 5단계로 구분하였다. 1단계 유년기는 직업에 대한 준비시기이다. 2단계 초기 직업 시기는 시간제, 비정기적인 근무를 하고 주로 10대 후반에 일어난다. 3단계인 직업 시도 시기에서는 첫 번째 정규 근무가 일어난다. 4단계는 직업 안정기로 20대 후반~30대 초반을 말한다. 5단계는 은퇴시기로 60대에 속한다.

② 수퍼(Super)의 생애 단계

수퍼(Super et al., 1957)는 에릭슨(Erikson, 1950)이 제시한 생애 단계의 개념을 직업에 적용하였다. 수퍼 이론의 기저에는 자아개념이 있다. 생애에 걸쳐 개인의 능력과 흥미를 개발하고 자아개념을 발달시키는 과정을 경력발달로 보았다. 개인의 경력발달이 다섯 단계인 성장기(출생~14세), 탐색기(15세~24세), 확립기(25세~44세), 유지기(45세~64세), 쇠퇴기(65세 이후)로 이루어진다고 보았다. 각 단계별 특징을 살펴보면, 성장기는 중요한 인물들과 동일시 과정을 통해 자아개념이 발달되는 시기이다. 탐색기에서는 자신에 대한 점검을 하고 직업을 찾는 시기이다. 확립기에서는 적절한 분야가 발견되면 자리를 잡기 위한 노력이 이루어진다. 유지기는 안정을 찾고 이제까지 성취한 것을 유지한다. 직장을 옮기는 등의 일은 거의 없는 시기이다. 쇠퇴기는 업무 활동이 정지되는 단계로서 새로운 역할의 시기이다.

③ 레빈슨(Levinson)의 생애 단계

레빈슨은 생애 단계, 즉 연령 기반으로 경력 단계를 구분하였다. 레빈슨의 생애 단계는 크게 성인 초기, 중기, 후기로 구분된다. 성인 초기는 17~45세에 해당한다. 자신의 선택을 유지하고 각기 다른 역할들을 해나가는 시기이다. 또한 자신의 활동 범위를 구축하고 이루어 나가는 시기이기도 하다. 성인 중기는 40~65세로 보며 40~45세인 성인 초기와 중복되는 시간은 전환기로 본다. 성인 중기는 성인 초기를 재평가한다. 조직에서는 기회가 상실되어 경력의 쇠퇴를 겪는다. 60세 이후의 성인 후기는 자신의 삶에 대해 단순히 자신의 장점이나 혹은 성취감이 아니라 삶 전체를 바라본다.

④ 종합

여러 학자의 경력발달 단계에 있어 구분하는 연령대의 경계가 약간씩의 차이가 있지만, 전체적으로 보았을 때 유사한 특징이 나타난다. 크게 3~4단계로 구분을 하고 있다. 첫 단계는 경력 시도의 시기로 경력 방향을 정하기 위해 도전하는 단계로 볼 수 있다. 두 번째 단계는 경력을 축적하고 확대하는 정착의 시기이다. 세 번째 단계에서는 자신의 경력을 유지하면서 후배들을 양성하고, 네 번째 단계에서는 마무리를 한다.

(2) 중기 경력발달

① 의미

중기 경력은 경력발달 단계에서 개인의 직업경력상에서 볼 때 가장 활발하게 경험을 하는 중요한 단계이다. 학자들마다 경력단계를 구분한 연령대의 차이가 있듯이 중기 경력을 구분한 연령대 또한 약간씩의 차이가 있다. 연령이나 경력기간에서의 차이는 있지만 중기 경력의 핵심적 의미는 유사하다.

중기 경력은 레빈슨(Levinson)의 성인 초기 완성기, 수퍼(Super)의 확립기, 펠드만(Feldman)의 경력 초기 중 확립기, 샤인(Schein)의 5단계 중기 경력 전환, 6단계 중기 경력 위기 등이 대표적으로 거론된다. 레빈슨은 인간의 생애주기를 5년 정도 이어지는 시기와 몇 개의 시기를 포함하는 시대(era)로 구분하여 발달과정을 구분 지었다. 그의 이론은 이들 시기 중에서 성인 초기와 성인 중기에 초점을 맞추고 있다. 그중 성인 초기 완성기는 성인 초기를 완성하고 소년기 열망을 실현하는 시기이다. 레빈슨의 성인 초기는 45세까지로 경력단계로 보았을 때 긴 시간이 설정되어 있다. 생물학적 정점에 있는 개인이 사회에서 자리를 찾고, 가족을 이루는 등의 성취와 함께 스트레스도 많은 시기이다.

새로운 인생 구조가 기존과 일치하든지, 일부분 또는 상당한 차이가 있든지 간에 이 단계에서 여러 가지 구체적인 직업 관련 문제에 직면하게 된다. 경력 중기는 성인 중기라는 발달 단계에 맞물려 퇴직으로 인한 불안감을 경험하며 경력 말기와는 질적으로 다른 관심사를 갖게 되는 중요한 시기로 여겨진다. 이 시기의 경력과 관련된 경험은 전문

영역을 구축하게 해 준다. 역량과 성과를 축적하여 조직에서 상위로 진입하게 되기 때문이다. 그러므로 이 시기 구성원들의 주요 관심은 안정된 자신만의 영역을 구축하고 조직 내에서 자신의 입지를 확고히 하는 것이다.

② 학자와 이론들

수퍼 이론에서 그와 그의 동료들은 개인의 경력발달이 성장 → 탐색 → 확립 → 유지 → 쇠퇴의 다섯 가지 생애 단계에 걸쳐 이루어진다고 보았다. 확립기는 25~44세로 시도 단계와 안정 단계로 나누어진다. 시도 단계는 간혹 직장을 바꾸는 25~30세이며, 안정 단계는 직장에서 안정을 찾으려는 31~44세이다.

경력단계 모형 중 펠드만(Feldman, 1988)은 학자들의 연구를 종합해 경력단계 종합 모형을 제시하였다. 그에 따르면 개인의 경력단계는 탐색기 → 시도기 → 확립기 → 전환기 → 발전기 → 유지기 → 쇠퇴기를 거친다고 한다. 또한 각 개인의 경력단계를 경력 이전, 경력 초기, 경력 중기 및 경력 후기로 구분하여 단계별 과제와 이슈를 재정리하였다.

펠드만의 경력단계 중 경력 초기의 확립기는 30세에서 38세이다. 이 시기의 경력 과제는 능력을 발휘할 수 있는 분야를 찾아 독립적 기여자가 되는 것이다. 그리고 직업과 조직에 대한 몰입수준을 결정하고, 최초의 독립적 프로젝트 또는 도전에서의 실패로 인한 감정을 처리하는 것이 심리적 이슈이다.

그린하우스(Greenhaus et al., 2000)의 경력발달 단계는 레빈슨의 성인발달 단계를 토대로 중기 경력을 성인 초기와 성인 중기로 나눴다. 그는 성인 초기에 해당하는 경력 초기 단계에서 상사 또는 동료들의 지지와 지원이 중요하다고 하였다. 이 시기는 자신이 속한 조직과 직업에서 입지를 확고히 하고 인정받고자 하는 시기이기 때문에 상사 또는 동료들의 지속적인 피드백, 코칭, 역할 모델링, 정서적인 지지 등이 큰 영향을 준다. 이런 영향은 경력 초기 단계에 놓여 있는 성인들에게 지속적인 성장과 학습이 가능하도록 촉매 역할을 한다. 경력 중기는 성인 초기와 중기를 연결시키는 가교로서 인생 중반의 여러 변화를 겪으면서 자신의 경력 초기를 지배했던 인생구조를 재평가하게 한다.

5) 경력단계 모형

(1) 홀(Hall)의 경력단계 모형

홀(Hall, 2002)은 경력개발을 개인이 독특한 문제들로 특징지어지는 단계를 통과하면서 앞으로 나아가는 지속적인 과정이라고 정의했다. 이는 경력개발의 개념이 시대, 조직구조, 업무환경의 변화 등으로 조직 중심에서 개인 중심의 관점으로 변화되는 추세를 잘 반영하고 있다.

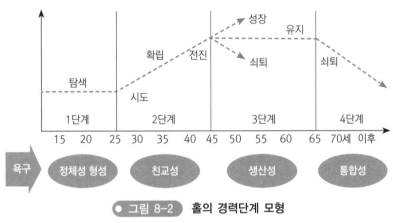

● 그림 8-2 홀의 경력단계 모형

출처: Hall(2002), p. 57.

● 표 8-7 홀의 경력단계 모형의 내용

단계	연령	내용
① 탐색 단계	• 15~25세	성장 단계로 자아개념을 정립하고 미래에 자신이 무엇을 할 것인가의 경력지향을 결정한다. 최초의 직무를 찾아내고 평생의 업으로 삼을 것을 계획하는 시기이다.
② 확립 및 전진 단계	• 25~45세	특정한 직무영역에 정착하는 시기로 동료 및 경쟁자 간의 경쟁심이 작용하며 갈등 및 실패에 대한 감정적 처리가 중요하다.
③ 유지 단계	• 45~65세	경력고원 단계로 자기 자신을 반성하고 경력진로의 재조정을 고려하며 개인의 신체적 노화와 능력상의 도태를 느끼기 시작하면서 심리적 충격도 받게 된다.
④ 하강 단계	• 65세 이후	쇠퇴 단계로 은퇴를 준비하고 경험과 능력을 통합하여 경력을 총정리하는 통합시기이다.

(2) 샤인(Schein)의 경력 닻 모형

경력 닻(Career Anchor)이란 조직 내의 개인들이 경력을 선택하고 발전시키도록 영향을 주는 욕구나 추동의 조합을 의미한다. 경력 닻은 1978년 미국의 조직심리학자인 샤인(E. H. Schein)이 제시한 개념으로서, 개인의 경력개발에 결정적인 영향을 미치는 중요한 동기 내지는 가치를 말한다. 다시 말하면, 경력과 관련된 선택에 있어서 개인이 끝까지 포기하지 않는 직무상 관심사나 가치를 말한다. 배가 닻 주위에 정박하고 있는 것에 비유해서 개인이 자신의 자아개념(self-concept) 주위에 닻을 내려서 특정한 업무 역할을 추구하는 경향이 있다는 것을 설명하는 개념이다.

샤인이 경력 닻이라는 용어를 사용한 것은 경력개발 과정을 배(ship)의 항해에 비유하였기 때문이다. 어디에 정박해야 할지 모르는 배가 항해를 계속하면서 자신이 진정 정박하고자 하는 항구(즉, 자신이 선호하는 경력)를 찾게 되고 결국 자신에게 맞는 항구에 정박하게 됨을 의미한다. 그리고 개인이 어떤 직업을 추구할 것인가와 어떻게 자신과 직업 생활의 균형을 이룰 것인가에 대해 결정을 할 때 경력 닻은 제약조건의 기능을 하게 된다(Schein & Schein, 1978).

샤인의 경력 닻 이론은 개인의 경력이 과거의 경험, 시간, 태도, 관심, 그리고 성향 등의 함수로 개인들의 경력 욕구를 체계화한 데 의의가 있다. 경력 닻은 개인의 경력개발에 있어서 매우 점진적인 경험을 통해서 최적의 경력이 무엇인지 파악해 나가는 데 등대와 같은 방향성을 제시한다. 조직은 이러한 경력 닻을 이해하여 적절한 채용, 배치, 교육 등으로 개인의 경력개발에 도움을 줄 수 있다.

① 경력 닻의 구성요소

샤인에 의하면 경력은 ① 개인이 지닌 재능, 기술 또는 역량, ② 개인의 동기나 욕구 내지 삶의 목표, ③ 가치관을 포괄하는 개념으로 다음의 세 가지 구성요소를 지닌다.

- 다양한 작업환경에서의 실제적인 성공 경험에 기초한 자신이 소유한 재능과 능력에 대한 지각
- 다양한 직무 경험에 기초한 자신의 요구와 동기에 대한 지각
- 다른 작업집단들과 조직을 통해 경험한 다양한 규준과 가치의 반응에 기초한 조직의 삶, 그리고 자기 자신에 대한 태도와 지각

이 세 가지 구성요소는 직장 생활을 하면서 형성되는 자기개념이라고 볼 수 있다. 마치, 어린아이가 자신의 정체성을 모르던 상태에서 성장하면서 외부 환경과의 상호작용을 통해 자신의 정체성을 형성해 나가는 과정과 유사하다. 경력 닻은 단기간에 쉽게 바뀌지 않으며 개인의 경력을 인도, 규제, 안정화시키는 등의 기능을 한다. 담당 업무가 경력 닻과 일치하지 않을 경우에 개인은 일을 효과적으로 수행하기 어려우며 심리적으로는 불안감이나 자괴감 등을 느낄 수 있다.

② 경력 닻의 여덟 가지 유형

● 기술, 기능 지향

기술, 기능 지향은 특정 작업에 강한 재능과 동기요인을 가지고 있으며, 직무의 내용에 욕구를 가진 유형이다. 이 유형에 속한 사람들은 자신이 보유한 기술이나 기능의 활용 및 개발을 통한 성장을 지향한다. 이들은 특정 업무에 대한 재능과 동기를 지니고 있어 전문화된 영역에 몰입하지만, 행정이나 일반관리 업무에는 큰 흥미를 보이지 않는다. 기술 수준별 임금, 전문직 경력경로 승진시스템, 자신의 분야에 대해 잘 아는 상사나 전문가로부터의 인정, 교육기회의 제공 등에 가치를 둔다. 이들은 도전할 만한 업무와 자율성 있는 업무를 선호하며, 전문가 모임 참여, 도서 구입이나 예산지원 등 전문기술 증진 기회를 선호하며, 특정 분야의 전문가로서의 승진을 목표로 삼는다. 기술직 또는 기능직 관리자들의 닻으로 다른 분야로 승진하는 상황이라면 차라리 이탈하려는 성향을 보인다.

● 관리 지향

이 유형에 속한 사람들은 능력있는 일반관리직을 선호하고 다른 구성원들이 성과를 내도록 관리하는 것을 지향한다. 이들은 자신이 맡은 업무가 조직의 목표 달성이나 성공에 기여하는 정도에 기초해서 업무에 대한 흥미도를 판단하며 높은 수준의 책임, 리더십 발휘 기회, 승진 등을 주요 가치와 동기로 여긴다. 이들은 통합적인 작업 및 조직에 공헌도가 큰 업무를 선호하며, 승진과 상사에 대한 인정을 가장 큰 목표로 삼는다. 관리 지향 닻은 일반적인 경영자들의 관리능력에 해당하는 대인적 능력, 분석적 능력, 감정관리 능력으로 기업체의 일반관리직에 종사하는 경우가 많다.

● 자율 지향

이 유형에 속한 사람들은 조직 생활의 제약 조건하에서 일하는 것을 피해 독립적으로 일하기 원한다. 계약직 용역, 파트타임 형태를 선호하며, 이들은 경계가 명확한 직무를 선호하며 성과에 의한 보상, 자율성 보장 등에 가치를 둔다. 자립과 독립을 추구하는 닻으로 조직이 개인 생활을 제약하며 비합리적인 몰입을 요구한다고 생각하면 좀 더 독립성을 허용받는 경력을 쌓으려고 한다.

● 안전 지향

이 유형에 속한 사람들은 하나의 특정 조직을 위해 지속적으로 일하는 것을 지향한다. 직업 안정 및 고용 지속성을 중시해서 높은 지위나 연봉이 보장되지 않더라도 소속된 조직과의 일치감을 통해 만족을 얻는다. 안전 지향은 직업안정, 고용안정 등에 강한 욕구를 가지고 있고, 연공 기준 승진 체계를 선호한다. 이들은 안정적이고 예측이 가능한 직무를 선호하며, 조직에 대한 충성심으로 인정받는 것을 목표로 삼는 경향이 있다. 개인의 경력욕구가 특정 조직이나 업무에 강하게 밀착되어 있을 경우에 나타나며 그 일에 종속되려 하며 그 일에 최선을 다한다.

● 사업가적 창의성 지향

이 유형에 속한 사람들은 새롭고 참신한 무언가를 고안하려는 욕구가 커서 새로운 제품, 서비스, 조직 등을 신규로 창출하는 창의성을 중요하게 여긴다. 이들은 사업의 구축 및 성장 등을 중시하며 부의 축적을 성공의 척도로 본다. 사업가적 창의성 지향은 신제품, 신규서비스 등을 창출하는 창의성을 중시하는 욕구를 가진다. 또한 부의 축적을 성공의 척도로 보고 끊임없이 새로운 도전을 하는 경향이 있다. 창의성 닻으로 어떤 새로운 것을 만들어 내고자 하는 강한 욕구를 갖는다.

● 서비스 봉사

인류애와 사회에 기여하는 등 자신이 가진 특정의 중요한 가치를 기준으로 직무를 평가한다. 보상 그 자체보다는 자신의 이상을 보다 자유롭게 펼칠 수 있는 위치로 이동하거나 승진하는 것을 더욱 선호한다.

- **순수한 도전**

이 유형은 강한 승부욕과 승리에 대한 집착이 특징이다. 어렵고 도전적인 문제의 해결기회가 많이 주어지는 직무를 선호하고, 일상의 업무를 전투라 생각하여 승리를 최대한의 목표로 삼는다. 조종사, 탐험사, 영업직 등의 직무를 선호한다. 이 유형에 속하는 사람들의 동기부여 요소는 도전 기회가 꾸준히 지속되는 마치 게임과 같은 상황이다.

- **라이프 스타일 지향**

드롱(Delong)이 추가한 경력 닻으로 자신의 일상생활과 직장생활 간의 조화와 균형을 추구한다. 출산휴가나 육아지원 이슈와 같은 복지에 높은 관심을 가지며 가족 우선의 가치와 지원 프로그램을 가진 조직을 선호한다.

(3) 홀랜드(Holland)의 성격-직무 적합이론

홀랜드는 1966년 『직업선택의 심리학(Psychology of Vocational Choice)』를 시작으로 하여 4판까지 출간된 『직업선택하기(Making Vocational choices)』 등을 통하여 개인의 성격과 그에 적합한 직업환경 간의 복잡한 관계를 정립하기 위한 포괄적인 이론을 제시하였다. 사람은 타고난 성격과 기질이 있으며, 유전과 환경적 요인으로 형성된 성격 유형에 따라 어떤 직업에 더 흥미를 보이거나 선택을 하고, 성격 유형과 일치하는 직업을 선택할 때 직업 만족도가 높다는 것을 강조한다.

인간은 서로 다른 특성, 행동, 흥미를 가지고 있다는 가정하에 성격과 직업을 관련시켜 실재형(realistic), 탐구형(investigative), 예술형(artistic), 사회형(social), 기업형(enterprising), 관습형(conventional)의 여섯 가지 직업흥미 유형으로 구분하였다. 이를 육각형 모형 또는 영어의 첫 글자를 따서 RIASEC 모형(RIASEC model)이라고도 한다. 한 개인은 한 가지 또는 그 이상의 유형에 흥미를 가지며 각 유형은 이와 같은 순서대로 연결되어서 순환적 관계를 이루고 있으므로 유형 간 거리의 정도에 따라 상관관계가 형성된다(Holland, 2004).

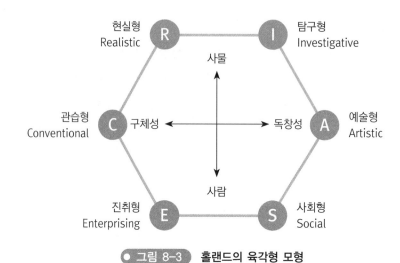

현실형
Realistic **R**

탐구형
Investigative **I**

관습형
Conventional **C** 구체성 ← 독창성 → **A** 예술형
Artistic

사물

사람

진취형
Enterprising **E**

사회형
Social **S**

● 그림 8-3 홀랜드의 육각형 모형

출처: 한국진로적성검사연구원 공식블로그(https://kicat-kr.tistory.com/11)

● 표 8-8 홀랜드의 육각형 모형의 특징

구분	성격 특성	대표 직업
현실형(R)	남성적임, 솔직함, 검소함, 지구력 있음, 신체적으로 건강함, 소박함, 말이 적음, 단순함	기술자, 자동기계 및 항공기 조종사, 정비사, 농부, 엔지니어, 전기 기계기사, 운동선수
탐구형(I)	탐구심 많음, 논리적, 분석적, 합리적, 정확함, 지적 호기심, 비판적, 내성적, 수줍음, 신중	과학자, 인류학자, 기술자, 의료 기술자, 의사
예술형(A)	상상력 풍부함, 감수성 강함, 자유분방, 개방적, 독창적, 개성적, 협동적이지 않음	예술가, 음악가, 무대감독, 작가, 배우, 소설가, 미술가, 무용가, 디자이너
사회형(S)	사람들을 좋아함, 어울리기 좋아함, 친절함, 이해심 많음, 남을 잘 도와줌, 봉사적, 감정적, 이상주의적	사회복지가, 교육자, 간호사, 유치원교사, 종교지도자, 상담가, 임상치료가, 언어치료사
기업형(E)	지배적, 통솔력, 지도력 있음, 말을 잘함, 설득적, 경제적, 야심적, 외향적, 낙관적, 열성적	기업 경영인, 정치가, 판사, 영업사원, 상품 구매인, 보험회사원, 판매원, 관리자, 연출가
관습형(C)	정확함, 빈틈없음, 조심성 있음, 세밀함, 계획적, 변화를 좋아하지 않음, 완고함, 책임감	공인회계사, 경제분석가, 은행원, 세무사, 안전관리사, 사서, 법무사, 컴퓨터 프로그래머, 감시원

4. 디지털 학습(유튜브를 중심으로)

1) 정의

최근 4차 산업혁명시대에 디지털 매체와 정보통신기술의 발달로 평생학습자는 다양한 디지털 기반 학습이 가능한 시대를 살고 있다. 디지털 생태계는 보편적 삶의 터전으로서 학습의 중요한 영역과 공간이 되었다. 전통적으로 디지털 매체는 교육을 위한 보조 수단과 대안적 교수 방법으로 주목받았다. 디지털 콘텐츠는 학습을 위한 보조 매체의 차원을 넘어 새로운 학습 생태계로 주목받고 있다. 이러한 생태계 속에서 현대인은 자신의 필요에 따라 스스로 학습 콘텐츠를 탐색하고 배우는 디지털 학습을 실천하기 시작하였으며, 현재 디지털 학습은 인간의 학습행위 중에서 새로운 학습활동이 되었다.

디지털 학습의 개념은 다양한 플랫폼을 활용한 원격교육, 온라인 활용 교육, 비대면 교육의 상황 속에서 전개되는 학습의 형식을 뜻한다. 또한 현대인이 콘텐츠화된 디지털 매체와 생태계에 접속하여 학습자 필요성에 의해 자기주도적 학습을 해나가는 학습 방법을 의미한다(유영만, 2000).

일반적으로 현대인이 나타내는 디지털 활동은 자신이 필요로 하는 콘텐츠를 지속적으로 탐색하면서 읽고 시청하고 반응 및 표현하면서 구독하는 일련의 과정을 보인다. 이러한 과정은 주체자의 인식과 실천이 융합되어 발생한다. 즉, 주체자의 자유와 선택, 개성과 맞춤, 즐김과 상호작용에 기반한다. 따라서 디지털 학습 행위도 일반적 디지털 활동과 연계되어 주체자의 학습적 인식과 실천이 융합된 일련의 학습적 과정으로 나타남을 확인할 수 있다. 이것은 대면적 교수-학습의 패러다임과는 차이를 보이는 자유로운 디지털 학습의 상황에서 발생하는 현대인의 새로운 학습 특성이고 현상이다.

디지털 학습이란 협의적으로 미디어 활용 학습 및 비대면 학습의 일종이다. 디지털 학습은 기술과 함께 사용되거나, 기술을 효과적으로 학습에서 사용하는 교육 방식을 수반하는 모든 유형의 학습을 의미하며, 혼합 학습, 가상 학습을 포함한 광범위한 디지털 실습의 적용 및 온라인 학습, e-러닝, M러닝을 포괄하는 개념이다. 디지털 학습이란 디지털 생태계를 형성하는 다양한 지식과 정보를 인식, 수용, 변형하는 창조적 활동이자 스스로에게 알맞은 지식 재구조화 과정을 통해 정보에 가치를 부여하는 학습행위이다.

2) 유튜브(YouTube)

2005년 11월 시작된 유튜브는 구글이 운영하는 동영상 공유 서비스의 장이다. 유튜브에서는 누구나 소비자이면서 생산자일 수 있다. 전 세계 유튜버들이 실시간으로 올리는 다양한 자료들로 가장 많은 정보가 비축된 공간이다. 유튜브는 "역사상 전무후무한 지식의 보고"(케빈 알로카, 2018: 25)로서, 세계 곳곳에서 올라온 무수한 자료들을 보유한 거대한 플랫폼이 되고 있다. 국내 동영상 플랫폼 중에서 유튜브는 85.6%의 점유율을 보이고 있다. 유튜브는 국민 10명 중 4명이 하루 1시간 이상 시청하고 있고, 전 연령대에서 골고루 이용되고 있는 가장 많이 활용하는 검색 엔진이라고 할 수 있다(신희선, 2020).

● 표 8-9   유튜브에 대한 인식

긍정적 반응	부정적 반응
C2C 정보력 강화	유해 정보의 확산
소비자 중심적 사용성	정보 크리에이터에 대한 불신
매력적인 정보 크리에이터	과도한 광고와 충동구매 유발
공감대와 동류의식 형성	미디어 중독
신선하고 유희적인 정보	상대적 박탈감

출처: 장은교, 유교영, 이진명(2019), p. 127.

유튜브에 대한 인식은 긍정과 부정으로 나뉘지만, 유튜브는 평생학습자의 디지털 학습 행위를 담아내는 대표적인 학습 생태계로 볼 수 있다. 이는 최근 현대인의 지식, 기술, 콘텐츠 습득의 플랫폼으로 유튜브를 활용함이 일반화되었으며, 유튜브의 다양한 교육적 활용 가치를 증명하는 연구들이 활발하게 진행되고 있기 때문이다. 유튜브는 국내외적 다양한 지식·정보 콘텐츠 보유, 학습에 이용하기 위한 다양한 기능 보유, 높은 접근성 및 시간과 장소에 구애받지 않는 학습적 활용의 장점을 가지고 있다. 따라서 유튜브는 대중적인 활용도와 접근성이 높은 디지털 플랫폼으로 교육적 활용 가치가 높다는 점이 여러 연구에서 증명되고 있다(하수민, 김진화, 2022).

3) 유형

디지털 일상학습의 유형은 미디어 매체 활용 학습, 디지털 콘텐츠 접속 학습, 디지털 생태계에서 경험하는 학습으로 나눌 수 있다.

(1) 미디어 매체 활용 학습

미디어 매체 활용 학습은 사전적으로는 디지털 코드를 기반으로 작동하는 전자매체를 총괄하며 사용자가 디지털 정보에 접근 및 조작할 수 있는 모든 종류의 기술을 의미한다. 미디어 매체는 디지털 기기와 소프트웨어 프로그램의 용어가 혼용되어 사용되고 있는데, 데스크탑 PC, 스마트폰, 태블릿 PC, 전자칠판 등의 디지털 기기와 디지털 영상, 파워포인트, 한글, 어플리케이션 및 웹 프로그램의 소프트웨어 프로그램 등이 미디어 매체라 할 수 있다.

미디어 매체 활용의 학습이란 디지털 방식으로 정보를 저장 및 공유하는 매체로 진행되는 학습이라 할 수 있다. 미디어 매체를 활용한 학습은 정보 과잉성, 하이퍼텍스트성, 양방향성과 사회적 연결성과 같은 미디어 매체의 특성을 이해할 필요가 있다.

① 정보 과잉성

미디어 매체를 활용한 학습에서 정보 과잉성은 학습자가 처리할 수 있는 양을 초과하는 정보가 제공되는 특징을 의미한다. 정보가 과다하게 제공되면 학습자는 중요한 정보와 그렇지 않은 정보를 구별하기 어려워져 집중력이 저하되고, 결정 피로를 겪을 수 있다. 또한 부정확한 정보가 포함될 가능성이 높아 잘못된 지식을 습득할 위험도 상존한다. 정보 과잉성은 학습자의 인지 능력에 과부하를 일으켜 정보 처리와 이해를 방해하며, 학습 부담을 증가시켜 학습 피로를 초래할 수 있다. 이를 극복하기 위해서는 학습자가 효율적인 정보 관리와 필터링 전략을 배우는 것이 중요하다.

② 하이퍼텍스트성

디지털상의 온라인 공간에서 다양한 정보들이 마치 책의 페이지처럼 연결되고 있는 속성을 뜻한다. 하이퍼텍스트는 이용자가 미디어 매체를 통해 하이퍼텍스트 페이지를 열람할 때, 텍스트에 포함된 링크들을 클릭하여 계속적으로 확장되는 정보를 탐험하고 사고를 확장해 나간다. 이러한 비선형적이고 비연속적인 특징은 기존의 텍스트를 열람할 때 글자의 배열순서에 따라 선형적으로 읽는 행위와는 차이가 있다. 그러나 이러한 비선형적 읽기는 이용자가 텍스트를 집중해서 읽지 못하게 하고, 기존에 습득하고자 하는 정보의 자기화를 방해할 수 있다. 따라서 미디어 매체를 이용한 학습을 진행할 때 다량의 자료들은 학습자에게 관리되어 제공되어야 한다. 유관기관 및 연구자들 혹은 미디어 매체를 활용하여 교육을 실시하는 교육자는 하이퍼텍스트의 이런 속성을 알고 주의를 기울여야 한다.

③ 양방향성

양방향성은 제공자와 수용자 양쪽 모두가 정보의 구성에 참여할 수 있는 속성이다. 미디어 매체로 인한 학습은 제공자와 수요자, 학습적으로는 교수자와 학생이 학습의 과정에 참여하며 그 경계가 모호해진다.

④ 사회적 연결성

사회적 연결성은 미디어 매체들이 서로 연결되는 것을 의미한다. 예시로 유튜브, 블로그, SNS 등이 대표적인 사회 연결망 서비스이다. 미디어 매체 학습은 이를 이용하여 제공자와 수요자의 소통을 원활히 한다.

이처럼 미디어 매체의 학습적 구성요소는 신속한 정보의 업데이트, 학습자의 자유로운 지식·정보 습득에 연관된 인터넷 프로그램 이용, 맞춤형 학습 정보 선택 가능, 지식의 공유 및 확장, 학습 효율성·흥미 향상으로 정리할 수 있다. 또한 미디어 매체를 활용한 학습은 사회 연결망 서비스의 접속을 통해 연결성, 상호작용성 등의 학습적인 이용이 가능하다. 사회 연결망 서비스를 통한 학습의 참여, 정보의 공유 및 확장은 미디어 매체 학습을 하는 학습자들에게 익숙하며 그들의 학습적 향상과 흥미도를 향상시키는 학습방법으로 볼 수 있다.

(2) 디지털 콘텐츠 접속 학습

콘텐츠는 인간의 의식, 신념이 반영된 정신적 산물이며, 경험과 의미를 공유하기 위해 만들어진 문화적 결과물이다. 디지털 콘텐츠는 온라인상에서 유통하는 부호, 문자,

음성, 음향, 이미지, 영상 등으로 표현된 정보 및 자료를 의미한다. 디지털 콘텐츠는 시공간에 제약을 받지 않으며 방송, 영화, 음원, 전자텍스트 등의 형태로 스마트 기기를 통해 이용 가능하다. 디지털 콘텐츠는 디지털 형태로 생산·유통·소비·저장이 가능한 디지털 서비스를 의미하며 서비스, 클라우드형 소프트웨어 등의 서비스 형태를 포괄한다.

디지털 콘텐츠는 어떤 주제로 콘텐츠를 제작하느냐에 따라 그 유형이 다양할 수 있다. 정보통신산업진흥원(2014)에 따르면 디지털 콘텐츠는 세부적으로 동영상·음원·도서·만화·게임·소프트웨어·지식정보·교육 콘텐츠가 이용목적에 따라 정보 콘텐츠(information contents), 엔터테인먼트 콘텐츠(entertainment contents), 교육 콘텐츠(education contents)로 구분이 가능하다.

학습적으로 이용하는 디지털 콘텐츠는 학습자가 학습 방향을 잃지 않도록 명료해야 하며, 체계적인 정보 설계, 학습자가 학습하기에 용이한 시각적 설계(화면의 레이아웃·밀도·색상·텍스트의 정렬·미디어 표시 위치·아이콘 등), 효율적인 데이터 및 프로그램이 구현되어야 한다.

디지털 콘텐츠를 활용한 학습을 위해서는 다음과 같은 요소가 충족되어야 한다.

① 일관성과 통일성

일관성 있는 학습 콘텐츠는 학습자의 인지적 부하를 줄이고, 학습 내용의 이해와 기억을 촉진한다(Clark & Mayer, 2011). 또한 일관된 구조와 형식은 학습자가 필요한 정보를 쉽게 찾고, 효율적으로 학습할 수 있도록 도와준다. Kozma(1991)는 학습 자료의 통일성이 학습자의 주의 집중을 향상시키고, 학습 동기를 높인다고 강조하였다. 따라서 미디어 매체를 통한 학습에서는 일관되고 통일된 콘텐츠 제공이 학습 효과를 극대화하는 데 중요한 요소이다.

② 편리성

학습자에게 가능한 한 간단한 학습 모형을 제공하여야 하며, 데이터를 적절한 곳에 배치하여 학습자가 콘텐츠의 공간적인 구조화가 가능하여야 한다. 또한 학습 종료 시 학습 결과와 과정에 대한 정보를 제공하여 확실한 종결감을 느낄 수 있게 하여야 한다.

③ 기능성

학습자가 직접적으로 콘텐츠에 제시된 학습 메뉴를 선택할 수 있도록 자세한 학습 안내 정보가 제시되어야 한다. 콘텐츠는 화면상에서 특정 영역으로 선택, 이동, 스킵(skip) 등의 기능을 사용할 수 있도록 하여 학습자 반응을 유도할 수 있어야 한다.

④ 상호작용성

미디어 매체를 활용한 학습에서 학습 콘텐츠의 상호작용성을 확보하는 것은 매우 중요하다. 상호작용적인 학습환경은 학습자에게 피드백을 제공하고, 학습 내용을 적극적으로 탐색할 수 있게 하여 학습 효과를 높인다. 또한 상호작용적인 요소가 포함된 멀티미디어 학습이 학습자의 이해와 기억을 촉진한다고 주장한다. 상호작용성이 학습자 중심의 학습을 가능하게 하며, 학습자가 더 깊이 있는 사고와 문제해결 능력을 개발할 수 있도록 돕는다(Johnson & Mayer, 2009). 이처럼, 학습 콘텐츠의 상호작용성은 학습자의 참여를 유도하고, 효과적인 학습 경험을 제공하는 데 중요한 요소로 작용한다.

디지털 콘텐츠는 정보기술의 발달로 변화된 교육현장에서 교육방법뿐 아니라 교육내용까지 포함하여 콘텐츠를 이용하는 학습자들의 학습적 효율성 증대와 흥미를 향상시킨다. 따라서 디지털 콘텐츠는 사회의 맥락적 흐름을 담아내며, 학습의 목적, 학습의 방향성, 학습자의 특성에 따라 개발되어야 한다.

(3) 디지털 생태계에서 경험하는 학습

디지털 생태계는 정보통신기술의 급속한 발달로 디지털 네트워크가 만들어내는 다양한 플랫폼을 통해 개인, 기업, 정부, 시민사회 등의 공유 관계가 이루어져 초연결 환경을 이루는 유사 생태계라 할 수 있다. 디지털 생태계의 개념은 디지털 기술에 의한 현상과 기기가 인간과의 지속적이며 무작위적인 상호작용을 통해 복잡한 체계를 형성하며 공유관계 속에서 일정한 질서를 만들어 자기 조직화하는 디지털 체계이다.

디지털 생태계 내의 플랫폼은 사람들이 디지털상에서 자발적으로 어떠한 목적 달성을 위해 모이는 디지털 내의 공간을 의미하고, 이는 지속 가능성을 가지므로 생태계라는 용어를 사용한다. 대표적인 생태계 경영의 운영사례인 플랫폼 기업으로는 구글(Google), 노키아(Nokia), 아마존(Amazon) 등의 국외 기업과, 네이버(Naver), 다음

(Daum) 등의 국내 기업이 존재한다. 따라서 디지털 생태계에서 경험할 학습은 '시간과 공간에 제약이 없으며 기존의 텍스트 형식의 학습자료를 멀티미디어로 통합적인 제공을 하며, 학습자의 특성과 수준에 맞춘 학습'으로 정의할 수 있다. 이를 위해 디지털 생태계는 학습 콘텐츠, 콘텐츠를 제작, 배포, 공유할 수 있는 소프트웨어인 플랫폼(platform), 콘텐츠를 통해 학습을 실천할 수 있는 기기(device)의 요소가 갖춰진 교육 환경이 조성되어야 한다.

또한 이용자가 주도하는 플랫폼은 이용자의 지속적인 행동에 대한 의도 파악이 무엇보다 중요하다. 소셜 미디어, 미디어 플랫폼의 지속가능한 성공을 위해서는 이용자들의 지속적인 참여 활동이 필요하기 때문이다. 디지털 생태계의 구조는 인간, 콘텐츠, 인간과 콘텐츠 사이의 상호작용, 상호작용의 형식과 내용, 상호작용에서 비롯된 인간의 학습 행위들의 관계로 구성된다. 디지털 학습의 핵심 요소는 이용자, 콘텐츠, 플랫폼, 기기의 요소가 고루 갖춰진 디지털 생태계로 이해할 수 있다.

4) 유튜브 기반 디지털 학습

유튜브 기반 디지털 학습은 최근 다양한 선행연구를 통해 유튜브의 학습적 이용 측면·장점 등의 측면에서 주목받고 있다. 유튜브 기반의 디지털 학습은 최근 현대인에게 가장 광범위하고 보편화된 학습 생태계라고 할 수 있다.

(1) 디지털 학습에서의 유튜브 학습 생태계

유튜브(Youtube)는 하루 평균 4백만 명이 이용하는 세계적인 UCC(User Created Content) 포털 사이트로, 이용자는 자신이 제작한 콘텐츠를 업로드 및 공유할 수 있다. 유튜브는 이용자들의 편의에 맞추어 많은 정보를 하나의 포털 사이트를 통해 새로운 지식과 정보를 간단히 생산, 유통, 공유할 수 있게 한다. 유튜브는 스마트폰 및 각종 SNS가 활발해지기 이전, 일반 컴퓨터 사용자들이 온라인에 동영상을 올려 이를 다른 사람들이 시청 및 공유하는 방법이 많지 않았을 때, 사용하기 쉬운 디지털 공유 환경을 구축하였다. 유튜브는 누구나 동영상 공유, 시청이 가능한 미디어 플랫폼으로 성장하였으며 현재는 유튜브 내의 콘텐츠를 제작하고 공유하는 것이 중요한 인터넷 문화의 한 부분이 되었다.

21세기 현대인은 유튜브를 경험, 활용, 공유함으로써 디지털 학습 생태계에 자연스럽게 포함된다. 유튜브에 모이는 콘텐츠 형태로 가공된 모든 지식과 정보는 유튜브 이용자에 의해 시청, 공유, 확장되며 선행연구를 통해 교육적 측면에서도 실제적인 이용 가능함이 증명되었다.

유튜브에 모이는 콘텐츠 형태로 가공된 모든 지식과 정보는 유튜브 이용자인 학습자들의 필요에 의해 자유로운 선택과 시청이 가능하며, 댓글 활동, '좋아요' 표시, 공유, 알고리즘 추천 콘텐츠 시청, 커뮤니티를 통한 타인과의 소통 등의 직접적인 상호작용의 활동과 표현 행위가 가능하다. 또한 스스로의 지식을 콘텐츠화하는 확장적인 학습적 활동 역시 가능함을 통해 유튜브는 충분한 학습적 플랫폼으로서의 활용성이 증명된 디지털 학습 생태계로 볼 수 있으며 교육적 측면에서의 실제적인 이용이 가능하다.

(2) 유튜브 학습의 특징

유튜브 기반 학습은 온라인과 오프라인을 접목한 하이브리드 수업으로 볼 수 있다. 해외 고등 교육기관은 이미 유튜브를 정규 수업교과로 사용하여 콘텐츠를 시청하고 의견을 공유하며 유튜브를 미디어 텍스트로 이용하고 있다. 유튜브는 학습자에게 정보와 지식을 전달하는 디지털 학습의 독자적인 학습 생태계로서 현대인에게 영향을 미치고 있음을 알 수 있다.

유튜브의 교육적 활용 및 이용과 관련한 연구에 의해 증명된 유튜브 학습의 특징과 장단점 및 유의점은 다음과 같다.

① 유튜브 학습의 특징

- 유튜브는 시대적 변화와 현상에 유연하며 다양한 지식과 정보를 가공한 콘텐츠를 제공한다.
- 학습자는 교실 중심의 기존 교육환경에서 벗어나 유튜브 콘텐츠를 통해 다양하고 새로운 경험과 지식을 학습할 수 있다.
- 학습자들의 학습동기를 유발하여 학습자들의 능동적인 학습 참여 유도가 가능하다.
- 기존의 오프라인 환경 교실 수업의 물리적인 학습 공간에서 벗어난 디지털 학습은 학습자들의 사고의 폭을 넓힐 수 있다.
- 유튜브는 한 가지 지식 및 정보에 대해 다양한 양적, 질적 정보 및 지식을 제공하면

서 학습자들이 쉽게 콘텐츠를 열람 및 공유할 수 있으므로 학습자의 학습 과제 수행 시 가장 편리한 디지털 멀티미디어라 할 수 있다.

- 오프라인 수업 및 학습자의 지식 충족에 있어 보충적 자료로 활용이 가능하다.

② 유튜브 학습의 장점

- 유튜브 영상을 통해 국내외적으로 다양한 학습 자료를 제공받을 수 있다.
- 유튜브 콘텐츠의 다양한 기능(배속 기능, 스킵 기능, 북마크 기능, 자막 기능)을 활용하여 비교적 짧은 학습 시간을 이용해 총체적인 지식을 습득할 수 있다.
- 영화 및 애니메이션 등을 활용한 다양한 방식의 학습으로 학습자들의 흥미를 증가시켜 원활한 수업 진행이 가능하다.
- 풍부한 양의 지식 · 정보의 존재로 다양한 연령대 및 수준의 학습자에게 원활하게 필요로 하는 지식 콘텐츠를 탐색하는 것이 가능하다.
- 학습자가 얻고자 하는 지식 및 정보가 다양하고 세분화된 콘텐츠로 제시되어 있어 학습적 흥미와 관심을 유도하기 용이하다.
- 학습자가 오프라인 수업에서 느꼈던 학습 부담감과 긴장감을 완화시키는 친근하고 편안한 분위기 속에 학습을 할 수 있으며 다양한 장르의 교육적 콘텐츠를 쉽게 이용할 수 있다.

③ 유튜브 학습의 단점

- 콘텐츠상에 지식의 교육 속도가 너무 빠르거나, 부정확한 자료일 경우 학습자들의 학습동기 감소 및 학습 의지를 저해할 수 있다.
- 유튜브 사용 시 발생하는 동영상의 끊김현상(buffering)이 발생할 경우 학습자들의 학습에 방해가 될 수 있다.
- 유튜브 자체의 본질이 교육을 목적으로 하는 웹사이트가 아니므로 학습자의 학습에 방해가 되는 비학습적 콘텐츠, 흥미 위주의 콘텐츠가 학습에 부정적인 영향을 주거나 필요한 콘텐츠의 선택에 어려움을 줄 수 있다.

④ 유튜브 학습의 유의사항

- 유튜브의 가변적 · 즉시적 성격으로 관점과 사건에 따라 전혀 상반된 주장이나 데

이터가 제시될 수 있으므로 학습 주제에 대한 관점이나 이론에 대한 근거를 확인할 필요가 있다.

- 유튜브는 현장을 반영한 주제가 콘텐츠에 포함되어 있으므로 학습자가 학습하고자 하는 알맞은 콘텐츠의 선택이 필요하다.
- 유튜브는 양적 자료로 정보의 양이 방대하며 신뢰성에 문제가 있을 수 있고, 질적인 측면에서 기대하고자 하는 학습적 효과가 나타나지 않을 수 있다. 유튜브의 콘텐츠를 학습자들에게 과대하게 남용한다면 오히려 학습적 효과가 저하될 것이다.
- 유튜브를 학습적으로 활용할 시 지속적이고 안정적인 교육적 효과를 기대하기 어렵다.

유튜브를 학습적으로 이용하는 학습자는 유해 정보의 확산, 콘텐츠 크리에이터에 대한 불신, 학습 방해 등의 여러 부정적인 측면에도 불구하고, 이러한 단점을 당연한 학습적 한계로 인식하면서 학습을 지속하는 경향이 있다. 유튜브의 학습적 효과를 높이기 위해 유튜브의 단점을 개선하는 방안으로 공개적 또는 신뢰할 만한 크리에이터의 선정, 콘텐츠 이용자들의 반응, 이용자들의 커뮤니티 등을 활용할 수 있다. 즉, 유튜브는 디지털 생태계에서 이용자들이 자신의 콘텐츠를 자발적으로 제시하고 공유하는 과정에서 커뮤니티를 통한 유튜브 이용자들 간의 연결된 하나의 '장'을 형성한다. 이를 통해서 상호 피드백과 자연스러운 필터링으로 학습 콘텐츠의 질을 높여가는 결과로 연결할 수 있다. 이런 과정을 통해 유튜브를 이용하는 학습자는 서로 의사소통이 가능하고, 학습의 이전, 학습의 진행, 학습의 이후 활동 등에서 충분히 다양한 학습적 성과를 얻을 수 있다.

〈멘토링〉

1. 멘토링이 조직 차원에서 어떻게 지식 이전과 조직 문화 강화에 기여하는지에 대해 어떤 경험이 있는가?

2. 멘토링을 통해 어떻게 새로운 직업이나 분야에 진입할 때 적응을 도울 수 있을까?

3. IT 기술과의 접목으로 멘토링 프로그램이 어떻게 변화하고 있으며, 이로써 어떤 장점을 기대할 수 있을까?

4. 멘토가 멘티를 지도하고 조언함으로써 어떻게 자신의 리더십 역량과 대인관계 기술을 향상시킬 수 있을까?

5. 지역사회의 구성원을 멘토로 활용하여 어떻게 지역사회 활동에 기여할 수 있을까?

〈코칭〉

1. 인본주의 관점에서 코칭이 어떻게 개인의 자아실현과 성장에 기여할 수 있을까?

2. 코칭의 질문 중심 접근 방식이 고객의 내면적 성찰과 목표 달성에 어떻게 도움을 줄 수 있을까?

3. 코칭과 멘토링, 카운셀링의 차이점은 무엇이며, 각각의 접근 방식이 고객에게 제공하는 이점은 무엇인가?

4. 코칭이 성공적으로 이루어지기 위해 코치의 역할과 코칭 역량이 중요한 이유는 무엇인가?

〈경력개발〉

1. 산업화 사회에서의 전통적인 경력관리와 현재의 경력관리 방식은 어떻게 다르며, 이러한 변화의 원인은 무엇인가?

2. 샤인의 경력 닻 이론에 따르면 개인의 경력 선택에 영향을 미치는 주요 요소는 무엇이며, 경력 닻이 어떻게 개인의 직무 만족도와 성과에 영향을 미치는가?

3. 조직은 경력 닻의 여덟 가지 유형을 이해하여 어떻게 적절한 채용, 배치, 교육을 통해 개인의 경력개발을 지원할 수 있는가?

4. 홀랜드의 육각형 모형(RIASEC 모형)에 따르면 성격 유형과 직업 선택 간의 관계는 어떻게 형성되며, 성격 유형과 일치하는 직업을 선택할 때 직업 만족도가 왜 높은가?

5. 성격 유형에 따른 직업 선택과 직업환경의 적합성은 개인의 직업 성공과 만족에 어떤 영향을 미치는가, 그리고 조직은 이를 어떻게 활용할 수 있는가?

〈디지털 학습〉

1. 4차 산업혁명 시대의 디지털 생태계는 어떻게 학습의 중요한 영역과 공간으로 자리 잡게 되었는가?

2. 현대인이 디지털 매체를 활용한 자기주도적 학습을 실천하는 과정에서 나타나는 학습적 특성과 효과는 무엇인가?

3. 디지털 학습이 전통적인 대면 학습과 비교하여 가지는 장점과 단점은 무엇이며, 두 방식은 어떻게 상호보완될 수 있는가?

4. 유튜브가 학습 도구로서 가지는 장점과 단점은 무엇이며, 이를 효과적으로 활용하기 위해 어떤 전략이 필요할까?

 참고문헌

김영헌(2023. 6. 5.). [김영헌의 코칭 이야기] 코칭 핵심역량과 코치의 선서. 한국강사신문.

김흥국(2000). 경력개발의 이론과 실제. 서울: 다산출판사.

도미향(2017). 한국코칭학회 전문 코치 자격 과정 매뉴얼.

도미향(2021). ICF 핵심 코칭역량 신·구모델의 비교연구. 코칭연구, 14(1), 71-89.

박윤희, 기영화(2009). 코칭의 분류에 대한 이론적 고찰 및 한국적 분류모색. 평생교육·HRD연구, 5(2), 61-89.

배용관(2020). 코치의 커뮤니케이션 특성이 코칭 고객의 긍정심리자본에 미치는 영향. 국민대학교 대학원 박사학위논문.

(사)한국코치협회(2024). https://www.kcoach.or.kr/cms/FrCon/index.do?MENU_ID=200& CONTENTS_NO=2

신희선(2020). 토론교육에서 유튜브 텍스트의 의미 고찰: 유튜브 활용에 대한 대학생들의 인식을 바탕으로. 사고와표현, 13(1), 7-42.

유영만(2000). 죽은 기업교육 살아있는 디지털 학습. 서울: 한언.

장은교, 유교영, 이진명(2019). 결정적 사건기법을 적용한 대학생의 1인 미디어 소비자정보에 대한 반응 탐색: 유튜브를 중심으로. 디지털융복합연구, 17(10), 127-139.

정용석(2024). 코칭 슈퍼비전 역량 척도 개발 및 타당화 연구. 동국대학교 일반대학원 박사학위논문.

하수민, 김진화(2022). 평생학습자의 유튜브 기반 디지털 학습의 인식과 실천의 분류와 군집유형의 탐색. 평생교육학연구, 28(3), 67-96.

Anderson, E. M., & Shannon, A. L. (1988). Toward a conceptualization of mentoring. *Journal of Teacher education*, *39*(1), 38-42.

Arthur, M. B., & Rousseau, D. M. (1996). *The Boundaryless Career: A New Employment Principle for a New Organizational Era*. New York: Oxford University Press.

Clark, R. C., & Mayer, R. E. (2023). *E-learning and the science of instruction: Proven guidelines for consumers and designers of multimedia learning*. John Wiley & sons.

Cohen, N. H., & Galbraith, W. (1995). Mentoring in the learning society. *New Directions for Adult and Continuing Education*, *66*, pp. 5-14.

Collins, E. G., & Scott, P. (1978). Everyone who makes it has a mentor. *Harvard Business Review*, *56*(4), 89-101.

Cox, E., Bachkirova, T., & Clutterbuck, D. (Ed.). (2010). *The Complete Handbook of Coaching*. London: SAGE Publications.

Erikson, E. H. (1950). *Childhood and society*, revised 1963.

Feldman, D. C. (1988). *Managing careers in organizations*. Scott Foresman & Company.

Gallwey, W. T. (2001). *The inner game of work: Focus, learning, pleasure, and mobility in the workplace*. Random House.

Greenhaus, J. H., Callanan, G. A., & Godshalk, V. M. (2000). *Career Management* (3rd ed.). Fort Worth, TX. Harcourt College Publishers.

Hall, D. T. (1996). Protean careers of the 21st century. *Academy of Management Perspectives*, *10*(4), 8-16.

Hall, D. T. (2002). *Career in and out of organizations*. Thousand Osks, C.A.: Sage Publications.

Hidetaka Ennomoto (2004). 마법의 코칭[*Leader's Guide the Art of Coaching*]. (황소연 역). 서울: 새로운 제안.

Holland, J. L. (2004). 홀랜드의 직업선택이론[*Making Vocational Choices*]. (안창규 역). 서울: 한국가이던스.

Hughes, J. E. (1958). Recent trends in industrial sociology. *The American Catholic Sociological Review*, *19*(3), 194-209.

Hunt, D. M., & Michael, C. (1983). Mentoring: A Career Training and Development Tool. *Academy of Management Review*, *8*(3), 475-495.

Javis, P. (2006). *Towards a comprehensive theory of human learning*.

Johnson, C. I., & Mayer, R. E. (2009). A testing effect with multimedia learning. *Journal of Educational Psychology*, *101*(3), 621.

Kozma, R. B. (1991). Learning with media. *Review of Educational Research*, *61*(2), 179-211.

Levinson, D. J., & Mckee (1978). *The seasons of man's life*. New York: Knopf.

Miller, D. C. (1951). Industrial sociology. *American Sociological Review*, *16*(1).

Noe, R. A. (1988). An Investigation of the Determinant of Successful Assigned Mentoring Relationship. *Personnel Psychology, 41*(3), 457-479.

Peterson, D. B., & Hicks, M. D. (1996). *Leader as coach*. Minneapolis: Personnel Decisions Inc.

Rogers, C. R. (1980). Growing old or older and growing. *Journal of humanistic psychology, 20*(4), 5-16.

Scandura, T. A. (1992). Mentorship and Career Mobility: An Empirical Investigation. *Journal of Organizational Behavior, 13*(2), 169-174.

Schein, E. H., & Schein, E. (1978). *Career dynamics: Matching individual and organizational needs* (Vol. 24). Reading, MA: Addison-Wesley.

Shea, G. (1995). 'Can A Supervisor Mentor?'. Supervision November.

Sullivan, S. E. (1999). The changing nature of careers: A review and research agenda. *Journal of management, 25*(3), 457-484.

Super, D. E., Crites, J., Hummel, R., Moser, H., Overstreet, P., & Warnath, C. (1957). *Vocational development: a framework for research*. New York: Bureau of Publications, Teachers College, Columbia University.

Whitmore, J. (2002). 성과향상을 위한 코칭리더십[*Coaching for performance: Growing people, performance and purpose* (3rd ed.)]. (김영순 역). 서울: 김영사.

Zey, M. G. (1984). *The Mentor Connection*. Homewood, IL. Dow-Jones-Irwin.

International Coaching Federation: ICF. https://coachingfederation.org.

https://www.lecturernews.com/news/articleView.html?idxno=127853

제3부

평생교육 실천 현장과 평가

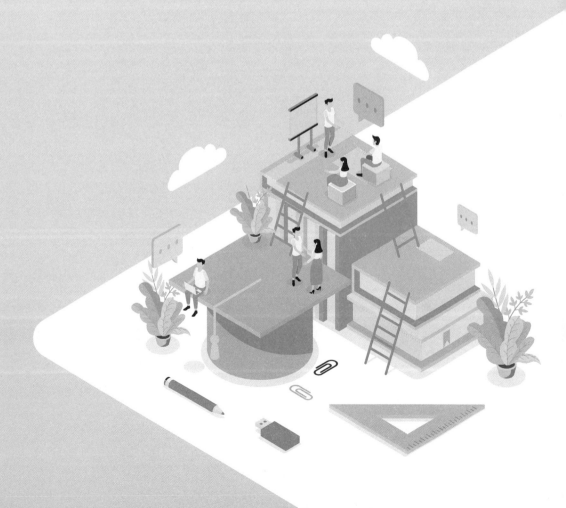

지역기반 평생교육

학습개요

　제9장에서는 개인 중심 교육 방법이나 집단중심 교육방법과는 다르게 특정 지역사회 주민들이 함께 모여 자신들의 문제를 논의하고 공동의 노력과 참여를 통해 문제를 해결하고자 할 때 효과적인 지역기반 평생교육방법을 소개한다. 우리가 사는 지역사회는 물리적 공간이기도 하지만 사회적 공간이자 학습의 장이다. 지역사회 공간에서 학습을 매개로 하여 이루어지는 상호작용 활동은 사회적 학습으로서 학습공동체를 형성하는 것을 목적으로 한다. 효과적인 지역기반 평생교육은 개인 중심 교육 방법과 집단중심 교육 방법을 따로 활용하거나 함께 통합해서 활용할 수 있다.

　이 장에서는 지역기반 평생교육방법의 의의와 기능을 살펴보고 특히 국내 성공적인 현장 사례를 소개한다. 이후 사례의 시사점을 제안하고 향후 과제를 살펴본다.

학습목표

1. 지역기반 평생교육의 개념과 의미를 이해할 수 있다.
2. 지역기반 평생교육의 모형 및 사례 분석을 통해 현장에 적용할 수 있다.
3. 지역기반 평생교육의 향후 과제를 제시할 수 있다.

1. 지역기반 평생교육의 의미

지역기반 평생교육은 사회교육과 지역사회라는 개념에 기초하여 실천지향 이론으로 부터 일찍이 전개되어 왔다(홍숙희, 2011). 이러한 논의에서 출발한 지역기반 평생교육 은 지역주민 개인의 삶의 질과 지역의 발전을 함께 도모하기 위해 지역에서 진행되는 모 든 형태의 교육을 지칭하는 개념이다. 「평생교육법」에 준하여 지역사회교육을 정의한 다면 학교교육을 제외한 지역단위에서 운영되고 있는 모든 체계적인 교육활동이며, 학 문적으로는 지역사회 단위에서 전개되고 있는 모든 교육활동을 의미한다(김남선, 2006). 지역은 주민들에게 의미 있는 장이다. 주민들이 의미 있는 장에서 삶을 영위해 나갈 때 지역은 주민들과 분리되지 않는 유기적인 체제가 된다. 주민이 살아가는 유기적인 체제 안에는 정치, 경제, 사회, 문화, 예술, 복지, 건강, 주민자치 등 다양한 부문들이 개입되 어 있다. 이들 중에는 인간의 생존적 필요를 충족시켜 주는 것도 있고, 실존적 필요를 충 족시켜 주는 것도 있다(윤여각, 이희수, 양병찬, 2012). 주민이 지역에서 인간으로서 삶을 유지하기 위해서는 생존적 필요와 실존적 필요가 모두 충족되어야 하며, 이를 위해서는 지역의 각 부문들이 균형적으로 발전되어야 한다.

따라서 지역을 기반으로 하는 생활권 단위에서 운영되는 프로그램은 포플린(Poplin, 1979)이 강조한 지역성과 공동체성을 중심으로 지리적 공간, 사회적 상호작용, 공동유 대와 같은 요소들이 강조된다. 또는 지역사회에서 이웃 사람들과 정상적인 관계를 유지 하면서 시민적, 정치적 책임을 수행하고 사회도덕을 존중하는 것(Olsen, 1954) 등이 프 로그램을 통한 사회과정의 기초가 된다. 전통적으로 지역사회를 연구하는 학자들이 강 조하는 지점들은 공통적으로 지역주민들의 사회적 상호작용이나 집단에 대한 정체감을 갖는 의미에서 공동체성 그리고 시민 · 정치적 책임과 활동을 강조하고 있다. 결국 지 역기반 평생교육은 사람들과 관계를 형성하고 혁신과 변화를 위한 교육의 장으로 지역 사회를 활용하며 도덕적 원칙으로부터 찾을 수 있는 프로그램의 목적과 원칙이 필요하 다. 더 나아가 지역사회에서 학습은 주민들이 그들의 지역사회를 발전시키기 위한 참여 의 결과로 나타나는 산물이므로 지역사회 발전은 본질적으로 주민의 학습활동이 되어 야 한다. 따라서 학습은 지역사회 발전을 위한 수단에 앞서 사회적 활동의 확장(Lave & Wenger, 1991) 속에서 일어나는 학습으로 이해해야 할 필요가 있다.

지역기반 평생교육방법으로 브룩필드(Brookfield, 1983: 66-70)는 자유모델(liberal model)과 해방모델(liberating model)을 설명하면서 자유모델은 주민들의 학습 요구를 만족하는 프로그램을 만들어 제공하는 전달 체제의 중요성을 강조한다면, 해방모델은 지역사회의 응집, 조화보다는 교육의 분열과 격차에 집중하여 불이익을 당하는 사람들의 행복 증진과 관련된 사회구조의 재편을 강조하였다. 영국의 급진적인 성인교육자들인 알랜스키(Alinsky), 프레이리(Freire), 홀튼(Holton)은 해방모델에 기초하여 지역사회의 협력, 조화보다는 교육의 격차로 발생하는 불이익 집단의 행복 증진과 관련된 부분에 집중하였다. 전통적으로 평생교육의 선구자들은 지역사회를 중심으로 소외계층을 위한 교육기회의 확대, 자아실현, 공동체 구현 등을 위해 노력해 왔다(이해주, 2010). 예를 들면, 빈민지역인 안티고니쉬 지역을 신용협동조합과 성인교육으로 발전시킨 캐나다 안티고니쉬운동(antigonish movement), 브라질 빈민가인 레시페(Recife) 지역 농민들을 문해교육을 통하여 의식개혁과 지역사회발전을 이루어낸 낸 프레이리(Freire)가 그렇다. 이들은 학습자들이 구체적인 삶의 현장에서 문제를 스스로 인식하도록 하고 공동체 구현을 통해 지역사회의 문제를 해결하면서 개인과 지역의 발전 및 성장을 함께 이루도록 강조했다. 이들의 입장은 남미뿐만 아니라 영국과 미국의 지역사회운동에도 영향을 미쳐 실천적인 방식으로 교육을 이해하는 인식을 확산시켰다(Jarvis, 1983).

최근 세계화, 신자유주의의 확산으로 인한 공동체 붕괴 징후는 다시금 지역기반 평생교육의 부활을 요구하고 있다. 한국의 평생교육 흐름에서 살펴보면 2010년대 이전은 '광역기초자치단체 단위, 공급자 중심'으로 공적 평생학습의 기반이 확충되던 시기로 평생학습을 지원하는 체제 정비로 평생학습의 확산과 제도화에 크게 이바지하였다. 그러나 공급자 중심의 평생학습 정책 기획과 집행이 일반적이었다. 한편, 2010년대 이후 '생활권 단위, 시민주도' 평생학습 정책이 마련되면서 그동안 평생학습 정책의 수혜자였던 주민이 주도하는 생활권 중심의 평생학습이 강조되기 시작하였다. '제3차 평생교육진흥기본계획(2013~2017)'에 따라 국정과제로 추진된 '행복학습센터' 사업은 국민 모두가 언제 어디서나 어떠한 연령이든 원하는 교육을 자신의 지역생활권 단위에서 받을 수 있도록 하였다. 일상생활에서 필요한 교육프로그램이 기획되고 학습동아리가 운영되었으며 지역주민을 학습매니저로 양성하고 학습공간에 배치하는 내용을 중심으로 확대되었다. 이러한 변화는 그간 주민을 평생학습의 수혜자 또는 정책 대상자로 여겨왔던 관행을 깨고 시민이 평생학습에 주도적으로 참여할 수 있는 큰 계기가 되면서 지역기반 평생교육의 양적 · 질적 발전을 가져오게 되었다.

2. 지역기반 평생교육 실천사례

1) 학습동아리 활동 지원

(1) 유래

국내 학습동아리의 정신적 뿌리는 지역사회 안에서 공동노동과 놀이를 통해 지역공동체를 만들어 왔던 '두레' 정신에서 찾을 수 있다. 또한 다양한 결사체를 이루고 규약을 정해 상호이익을 도모했던 '계' 역시 자발적이고 민주적인 학습동아리의 연원으로 학습동아리 운영에 시사점이 크다. 학습동아리 운동의 근대적 모습은 1960년대 이후 다시 나타나기 시작했는데 하나는 국민계몽운동의 일환으로, 다른 하나는 저항운동 맥락에서 의식화 운동의 일환이었다. 국민계몽운동의 일환으로 시작된 실천 사례는 1960년대에 전개되었던 독서회 중심 마을문고 운동에서 찾아볼 수 있다. 저항운동의 맥락에서 시작된 사례는 1960년 대학생들을 중심으로 형성된 '학습서클'이었다. 학습서클을 중심으로 농촌 문제, 분단 문제, 계급 문제에 관한 사회변혁을 지향하면서 1980년대 활발했던 학생운동과 사회운동의 토대가 되었다. 1990년대 이후 학습동아리는 비영리민간단체를 중심으로 시민영역에서 활성화되기 시작했다. 특히 YMCA의 학습공동체 운동, 지역사회교육협의회와 생활협동조합에서의 동아리 활동 등이 매우 대표적이다. 2000년대부터 스웨덴을 비롯한 외국의 학습동아리 운동이 소개되었고 평생교육 관점에서 학습동아리 운동에 본격적으로 접근하기 시작하면서 현재와 같은 형태로 학습동아리가 성장하고 확산되었다(박상옥 외, 2014).

외국의 학습동아리 사례로는 대표적으로 스웨덴의 스터디 서클이 있다. 19세기 후반 스웨덴은 빈곤과 불평등, 신대륙 이주에 따른 인구의 대폭 감소 등 사회불안에 시달리는 상황에서 오스카 올슨(Oscar Olsen)이 1902년 스터디 서클을 시민운동에 도입한 이래로 스터디 서클은 스웨덴에서 가장 중요한 성인 시민교육형태로 성장하였다. '스터디 서클'이란 동아리 동료들의 공동 참여를 통해 미리 정해진 주제를 체계적으로 학습하는 모임으로 일반 시민이 함께 모여 공통적인 관심사에 대해 학습하고 이를 실천하는 학습공동체 운동이다. 시민운동 형식의 스터디 서클은 시민들이 자신의 주장을 알리고, 형식교육을 받지 못한 성인들에게는 교육기회로 제공되었으며 구성원들에게 조직 운영의 방법에 대해 가르치는 매체가 되었다. 또한 스터디 서클 참여자들은 지역사회 활동에 민주적으로 참여하는 방법을 배웠고, 그 결과 스터디 서클 참여자들 중에서 지역 지도자가 배출되기도 하였다.

일본에서는 자조그룹의 형식으로 공민관 교육프로그램의 후속 모임을 중심으로 학습동아리 운동이 활발히 진행되었다. 특히 일본 생애학습센터나 비영리조직의 성인교육 활동은 국가 차원의 적극적인 지원 정책을 바탕으로 적극적으로 추진되었으며, 그 일환으로 공민관을 거점으로 하는 자조그룹 활동이 활발하게 진행되고 있다.

최근 한국에서 학습동아리에 관한 관심이 급증하는 이유는 오늘날 평생교육이 안고 있는 과제인 시민중심 네트워킹 학습사회 구현과 지역공동체의 복원, 그리고 학습자의 진정한 학습주체화 때문이다(이지혜, 홍숙희, 2002). 이것은 이제까지 다분히 수사적으로만 여겨졌던 학습자를 학습 주체로 세력화하려는 노력으로 설명할 수 있다.

(2) 운영 원칙

학습동아리는 일반적인 소모임과는 다르게 자발적이고 지속적인 학습활동을 위해 구성원들이 동기와 목표를 공유하고 협력할 때 그 지속가능성이 담보된다. 따라서 리더의 역할과 권한, 회원의 의무와 권리, 회의와 토론의 방식, 학습 과정과 평가의 기준 등을 민주적으로 협의하기 위한 운영 원칙 마련이 필요하다. 도움을 주는 운영 원칙은 다음과 같다(이해주, 2000에서 재인용).

- **평등과 민주주의의 원칙**: 학습동아리의 활동은 참여자들과 관계자 간의 평등한 인간관계와 민주적 절차에 따른 운영을 기본원칙으로 한다.
- **해방의 원칙**: 참여자들의 내재적 역량과 잠재력을 개발함과 동시에 개인이나 사회가 안고 있는 문제점들을 드러내고 정의롭지 못하거나 잘못된 것들은 과감히 고쳐 나가 사회를 변화시키도록 노력해야 한다.
- **협동심과 동료애의 원칙**: 학습동아리는 모두의 장이기 때문에 구성원들의 상호 협조와 동료애를 중시하므로 경쟁보다는 협력을 강조하여 함께 학습하고 공동으로 작업해야 한다.

- **동아리 운영의 자유와 목표설정의 권리:** 각 동아리의 목표는 구성원들에 의해 결정되고 그들의 요구나 바람에 기초하여, 학습동아리가 운영되어야 한다.
- **연속성과 계획성의 원칙:** 학습동아리의 교육 내용들은 연속적으로 이루어져야 하며 일회적인 운영은 지양되어야 한다. 따라서 모든 학습동아리의 활동은 철저한 계획 하에 이루어져야 한다.
- **적극적 참여의 원칙:** 구성원들의 적극적인 참여가 없다면 학습동아리는 아무런 의미가 없다. 사람들은 참여할 때 배우므로 구성원들의 적극적 참여를 유도하기 위해서는 5~20명으로 구성되도록 한다.
- **학습자료 준비의 원칙:** 모든 학습활동은 사전에 자료를 프린트하여 준비한다. 스웨덴의 경우, 국가교육협회에서 자료를 무상으로 제공한다.
- **변화와 행동의 원칙:** 학습된 내용은 행동으로 이어지고 사회변화를 촉진할 수 있어야 하며, 실천집단으로서의 기능이 요청된다. 이때 행동과 학습의 순환이 중요하다.

(3) 유형과 특징

학습동아리는 학습의 목적 또는 의미에 따라 심화학습형, 전문탐구형, 사회참여형 등 세 유형으로 구분할 수 있다. 이 세 유형이 뚜렷하게 구분되기도 하나 많은 경우 겹쳐서 나타난다. 학습동아리의 성장 과정을 살펴보면 처음에는 특정 주제 영역의 관심에서 출발하여 점차 전문가집단으로 성장하고 당면한 문제를 공동의 문제로 바라보고 해결을 위해 참여하는 과정으로 성장해 나가는 것을 볼 수 있다. 그런 점에서 세 유형은 학습동아리의 발전 단계로 볼 수 있는데 현장에서 학습동아리를 지원 육성할 때 각 유형별 특징을 이해하고 특징에 맞는 운영 방식에 초점을 두고 살펴봐야 한다(박상옥 외, 2014에서 재인용).

- **심화학습형 학습동아리:** 심화학습형 학습동아리는 주위에서 쉽게 접할 수 있는 학습동아리 형태로 성인학습과정 수료 후 참여자들이 배운 지식의 심화학습과 기술을 습득하기 위한 목적으로 결성된다. 학습의 초점을 개인에게 맞추고, 개인의 능력 신장을 위한 주제를 학습하는 특성이 있다. 운영 방식은 리더나 강사를 중심으로 이루어지며, 리더와 강사, 참여자 간의 상호작용을 통해 학습이 이루어진다. 대부분 초빙 강의와 독서토론을 중심으로 개개인의 관심사나 특정 주제에 관련된 심

층 지식과 기술을 습득한다. 심화학습형 학습동아리 리더는 전체적인 실무를 담당하여 강사를 섭외하고 자료를 준비하고 참여자를 동원하고 독려하는 역할을 한다.

- **전문탐구형 학습동아리**: 전문탐구형 학습동아리는 일정 정도의 수준을 공유한 학습자들이 전문영역별로 스스로 선택한 학습주제를 바탕으로 토의와 탐구를 하기 위해 결성된다. 개인과 공동학습에 초점이 맞춰지며 전문가로서 더욱 전문능력을 함양하고 전문지식을 재생산하여 보급하는 형태로 학습이 진행된다. 운영방식은 참여자 중심으로 이루어지며, 학습 유형은 내부 참여자의 강의 정보교류와 학습동아리 토론을 중심으로 이루어진다. 전문탐구형 학습동아리는 전문영역별 지도자들의 모임으로 구성되는 경우가 대부분으로 활동의 대부분이 전문지식 습득, 지식 생성, 전문지식의 보급에 맞춰진다. 전문탐구형 학습동아리의 리더는 집단학습의 경험자로 구성원 간에 역할 분담을 주도하고, 프로그램을 기획하고 토론을 주재하며 회원활동을 독려하는 촉진자 역할을 한다.

- **사회참여형 학습동아리**: 사회참여형 학습동아리는 자신이 주거하는 지역사회에서 발생하는 문제를 찾아내고 그 해결을 목적으로 만들어진다. 시민운동단체에 속해 있는 학습동아리들이 여기에 해당한다. 이들은 이슈 가운데 관심있는 주제를 선정하여 학습한다. 역시 리더와 참여자 중심으로 운영되며, 문제상황에 적합한 의제를 선택하여 학습하고 토론하는데, 이때 토론자료로 TV, 신문 등 다양한 사례자료를 활용한다. 사회참여형 학습동아리는 대부분 지역사회문제 중심의 토론과 성찰을 통해 학습하고 이를 실천한다. 그러므로 학습자는 임파워먼트 된 해결사로서의 위상을 지니며, 지역사회의 구성원으로 그 책임과 오피니언리더의 모습으로 나타난다. 리더는 수평적 조력자(facillitator)의 역할을 하게 된다.

● 표 9-1 유형별 학습동아리의 특징

구분	심화학습형	전문탐구형	사회참여형
학습 목적	심층 지식 및 기술 습득	전문영역별 선택 주제에 대한 탐구, 토의	지역사회의 당면 문제, 혹은 장기과제 해결
주제 특성	개인 능력 신장	전문가로서 전문능력 함양과 생산적 전문능력 재생산	사회문제
운영 방식	리더, 강사 중심	참여자 중심	리더, 참여자 중심

학습 유형	초빙 강의 및 독서토론 중심	내부자 강의, 정보교류, 학습동아리 토론	지역사회문제 중심, 토론과 성찰
학습 이념	개개인의 특정 주제 영역의 심층 지식과 기술 습득	전문지식 습득, 지식 생성, 전문지식 보급	사회적 실천을 통한 문제해결 및 대안 제시
리더의 역할	운영 실무 총괄(강사 섭외, 자료준비, 참여자 동원 및 독려)	집단경험학습에 관한 숙련가, 구성원 간 역할 분담, 프로그램 기획 및 토론 촉진자 역할 수행	실천적 전략가, 조직가, 토론 및 성찰의 촉진자

출처: 한국교육개발원(2004), p. 29에서 일부 수정.

(4) 발달단계

학습동아리는 평생교육 참여자를 중심으로 프로그램 종료 후 학습 주제를 지속해서 학습하기 위해 학습동아리를 조직하게 되는데 강사나 기관의 개입 없이 동일한 주제에 관심 있는 지역주민이나 직장인들이 모여 일반적인 소모임 성격에서 학습 중심 모임으로 전환하는 '학습동아리 형성기'가 시작된다. 이때 평생교육기관에서는 적극적인 지원과 세심한 관심이 필요하다. 이후에는 '학습동아리 성장기'가 오게 되는데 결성된 학습동아리가 정기적인 학습뿐만 아니라 다양한 활동을 지속해서 전개하여 기관이나 지자체 제공 프로그램 참여 및 공모사업에 참여로 사업이 확장된다. 활동 결과 공유회나 역량강화 워크숍, 평생학습 축제 등에 참여하고 지역의 다른 동아리들과 연대하면서 회원의 개인 성장과 지역리더로 성장하게 된다. '학습동아리 너머' 단계에서는 동아리의 비전과 학습하는 목적의 소멸, 안정적 조직체계 미비, 참여자 감소, 갈등, 학습 과제 미발견 등의 이유로 운영 원칙에 따른 절차에 따라 학습동아리 해산을 공식 선언, 활동 기록(자료는 평생교육 실천에 귀중한 자원)을 소속 기관이나 지자체 등에 이관하고 운영 원칙에 따라 발전적인 해산을 하게 된다. 이후 시민단체, 사회적 기업, 전문가 협회 등으로 역할이 확장되거나 새롭게 전환된다. 현장에서 학습동아리를 육성 지원할 때는 〈표 9-2〉에서 제시하는 바와 같이 발달단계별 특성을 파악하여 지원해야 한다.

표 9-2 학습동아리 발달단계별 촉진 내용

	조직 준비 단계	조직화 단계
학습동아리 형성	준비모임 목적설정 자원 발굴	참여자 모집 학습계획 수립 운영원칙 결정 역할 분담
	활성화 단계	**동아리 연대**
학습동아리 성장	정기적 학습모임 지역사회에 실천 전문가역량 강화	타 동아리와 연대활동 지역사회 문제 장기적 문제
	새로운 시작	**활동 종결**
학습동아리 너머	비전 및 목적 변화 (비영리 단체 및 조합 결성) 새로운 조직 형태로 전환	목적 달성 발전적 해산

출처: 박상옥 외(2014), pp. 10-11 재구성.

2) 주민활동가 양성을 통한 학습공동체 활동 지원(한걸음에 닿는 동네배움터 사업을 중심으로)

(1) 운영배경 및 운영체계

동네배움터 사업은 서울시와 서울시평생교육진흥원이 함께 하는 사업으로 지역 내 유휴공간을 지역주민을 위한 학습공간으로 활용하여 주민이 원하는 생활 밀착형 평생학습 프로그램을 운영하고 주민이 직접 참여하는 학습공동체 활동을 지원함으로써 서울 시민의 촘촘한 생활근거리 평생학습 체계를 구축하는 사업이다. 동네배움터의 전신은 '제3차 평생교육진흥기본계획(2013~2017)'에 따라 국정과제로 추진된 '행복학습센터' 사업이다. 행복학습센터는 3년 한시 지원 사업이었기에 서울시평생교육진흥원은 서울시 내 자치구, 전문가 등과 다층적 협의회를 거쳐 서울의 특성을 반영한 '서울형 생활권 평생학습센터' 사업을 구상하였다. 당시 비전은 '배움으로 성장하고, 나눔으로 실천하는 작은 동네 살이 실현'으로 동네배움터 사업의 가치가 이 비전에 담겨 있다. 2017년 서울 시민 누구나 근거리 생활권에서 평생학습에 참여할 수 있는 서울형 동 단위 평생학습센터 동네배움터 운영 사업인 '한걸음에 닿는 동네배움터 운영사업'이 시작되었으며 2019년부터는 평생교육사 2급 자격 소지를 한 '동 평생학습 전문가' 전담 인력을 서울시

자치구에 배치하면서 사업 운영의 전문화를 추구하였다.

　이 사업의 근거가 되는 법령은 2014년 1월 「평생교육법」 개정으로 시·군·자치구의 단체장은 읍·면·동별로 주민 대상 평생학습 프로그램을 운영하고 상담을 제공하는 평생학습센터를 설치·운영할 수 있게 되었다. 그 결과 우리나라는 중앙-광역시·도-시·군·자치구-읍·면·동에 이르는 촘촘한 평생교육 전달체계가 구축되면서 서울시도 동네배움터의 법적 기반인 '동 단위 평생학습센터 설치·운영'의 근거를 마련하게 되었다. 2023년 「평생교육법」 일부가 개정되면서 「평생교육법」 제21조의3(읍·면·동 평생학습센디의 운영)」① 시장·군수·자치구의 구청장은 읍·면·동별로 주민을 대상으로 하여 평생교육 프로그램을 운영하고 상담을 제공하는 평생학습센터를 '운영할 수 있다'에서 '운영하여야 한다'로 개정 강화되었다. 이에 따라 인구감소로 인한 지방소멸 위기와 인구 고령화 속도에 대응하여 지역기반 평생교육 활성화를 위한 근거가 마련되었다. 서울시 노원구 평생교육진흥조례의 사례를 살펴보면 동 평생학습센터의 기능과 역할을 확인할 수 있다.

「노원구평생교육진흥조례」

제24조(기능) 동 평생학습센터는 다음 각 호의 기능을 수행한다.
  1. 동·권역별 지역주민 맞춤형 평생교육 프로그램 개발 및 운영
  2. 지역문제 해결을 위한 프로그램 특성화 및 학습공동체 육성지원
  3. 그 밖에 평생교육진흥을 위하여 구청장이 필요하다고 인정하는 사업

　동네배움터의 추진체계는 4 주체로 '서울특별시-서울특별시평생교육진흥원-자치구-동네배움터 운영위원회'로 구성되어 있다. '서울특별시'는 동네배움터 운영사업의 정책 총괄을 담당하며 지속 가능한 정책적 견인의 책임을 맡고 있다. '서울특별시평생교육진흥원'은 동네배움터 사업의 확산을 위한 연구·교육·컨설팅 등의 운영지원을 맡고 있으며, '자치구'는 동네배움터 운영, 사업 수행을 위한 예산확보, 동 평생학습 전문가 채용 및 관리, 공간 발굴 및 지원, 성과지표 등을 관리한다. 그리고 동네배움터의 실질적인 주인이자 주체인 '동네배움터 운영위원회'는 지역의 주민으로 구성되며 학습공간 운영 및 주민 조직화, 동네배움터에서의 프로그램 개발 및 학습·실천 활동 운영 등의 책임을 맡고 있다. 기존 평생교육 프로그램 운영 방식이 관 주도 또는 전문가가 주도하는 방식

이었다면, 동네배움터는 그 지역주민이 학습의 주체가 되어 프로그램을 기획·운영·평가하는 방식이다.

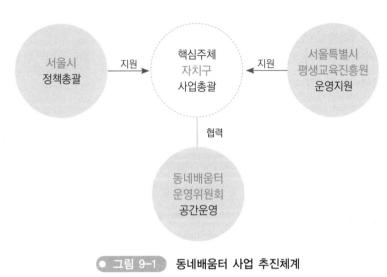

핵심주체
자치구
사업총괄

서울시
정책총괄

지원 →

서울특별시
평생교육진흥원
운영지원

← 지원

협력

동네배움터
운영위원회
공간운영

●━ 그림 9-1 ━● **동네배움터 사업 추진체계**

출처: 서울특별시평생교육진흥원(2021), p. 10.

동네배움터 운영위원회는 운영위원들이 스스로 수립한 자치 규약에 따라 운영되는데 이들의 역할은 〈표 9-3〉과 같다. 최근 평생교육의 흐름이 '주민자치' 그리고 '교육자치(혁신교육)'와 같은 영역들과 연계함으로써 평생교육의 외연을 확장하고 주민을 학습의 주체로 조직화하여 프로그램의 지역화를 위한 평생교육의 방법으로 변화하고 있다.

● 표 9-3 **동네배움터 운영위원회 핵심 역할 및 내용**

주체	핵심 역할	내용
동네배움터 운영위원회	공간 운영	주민조직 및 운영위원회 구성 운영 자치 규약 제정 지역기반 프로그램 개발 및 기획 지역 과제발굴 및 운영 학습공간 운영 지역 강사 발굴 배움지기 선정

출처: 서울특별시평생교육진흥원(2021).

(2) 동네배움터 운영모델

동네배움터는 지역사회기반 평생학습과 행동을 지향하는 '공동체 디자인 플레이어(CD-PLAYER)'에 가치를 두고 있으며, 이 용어는 Community Design-Place-based Lifelong Learning & Action for democracY, Engagement, and Revitalization의 대문자로 각각이 뜻하는 민주주의, 현실 관여, 되살리기를 목표로 하는 장소 기반 평생학습과 행동을 의미한다(강대중 외, 2019).

● 표 9-4 **동네공동체 디자인 플레이어의 의미**

CD-PLAYER	공동체 디자인 플레이어	의미
Community	공동체	동네배움터는 공동체 형성과 강화를 지향한다.
Design	디자인	동네배움터는 주어지는 것이 아니라 만들어지는 것이다.
Place-based	장소기반	동네배움터는 구체적인 장소를 지칭한다.
Lifelong Learning	평생학습	동네배움터의 핵심 기능은 평생학습이다.
Action	행동	동네배움터는 실천 행동을 추구한다.
democracY	민주주의	동네배움터는 일상의 민주주의를 실현한다.
Engagement	현실 관여	동네배움터는 동네의 구체적인 현실 문제에 개입한다.
Revitalization	되살리기	동네배움터는 동네를 되살리고 공동체를 활성화한다.

출처: 강대중 외(2019), p. 159.

지역사회 성장 모형으로서 동네배움터의 핵심은 '학습'과 '실천'이며, 동네배움터가 교육적 기능과 사회적 기능의 균형하에 주민의 더 나은 삶터를 만드는 것에 있다. 동네배움터는 주민주도의 관점에서 주민들 스스로가 자신들의 배움을 바탕으로 동네에 필요한 변화를 발견 · 기획 · 추진해 나갈 수 있는 운동적 가치를 갖는다는 점에서 의미가 매우 크다. 지역사회 성장 모형으로 동네배움터의 가치는 [그림 9-2]와 같다.

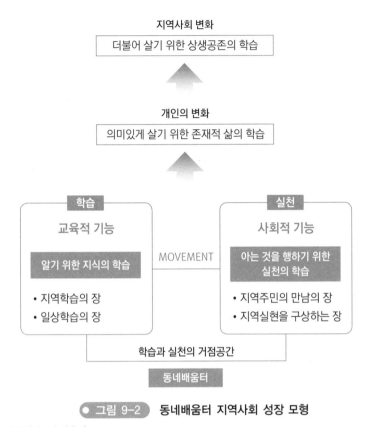

● 그림 9-2　**동네배움터 지역사회 성장 모형**

출처: 서울특별시평생교육진흥원(2021), p. 6.

(3) 학습-실천 프로젝트

동네배움터에서는 주민을 대상으로 여는 프로그램뿐만 아니라 학습동아리 활동, 동네배움터 개소식, 동네배움터 성과공유회, 학습-실천 프로젝트와 같은 다양한 학습공동체 활동이 프로그램 기획 단계에서 함께 이루어진다. 학습-실천 프로젝트란 내가 살고 있는 동네 또는 지역의 학습 관련 문제 또는 작은 생활 문제에 관심을 갖고, 이에 대해 주민들이 스스로 학습하여, 해결 방안을 탐색하고, 그 방안을 직접 실천하는 프로젝트이다. 학습 관련 문제나 동네 또는 지역에서 일어나는 모든 문제가 학습-실천 프로젝트의 주제가 될 수 있는데 긴급돌봄, 생활문해교육, 재능기부, 안전, 환경, 미세먼지, 층간소음, 쓰레기, 상권 살리기, 길냥이, 사회적 고립, 세대 이해 등이 포함된다. 프로그램에 참여한 주민들이 학습-실천 프로젝트의 주제를 구체화하는 과정은 [그림 9-3]과 같다.

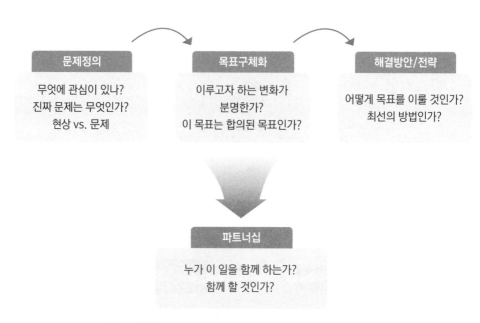

그림 9-3 학습-실천 프로젝트 주제를 구체화하는 과정

출처: 서울특별시(2019), p. 20.

　　동네배움터 사업의 전담기관인 평생학습기관에서는 학습-실천 프로젝트가 원활하게 운영되도록 세심한 지원을 하게 된다. 학습-실천 프로젝트 이해를 돕는 오리엔테이션을 제공하거나 직접 실행에 옮기기 전에 맞춤형 컨설팅을 제공할 수도 있다. 이러한 과정은 평생교육이 프로그램을 제공하는 수준이 아니라 주민이 사는 지역 문제를 정의하고 그 문제를 해결하는 방식을 찾아 주민 스스로 그러한 과정에 참여함으로써 학습의 주체가 되도록 도울 수 있다. 학습-실천 프로젝트 현장 사례는 [그림 9-4]와 같다.

교육문제: 용산구 HBC(해방촌) 동네배움터 학습-실천 활동

- 영어원리와 독서를 통해 영어 기능 신장을 위한 프로그램 기획, 운영
- 어린이 대상 프로그램 운영 시 독서와 영어에 대한 부모의 이해 필요
- 경력단절여성 대상 영어독서 지도사 과정에서 배출된 주민강사 참여
- 경력단절여성 강사 참여를 통해 주민의 사회참여 관심 증가

그림 9-4 용산구 HBC(해방촌) 동네배움터 학습-실천 프로젝트 운영 사례

출처: 서울특별시평생교육진흥원(2019), p. 8.

3) 평생학습 주민활동가 육성

(1) 주민활동가[1] 육성 배경

지역기반 평생학습 확산에 따른 주민주도의 평생학습 문화조성과 공동체 형성이 중요해지면서(양병찬 외, 2017) 평생교육 전문가 확보를 위한 주민활동가들이 대규모 양성과정을 통해 지역에서 활동하고 있다. 특히, 제3차 평생교육진흥기본계획에서 읍·면·동 지역기반 근거리 평생학습 체계구축 사업이 확대되면서 전국 평생학습도시 육성사업을 통해 확산되었다. 주민활동가는 마을이나 소규모 행정단위부터 광역시·도까지 다양한 수준에서 평생학습을 위한 새로운 거버넌스 요소로 평가되고 있다(김종선, 박상옥, 2013).

기초지자체 사업의 목적과 규모에 따라 양성되는 주민활동가들의 명칭과 처우 그리고 근무 형태는 매우 상이하다. 경기도평생학습마을공동체 사업에서는 '평생학습코디네이터' '마을리더' '학습자원 활동가'로 부르며, 행복학습센터 사업을 운영하는 지자체에서는 '행복학습매니저' '학습정원사' '학습반디 매니저'로 부르는 등 다양한 이름으로 이들을 지칭하고 있다(경기도평생교육진흥원, 2017).

(2) 주민활동가의 평생학습 전문성

경기도 평생학습매니저의 활동분석과 지속성 연구(경기도평생교육진흥원, 2017)에 따르면 이들의 역할 수행을 위해서는 공통으로 일정한 전문성이 요구된다. 마을의 평생교육이 운영되는 공간에서 활동하고 지역주민들에게 평생교육 정보제공 및 학습 상담을 통하여 이에 맞는 프로그램 제공이 주요 역할이기 때문이다. 이렇듯 활동 전반에 걸쳐 평생교육사와 유사한 역할을 수행하도록 요구받고 있으며 평생교육사 자격 유무보다는 자발성을 가지고 주체적으로 활동하고 있다.

(3) 주민활동가의 역할

2014년 교육부 행복학습센터 사업으로 육성되었던 주민활동가는 행복학습매니저로부터 시작되었다. 당시 행복학습매니저는 읍·면·동 마을 단위에서 주민주도형 학습

---

1) 이 장에서 지칭하는 주민활동가는 동 평생교육사, 학습매니저, 학습플래너, 평생학습 코디네이터 등 전국의 평생학습도시에서 양성 과정을 통해 마을 단위에서 활동하고 있는 지역 활동가를 의미함

문화 정착과 확산을 위해 지정·운영되는 행복학습센터를 체계적으로 운영하는 일을 전담하는 주민활동가로 자리 잡았다. 행복학습매니저는 지역사회에 대한 관심과 애정을 가지고 지역주민들과 지역사회의 학습 요구를 반영하여 마을 단위 행복학습센터에서 평생교육 프로그램 혹은 평생교육 사업을 개발하고 운영하는 것이 주요 역할이다. 일반 주민들 중에서 행복학습매니저 양성과정을 수료하였거나, 기존의 평생학습 관련 주민활동가로서 재교육에 참여하여 행복학습센터와 행복학습매니저의 역할을 이해하고 주민과 지역사회의 평생학습 실현을 돕고자 하는 주민 누구나 행복학습매니저가 될 수 있다. 이를 위한 행복학습매니저의 활동영역은 지역사회 관심 갖기, 평생학습동아리 활성화하기, 프로그램 개발 및 운영이다. 이후 전국 기초지자체에서는 행복학습매니저 역할을 기저 삼아 지자체의 특성이 반영된 역할을 조정하면서 운영하고 있다.

(4) 주민활동가 양성과정 운영 방법

① 양성과정의 운영 방법

양성과정을 운영하는 방법은 지자체에서 직영하거나 기관에 위탁하여 진행하기도 하는데, 위탁은 대학을 비롯한 교육전문 기관이나 주민리더 단체 및 협의회를 통해 진행할 수 있다. 주민활동가 양성 과정을 위탁하여 운영하는 경우 위탁기관이 본 양성과정의 취지를 충분히 이해하고 목적에 맞는 교육을 운영할 수 있도록 위탁기관의 전문성을 면밀히 검토하고 교육 진행 과정을 수시로 협의하면서 점검해 가는 것이 무엇보다 필요하다.

양성과정은 일반적으로 기초과정을 실시한 후 심화과정이나 워크숍, 보수교육 등의 형태로 추가교육을 실시하고 있다. 특히 심화과정이나 보수교육은 실제 마을에서 활동하면서 현실적으로 필요한 직무 수행능력을 키우고, 현장에서 경험한 애로사항 등을 해결하기 위한 심화교육 혹은 실천교육 형태로 진행하여 주민활동가들에게 실제적인 도움을 줄 수 있는 내용을 담아야 한다.

교육부와 국가평생교육진흥원(2014)에서는 행복학습매니저 양성과정 매뉴얼을 개발하여 주민활동가들이 학습현장에서 갖추어야 할 기초 역량 등을 교육하고 실천 현장에서의 현장감을 갖게 하는 내용을 담고 있다. 이를 기초로 실제 지자체에서는 각 상황에 맞게 행복학습매니저 양성과정을 탄력적으로 운영하고 있다. 교육시간은 주 1회~매일, 2~4시간씩 운영하거나 혹은 하루 종일 집중식으로 운영하는 경우도 있으며 심화과정이나 워크숍의 경우에는 숙박 형태로 진행하는 경우도 있다.

② 양성과정의 커리큘럼

양성과정의 내용을 구성하는 일은 매니저의 직무 및 활동과 관련된 것이기 때문에 매우 중요한 부분이다. 주민활동가의 학습 기초역량으로 필요한 양성과정의 내용은 평생학습의 개념, 국가평생교육 정책의 이해, 동 평생학습센터의 이해, 주민활동가의 역할 및 자세 등이다. 대인관계, 자기관리, 지역사회 이해는 개인 역량으로 포함된다. 직무역량으로는 마을 자원찾기, 평생학습동아리 활성화, 주민요구조사, 학습자 상담, 네트워크 등이 포함된다. 국가평생교육진흥원에서 제시하는 양성과정 교육안은 〈표 9-5〉와 같다.

● 표 9-5 주민활동가 양성 기초과정 커리큘럼(안)

교육 차시	강의 주제	주요 내용	교수방법	교육 내용
1	평생학습의 기본개념 이해하기	평생학습의 기본개념 우리나라 평생교육 정책	설명/실습	3
2	행복학습센터와 행복학습매니저 역할 이해하기	행복학습센터 등장 배경 행복학습매니저 역할		3
3	우리 마을에 관심갖기	마을의 기본개념 마을 내 학습자원 찾기 마을 내 의제 찾기	설명/실습/피드백	3
4	배움으로 행복한 학습마을 탐방하기	우수한 마을견학 또는 사례소개		3
5	평생학습마을 비전 만들기	마을 비전 수립 마을 핵심 가치 수립 프로그램/사업 아이디어 구상	설명/실습/피드백	3
6	평생학습마을 프로그램 개발하기	요구조사 방법 프로그램 개발 절차 프로그램 개발 워크숍	설명/실습/피드백	3
7	평생학습마을 프로그램 발표하기	마을별 프로그램 발표 마을별 프로그램 상호 피드백	설명/실습/피드백	3
8	학습동아리 이해하기	학습동아리 기본개념 학습동아리 활성화 전략		3

| 9 | 행복학습센터 운영 관리하기 | 다양한 홍보 방법
학습자 관리 방법
프로그램/사업 운영 실무
프로그램/사업 성과관리 | 설명/실습/피드백 | 3 |
| 10 | 행복학습매니저 사명서
작성하기 | 행복학습매니저 역할 재인식
행복학습매니저 사명서 작성 및
발표 | 설명/실습/팀발표/
피드백 | 3 |

출처: 국가평생교육진흥원(2014), p. 84.

③ 주민활동가 양성과정 사후 관리

대부분의 인력 양성과정들이 교육으로만 종료되고 사후 활동으로 이어지지 못하거나, 양성 인원수 대비 소수 인원만 활동하게 되는 경우가 있다. 이에 주민활동가 양성과정을 운영할 때는 향후 실제 활동이 가능한 양성과정 학습자 수를 적절하게 조절하는 것이 필요하다. 지자체마다 상황은 다르지만, 양성과정 종료 후에 주민활동가들이 자발적모임을 형성하거나 관련 활동에 참여할 수 있는 장을 마련하여 정보교류와 실천역량 강화를 위한 노력을 지속할 수 있도록 기회를 마련해 주는 것이 필요하다. 예를 들어, 주민활동가 학습동아리, 주민활동가 협의회 등을 조직하거나 주민활동가들 중 일부는 재능기부 등으로 다른 기관에서 활동하도록 기회를 주고, 현장에서 활동하는 주민활동가들 간에는 상호학습이 가능하도록 멘토링 활동을 지원해 주는 등 사후 관리를 세밀하게 준비해야 한다.

④ 주민활동가 배치 이후 활동

현재 마을에서 활동하는 주민활동가는 지역주민, 전임직원, 위탁기관 직원(복지관, 수련관, 문화예술학교, 도서관 등) 등 다양하다. 일부 지자체에서는 복지관이나 공공기관을 동 평생학습센터 거점센터로 지정하여 그 기관 담당자를 거점센터 매니저로 활용하거나, 평생교육사를 채용하는 경우도 있다. 거점센터는 지역별 센터를 총괄 관리하는 기관으로서 해당 업무의 전문성이 요구되기 때문에 상근 형태의 평생교육 전문가인 평생교육사가 배치되는 것이 필요하다.

양성과정 수료 이후 주민활동가 선발은 일반적으로 양성과정을 수료한 자 중에서 배치될 기관의 지역 내 거주하고, 적극적인 활동 의지와 활동 시간대가 비교적 유연하게 잘 맞는 자, 지자체 사업 및 프로그램 운영 유경험자를 우선으로 선발한다. 주민활동가 현장 배치는 기초지자체별 상황에 따라 매우 상이하다.

　중요한 것은, 지역의 특성에 따라 주민활동가들이 다양한 직무에 전문성을 발휘하여 수행할 수 있도록 지원해야 한다는 것이다. 예컨대, 정기적인 간담회 운영, 프로그램 관리 및 기관 운영 관리 점검, 예산 사용 관리가 필요하다. 그리고 주민활동가의 업무를 체계적으로 관리하기 위한 업무분장표, 업무일지, 회의록, 문서 대장 등을 잘 활용하고 점검해 주는 과정이 중요하다. 또한 정기적인 주민활동가의 만남을 통해 업무 애로사항을 파악하고 지속적인 평생학습 역량 강화를 위한 교육 및 실천 워크숍, 그리고 교류의 장을 마련하여 활동 성과를 공유하는 시간도 필요하다.

⑤ 주민활동가를 통한 평생교육 프로그램 질 관리

　서울특별시평생교육진흥원(2017)에서는 프로그램을 기획하고 운영하는 기관에서 일정 수준의 프로그램 품질관리와 유지를 위한 가이드를 제공하고 있다. 적용 대상은 기관의 활용 목적에 맞게 그 대상을 설정하여 사용하며 구체적인 활용 목적은 기관별로 설정할 수 있다. 프로그램 품질관리 매뉴얼의 사용처는 공모 혹은 위탁 프로그램의 모니터링, 프로그램 관련 실무 경험이 적거나 평생교육을 전공하지 않은 직원을 위한 프로그램 운영 가이드로서의 활용 등이 고려된다. 평생교육 서비스의 품질관리를 위해 적용하는 원리는 〈표 9-6〉과 같다.

● 표 9-6　**서울형 평생교육 서비스 품질관리 점검 항목**

단계	점검 항목	세부 항목(*핵심 점검 항목)
I. 프로그램 기획	1. 이해관계자 요구 분석	1-1 학습자 요구 확인(*) 1-2 중앙정부나 지자체의 정책 기조 검토 1-3 소속기관의 비전과 전략 검토 1-4 유관기관 또는 단체의 요구사항 반영 1-5 학습 결과의 사회적 가치 검토 1-6 소외계층의 학습 참여 확대
	2. 참여적 교육계획	2-1 프로그램 기획 과정에 학습자 참여 2-2 이해관계자와 교육목표 협의 2-3 교육 자료나 교육 방법의 적절성(*) 2-4 학습자의 교육 결과 활용 고려(*) 2-5 학습자의 특징 확인과 반영(*)

II. 프로그램 운영	3. 학습자 지원	3-1 표적 학습자 집단 참여 확대
		3-2 교육정보 제공과 학습자 상담
		3-3 학습자 오리엔테이션(*)
		3-4 학습자의 프로그램 적응지원
		3-5 개인별 학습 이력 기록 관리
	4. 강사 지원	4-1 강사 풀 구축
		4-2 강사 오리엔테이션(*)
		4-3 강사 역량 강화
		4-4 강사 관련 소통제도 운영
	5. 학습 촉진	5-1 프로그램 종료 후 연계 활동 지원
		5-2 교육 자료 제공
		5-3 학습자 활동과 모임 지원
		5-4 학습자의 프로그램 반응 체크(*)
		5-5 강사 모니터링과 피드백(*)
		5-6 프로그램 문제점 개선(*)
III. 프로그램 평가	6. 교육 평가	6-1 교육목표 달성도 평가(*)
		6-2 성취도 평가의 타당도/신뢰도 확보
	7. 결과 보고	7-1 평가 결과의 체계적 분석과 해석
		7-2 이해관계자 관점에서 종합 평가(*)
		7-3 투명하고 공정한 평가 결과 보고
IV. 프로그램 개선	8. 학습환경 개선	8-1 적절한 학습공간과 시설 확보
		8-2 필요한 기자재와 장비 확보
		8-3 필요한 예산확보와 효율적 사용
		8-4 학습자들 휴식, 교류, 복지 공간 제공
		8-5 학습자의 안정, 정보 보호, 권리 보호
		8-6 필요한 인력과 자원 배분
		8-7 등록, 교육비 납부, 환불 규정
		8-8 중도 탈락, 노쇼, 취소 수수료 규정
		8-9 이용자 소통 채널 운영
	9. 품질관리 체계 개선	9-1 프로그램 품질관리 체계 운영(*)
		9-2 프로그램 산출물 관리

출처: 서울특별시평생교육진흥원(2017), p. 200.

3. 지역기반 평생교육의 과제

1) 교육철학으로서 지역기반 평생교육의 의미 제고

　지역기반 평생교육의 다양한 가치와 의제들은 각각의 지역적 환경과 우선순위를 반영할 뿐만 아니라 독특한 지역사회의 역사적 뿌리에 근거한다. 그러나 본질적으로 인간은 지역사회 안에서 태어나 지역사회의 공동체 안에서 삶의 질을 향상하고 자아를 실현하면서 사회구성원이 되어가기 때문에 지역과 평생교육은 긴밀한 동반자적 관계를 맺는다(정지웅 외, 2000). 한국에서 지역사회교육 개념과 역사에 관한 초기의 논의들은 평생교육 및 평생학습의 본질적 개념에 관한 관심과 이론적 성숙을 통해 이루어졌다기보다 지역개발이나 지역사회 문제해결을 보다 효율적으로 수행하기 위한 수단으로서 교육과 학습을 강조한 측면이 강했다. 그러나 최근의 사회변화와 지역기반 평생교육의 확대는 새롭게 평생교육의 차원에서 지역사회를 조망하는 '지역공동체 평생교육' 개념의 필요성이 강조되고 있다(이소연, 2014).
　지역기반 평생교육은,

(1) 평생교육의 본질을 실현시키고자 하는 철학적 개념이며
(2) 교육의 실천은 학교와 가정, 지역사회가 연계된 총체적인 차원에서 진행되어야 하며
(3) 교육적 과정에는 지역주민의 요구와 적극적인 참여가 수반되어야 하며
(4) 이를 위해 지역사회의 인적, 물적, 재정적 자원의 활용을 극대화하여 지역사회의 문제해결과 발전이 전제해야 한다.

　이러한 특성은 지역주민의 삶의 질 향상과 지역사회 발전이라는 틀 안에서 논의됨으로써 공동체성 함양, 시민·사회단체와의 연계와 참여를 통해 구체화되어야 한다.

2) 평생학습의 주체로서 지역주민 참여 확대

앞서 살펴본 지역기반 평생교육의 사례에서 확인할 수 있는 것은 읍·면·동 단위,

즉 주민의 생활권 단위에서 평생교육 정책이 강화되면서 주민이 적극적으로 평생교육에 참여하고 있다는 사실이다. 이러한 변화는 그간 평생교육 프로그램을 소비하는 '대상'에서 탈피하여 학습의 기획과 운영 그리고 평가에 관한 전반적인 과정에 스스로 참여함으로써 학습의 '주체'가 될 수 있다는 가능성을 보여 주고 있다. 방법론으로서 지역기반 평생교육의 핵심은 하나의 테크닉이나 일회적인 방법에서 한 차원 더 나아가는 데 있다. 마을 주민의 학습이 개개인의 사고변화와 실천으로 이어지고, 이는 지역평생교육 활성화 및 지속성을 유지하는 동력을 제공하는 데 핵심이 된다는 점에서 현장전문가들의 실천적인 성찰과 노력이 요구된다.

3) 주민의 생활과제를 학습과제로 연계

평생학습이 주민의 생활세계로 내려가면 그들의 생애 경로에서 당면하는 삶의 문제뿐만 아니라 그들의 생활 터전이 되는 지역사회 모든 공간에서 발생하는 갈등이나 지역 자체가 학습의 소재가 될 수 있다. 그러면 지역의 모든 가용자원이 활용되는 학습이 가능해진다. 즉, 지역주민의 생활과제(교통, 주거, 층간소음, 환경, 쓰레기 문제, 주차, 복지, 문화)가 학습의 과제가 되어야 하는 것이다. 지역 고유의 교육 프로그램을 개발 · 운영한다는 것은 이러한 차원에서 가능해진다. 이런 점에서 앞서 설명된 동네배움터 사업에서 확인된 주민 운영위원회 운영과 학습-실천 프로젝트 방식은 지역기반 평생교육방법론으로 매우 유효하다.

4) 주민과 지속가능한 지역기반 평생교육 논의 구조 필요

주민이 평생학습의 주체가 된다는 것은 프로그램을 스스로 기획 · 운영한다는 단편적인 차원의 이야기가 아니다. 지역단위 평생교육이 확대되면서 평생학습 기관들은 다양한 형태로 교육 서비스를 제공하고 있는데 주민 또는 민간 단체들이 거버넌스 파트너로 함께 협업하는 사례가 늘고 있다. 이러한 방식의 전환은 주민이나 평생학습 기관들이 평생교육 서비스의 수혜자가 아닌 행정과 직접 소통하고 협력하는 평생교육의 주체자로 성장시키고 있다. 이러한 변화는 주민과 지역의 동반 발전을 도모하는 기회가 된다. 서울시 동네배움터 사례의 경우 운영위원회가 대안이 될 수 있다. 동네배움터에 관련된 주민 구성원들이 지역기반 평생교육의 다양한 발전에 관해 함께 논의할 수 있는 구조를 마련하는 일은 매우 중요하다. 이를 위해 지역주민이 참여하는 운영 협의체를 구성하여 평생교육에 관한 공론의 장을 마련하고 주민 교육을 통한 생활 자치의 기회를 제공하여 지속가능하게 선순환될 수 있는 구체적인 실천 방법 습득과 세심한 지원이 요구된다.

≪ 생각해 보기

1. 학습동아리가 안정적으로 운영되기 위해 필요한 발달단계별 지원 방법은 무엇인가?
2. 생활권 단위에서 운영되는 평생학습 프로그램의 질 관리를 위해 우리가 점검해야 하는 항목과 내용은 무엇인가?
3. 지역주민이 평생학습의 주체가 되기 위해 우리가 적용할 수 있는 방법은 무엇인가?
4. 지역기반 평생교육방법론을 적용할 때 우리가 숙고해야 할 과제는 어떤 것이 있는가?

 참고문헌

강대중, 신민선, 박지선(2019). 한걸음에 닿는 동네배움터 운영사업 성과관리 연구. 서울특별시 평생교육진흥원.

국가평생교육진흥원(2015). 행복학습센터 운영 가이드북.

경기도평생교육진흥원(2017). 평생학습매니저 활동분석과 지속성 연구. 경기도평생교육진흥원.

김남선(2006). 지역사회교육론. 서울: 형설출판사.

김종선, 박상옥(2013). 시민 참여 실천조직으로써 남양주시 평생학습매니저의 확장학습연구. 평생교육학연구, 19(2), 1-32.

박상옥, 이재혜, 홍숙희, 박혜원(2014). 평생학습동아리 운영자료 개발. 국가평생교육진흥원.

서울특별시평생교육진흥원(2017). 서울형 평생교육 서비스 품질관리 방안연구. 서울특별시.

서울특별시평생교육진흥원(2019). 동네배움터 학습 · 실천 프로젝트 프로세스북. 서울특별시.

서울특별시평생교육진흥원(2021). 한걸음에 닿는 동네배움터 운영사업 매뉴얼. 서울특별시.

서희정(2010). 평생학습동아리 활성도 자가진단도구 개발. Andragogy Today, 13(4), 91-117.

양병찬, 신민선, 박상옥, 박형민, 이재준, 전광주, 임현선(2017). 서울형 동단위 평생학습센터 운영 모델 개발연구. 서울특별시평생교육진흥원.

윤여각, 이희수, 양병찬(2012). 지역사회교육론. 서울: 한국방송통신대학교출판부.

이소연(2014). 지역사회교육운동의 전개과정에 관한 연구. 중앙대학교 대학원 박사학위논문.

이해주(2010). 평생교육 패러다임의 변화: 다시 지역이다. 2010 서울평생학습축제 평생교육관계 세미나 자료집(pp. 9-30). 2010년 10월 15일. 서울: 올림픽파크텔 올림피아홀.

이해주(2000). 여성사회교육을 위한 학습공동체구성과 Networking. 여성평생교육, 여성평생교육회.

정지웅, 이성우, 정득진, 고순철(2000). 지역사회학. 서울: 서울대학교출판부.

한국교육개발원(2004). 학습동아리 지도자 가이드북.

홍숙희, 이지혜(2002). 학습동아리 활동에 나타난 학습역동: 성인여성학습동아리 사례를 중심으로. 평생교육학연구, 8(1), 177-200.

홍숙희(2011). 지역거버넌스에 의한 부천 지역평생교육체제 형성과정 연구. 중앙대학교 대학원 박사학위논문.

Brookfield, S. D. (1983). *Adult learners, adults education, and the community*. Milton Keynes: Open University Press.

Jarvis, P. (1983). *Adult and continuing education: Theory and practice*. London: Croom Helm.

Lave, J., & Wenger, E. (1991). *Situated learning: Legitimate peripheral participation*. Cambridge: Cambridge University Press.

Olsen, E. G. (1954). *Community and school*. New York: Prentice-Hall.

Poplin, D. E. (1979). *Communities: A survey of theories and methods of research*. New York: Macmillan Publishing.

제10장

평생교육 네트워크 운영

학습개요

누구나, 언제, 어디서나 원하는 교육과 학습을 가능하게 하는 열린 교육체제를 구축하기 위해 사회 모든 부문에서 교육의 원리를 최우선으로 하는 학습사회를 실현하는 방법으로 시작된 것이 평생학습도시 조성 사업이다. 따라서 평생학습도시는 지역사회 모든 교육자원을 개인 간, 기관 간, 지역사회 간, 국가 간 연계하기 위해 도시의 인적 · 물적 자원을 '재구조화'한다. '재구조화'라는 말의 의미는 지역단위에서 주민을 위한 평생학습을 지원하는 시스템을 구축하는 것이다. 주민의 리더십, 평생학습 기관과의 파트너십, 학습시설 공유 및 정비, 고용력 증진, 학습배제 제거, 행 · 재정적 지원, 학습 참여 촉진, 학습공동체 형성을 위한 모든 교육활동을 가능케 하는 학습망을 구축하는 일이다. 바로 이런 의미에서 평생학습 네트워크는 학습사회를 구현하는 평생학습도시의 지원 체제로서 매우 중요한 역할을 하게 된다. 이 장에서는 평생교육 네트워크의 개념과 유형 그리고 실제 현장 사례 탐색을 통해 평생학습 네트워크를 구축하고 운영하기 위한 전략과 구체적인 지원 방법을 살펴본다.

학습목표

1. 평생학습도시의 지원 체제로서 평생학습 네트워크의 개념과 유형을 이해한다.
2. 평생학습 네트워크 구축의 장애요인은 무엇인지 이해한다.
3. 지속가능한 네트워크 구축 전략을 수립할 수 있다.

1. 평생학습도시와 평생학습 네트워크

1) 평생학습도시

(1) 시스템으로서 평생학습도시의 개념

평생학습도시는 모든 교육자원이 학교에 한정된 폐쇄적인 교육 시스템으로의 한계를 빗어나 지역의 초·중·고등학교와 대학 그리고 평생학습관-문화센터-기업-주민자치센터-도서관-박물관-카페-서점-공방 등 지역에 있는 모든 교육자원을 총체적으로 연계 활용하여 지역주민 누구나 언제든지 쉽게 접근할 수 있는 열린 교육시스템을 구축하는 사업이다. 열린 교육시스템 구축을 위해 시·군·구 차원에서는 평생학습 자원 간 네트워크를 구축하여 전 생애주기의 주민에게 평생학습을 제공함으로써 개인과 지역사회의 변화와 발전을 도모하기 위해 노력하고 있다.

김신일(2004)의 평생학습도시 조성을 위한 추진 모형 연구에서는 기존의 평생학습도시 모형들을 나열하면서 궁극적으로 평생학습도시는 한 지역단위 내의 여러 기관과 집단의 참여 아래 다양한 학습자원을 활용하여 일정한 목표를 실현하려는 시스템적 활동이므로, 시스템을 조직하고 작동시키는 모형이 필요하다고 언급하였다. 즉, 평생학습도시 조성 사업은 지역단위 평생학습 지원시스템을 구축하는 것으로 지역단위 교육활동 시스템을 구축하는 일과 유사하다. 배너티(Banathy, 1995)는 시스템의 기본 요소에 따라 교육활동의 기본 시스템을 투입 과정, 변환 과정, 산출 과정, 시스템 관리로 구성하였다. 이 가운데 시스템 관리는 앞의 투입, 변환, 산출이라는 각 과정에 피드백 및 조정을 통해서 시스템의 작동을 활성화하며 필요시 시스템 변화를 통해서 시스템 자체의 보완을 모색하기도 한다. 이를 도식화하면 [그림 10-1]과 같다.

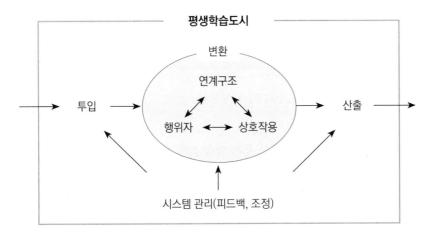

평생학습도시

변환

연계구조

투입　　　　행위자 ←→ 상호작용　　　　산출

시스템 관리(피드백, 조정)

그림 10-1　학습도시 시스템-네트워크 통합 모형

출처: 김신일(2004), p. 3.

(2) 평생학습도시의 하위 요소

양홍권(2005)은 평생학습도시를 도시 내 전체 구성원의 학습이 활성화되어 있는 하나의 도시시스템으로 간주하면서 한 도시가 학습도시로 기능한다는 것은 하위 요소들이 유기적으로 상호작용을 할 때 가능하다고 강조한다. 이러한 시스템을 구성하는 11가지 구성 요소들은 다음과 같다. 리더십, 파트너십, 네트워크, 학습시설 정비, 학습지원, 고용력 증진, 학습배제 제거, 행·재정적 지원, 학습 참여 촉진, 공동체 형성, 주민자치 촉진이 그것이다. 이 같은 요소들은 다시 각 요소의 기능에 따라 '사업추진 요소' '학습지원 요소' '참여 촉진 요소' 군으로 분류할 수 있다. 이 각각의 요소들은 개별적인 것이 아니라 해당 지역 시민의 평생학습 환경을 조성하려는 총체적이고 체계적인 시스템적 관점에서 보아야 한다. 구체적으로 살펴보면 다음과 같다(양홍권, 2005: 71-81).

① 사업추진 요소: 비전 제시, 홍보, 전체사업 추동

평생학습도시 시스템 구축에 있어서 사업추진 요소는 리더십, 파트너십, 네트워크 등 학습도시 조성 사업의 추동력을 제공하는 요소이다. 사업추진 요소 가운데 파트너십 요소의 투입은 사업 주체 간의 협력사업 전개 요소이다. 네트워크 요소는 사업 전 기간에 걸쳐 지속적으로 투입된 요소이다. 지역사회 내의 다양한 주체들이 학습도시 조성에 필요한 자원을 조달하고 지원하는 기능을 하기 때문이다.

② 학습지원 요소: 학습의 질 고양을 위한 학습지원시스템 구축

평생학습도시 시스템 구축에 있어서 학습지원 요소는 시민들의 실제적인 학습활동을 지원하는 요소이다. 학습지원 요소는 '학습지원' '학습시설 정비' '학습배제제거' '고용력 증진' '행·재정적 지원' 등의 요소들로 구성된다.

③ 참여 촉진 요소: 공동체적 연대를 통한 학습 참여 촉진

평생학습도시 시스템 구축에 있어서 참여 촉진 요소는 시민들의 학습에 대한 참여를 촉진하는 요소이다. 참여 촉진 요소에 속하는 하위 요소는 학습 참여 촉진, 주민자치 촉진, 공동체 형성 요소가 포함되어 있다.

평생학습도시 조성 사업은 지역단위 학습지원 시스템의 구축으로서, 시스템 관점에서 보면 투입과 변화 그리고 산출 과정으로 이어지는 시스템 관리로 구성된다. 이때 지역 내 다양한 인적, 물적 요소의 상호작용과 결합을 통해 산출을 만들어 내는 단계가 가장 중요한데, 평생학습도시 조성에 관련된 행위자들의 네트워크 연계 구조는 매우 중요하다. 왜냐하면 기존의 시스템을 작동시키는 것이 아니라, 지역단위 학습지원시스템이라는 새로운 시스템을 구축해야 하는 것이기 때문이다.

(3) 평생학습도시의 현황

평생학습도시 사업의 목적은 지역 평생학습체제 고도화로 전 생애에 걸친 국민의 삶의 질 향상과 지역사회 상생 발전을 도모하고, 지역의 특성 및 수요를 반영한 학습자 맞춤형 특화 프로그램 운영 및 평생교육 인프라 강화를 통한 포용적 평생학습 기회 확대에 있다. 평생학습도시는 2001년 3개 도시를 시작으로 2007년 76개, 2015년 136개, 2021년 180개의 기초지자체가 평생학습도시로 지정받았다. 전국 기초지자체 226개 중 2023년 기준 196개(86.3%)가 지정되었으며(교육부, 2023), 지역단위의 평생교육 추진 체제를 마련하여 평생학습사회 실현을 위한 기반을 확장하였다. 신규 평생학습도시로 지정받기 위해서는 매년 국가평생교육진흥원이 강조하는 사업의 조건과 내용을 참고해야 한다. 평생학습도시 지정 및 안정적인 운영을 위해서는 국가-시도 평생교육 협력체계가 잘 구축되어야 하는데 이와 관련된 세부 내용은 다음과 같다.

- **실무협의회 운영 및 워크숍**: 평생학습 네트워크에 참여하는 지역기관·단체의 사업 담당자로 실무협의회를 구성·운영하여 의견수렴, 사업추진 사항 점검 및 현안을 협의한다.
- **평생교육협의회 운영**: 평생교육협의회는 「평생교육법」 제14조(시·군·자치구 평생교육협의회)에 근거한 협의체로 평생교육진흥 시행계획의 수립·시행·평가에 관한 사항 심의, 평생교육진흥 정책의 평가 및 제도 개선에 관한 사항 심의, 평생교육 관련 기관 간 협력 및 조정에 관한 사항을 심의한다.

2) 평생학습 네트워크

'네트워크'란 개념을 유난히 많이 쓰는 분야는 단연코 평생학습 영역이다. 평생교육의 개념 자체가 모든 교육의 수직적 통합(생애)과 수평적 통합(공간)을 전제로 하여 성립되고, 도시 자체가 수많은 노드로 연결된 네트워크의 장이기 때문이다. 여기에는 교환과 상호 협력, 공통의 이해, 공유된 신념과 전문적 시각을 통한 유대와 같은 공식적, 비공식적 연계를 포함한다. 평생학습 기관이나 조직 차원에서 네트워크에 관심이 증대된 이유는 평생학습도시 사업이 양적으로 확대되면서 학습자의 평생학습을 질적으로 제고하고 내실화함으로써 보다 안정적인 평생학습 지원 체제를 구축하는 데 있다. 이는 지역 내 교육자원 간의 제휴와 협력을 촉진하고, 다양한 평생학습 사업의 시너지 창출로 지역 파트너십을 극대화할 수 있는 대안이 될 수 있기 때문이다.

네트워크는 사회 각 분야에서 사용되기 때문에 하나의 개념으로 정의하기는 어렵지만 사회학에서 바라보는 네트워크를 살펴보면, 규정된 범위의 대상이나 사건을 연결하는 특정 유형의 관계로 보고, 신뢰나 규범에 바탕을 둔 사회적 자본으로 이해된다(Coleman, 1988). 사회적 자본으로서의 네트워크는 조직이나 집단의 협력을 촉진하며, 성과향상 전략으로 활용되기도 한다. 한편에서는 네트워크의 개념을 공동체 속의 개인들 간의 연결을 통해 사회구조를 드러내기 위한 개념으로 사용되기도 하였으나 네트워크라는 개념은 학문적 용어보다는 현상을 은유하는 정도로 활용되고 있다.

평생교육학 영역에서 네트워크에 관한 초기 아이디어는 1970년대, 일리치(Illich)가 학교 체제에 대한 대안적 개념으로 제시한 '학습망(learning web)'에서부터, OECD와 같은 국제기구에서 국가혁신체제, 지역혁신의 맥락에서 총체적인 교육개혁의 대응 전략(지회

숙, 2009) 등의 개념으로 확산되어 왔다. 앞서 시스템으로서 평생학습도시의 성격을 이해했다면, 네트워크는 평생학습도시의 지원제제로서 평생교육관련 주체들 간의 연계, 협력, 교류, 교환, 공유하는 일련의 체계화된 과정(이희수 외, 2005)으로 파악된다. 장원섭 외(2006)는 네트워크와 파트너십의 개념을 다음과 같이 정의했다. "네트워크는 관계망으로서 행위자 간의 단순한 연결 구조가 아니라 내용, 강도, 구성 등 관계적 속성을 함께 포함하는 개념으로 보는 데 반해, 파트너십은 행위자 간 공동의 목적을 달성하기 위해 필요한 관계망의 속성을 가진 관계망으로서 네트워킹을 포함하는 것"으로 설명했다. 정리하면, 평생학습 네트워크는 지역 내 다양한 주체들(민·관·산·학)이 주민의 평생학습을 지원하기 위해 상호작용하고 협력하는 지역 내 연결망이다.

(1) 평생학습 네트워크 영역

지역을 하나의 전체로 바라보는 시스템적 관점에서 평생학습 네트워크를 구성하는 요소는 기본적으로 두 사람 혹은 두 조직이 필요하며, 서로 간에 자원을 교환, 공유되는 영역을 통해 관계를 맺게 된다. 양병찬(2000a)은 지역 평생학습 네트워크의 영역으로 다음과 같이 인적 네트워크, 사업 네트워크, 정보 네트워크, 공간 네트워크를 제안하고 있다.

첫째, 인적 네트워크는 양질의 평생학습을 주민에게 제공하기 위하여 프로그램 개발에서 평가에 이르는 과정에 학습자, 교·강사, 평생학습관 평생교육사, 학습매니저, 유관 평생교육기관 내 평생교육사 및 직원과 연계하는 것을 의미한다.

둘째, 사업 네트워크는 평생교육기관의 사업 또는 행사 등을 유관 기관과 협력, 공동 주최 또는 후원하는 것을 의미한다. 공동연계 사업으로서 지역평생 학습축제, 문화축제, 청소년, 학습동아리 축제 등을 들 수 있다.

셋째, 정보 네트워크는 네트워크의 핵심으로서 평생교육기관의 사업 또는 프로그램 운영에 관한 정보를 수집하고 데이터베이스화를 통해 직간접적으로 평생교육 관계자들과 교환, 교류하는 것을 의미한다.

넷째, 공간 네트워크는 학교, 평생교육 기관·단체가 보유한 시설, 설비, 교재, 교구 등과 같은 것을 공유하는 것을 의미한다. 최근 기초지자체와 지역의 유휴학습 공간 주와 협업하여 주민에게 학습공간과 프로그램을 함께 제공하는 다양한 사업이 운영되고 있다. 평생학습 네트워크는 앞에서 언급한 네 가지 영역에 근거하여 [그림 10-2]와 같은 기본 모형으로 제시할 수 있다.

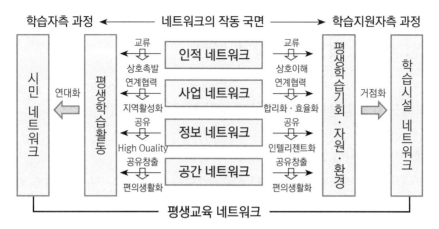

● 그림 10-2　평생학습 네트워크 기본 모형

출처: 이해주 외(2022), p. 301.

　　평생학습 네트워크 영역별 구체적인 활동 내용과 네트워크 대상을 정리하면 〈표
10-1〉과 같다.

● 표 10-1　평생학습 네트워크 영역의 활동 내용과 대상

구분	네트워크 영역 및 활동 내용	대상
인적 네트워크	• 전문성 향상 및 양질의 평생학습 서비스 제공 • 평생교육사, 평생교육 강사, 학습동아리, 자원활동가 등 평생교육 관계자들과의 협력 체제 구축	지역(마을) 리더, 마을 주민 강사, 평생학습동아리, 평생교육사, 자원봉사자, 재능기부자, 공무원, 각 분야 전문가
사업 네트워크	• 유관기관과 연계하여 전략적으로 제휴 • 종합적 프로그램 제공, 홍보 및 기관과 학습자 인식 제고에 기여	공동 개최 사업, 수탁 사업, 협력 사업, 주최 사업, 공모 사업
정보 네트워크	• 직간접적 정보교환, 교류, 공유(예: 포털 구축)	평생교육 자원, 마을 자원, 인기 프로그램, 정책, 보도자료 지역 소식, 온라인 커뮤니티(SNS, 모바일 등)
공간 네트워크	• 지역에 기반 시설들의 물적 자원 교류	교육시설, 교육기자재, 교육 환경, 지역 문화·역사 시설 등 공유 및 활용

출처: 국가평생교육진흥원(2015), p. 56.

2. 평생학습 네트워크 사례 분석

1) 학습도시의 평생학습 네트워크 실천 사례[1]

(1) 권역별 평생학습 네트워크 사업추진

A시의 평생학습 네트워크는 2009년부터 평생학습 관련 기관·단체 간 생활 권역별로 평생학습 네트워크 사업을 추진하고 있으며 이를 통해 지역연대, 협력, 신뢰의 관계망을 형성하여, 공간·물적·인적·정보 등의 학습자원을 공유하고, 시민의 학습 기회 증대를 목적으로 하고 있다. 평생학습 네트워크 사업에 다양한 기관과 학교가 참여하고 있으며, 학습도시의 요소들이 지역 곳곳에 퍼져나갈 수 있도록 네트워크 참여기관들이 함께 노력하고 있다. 특히 평생학습 네트워크 활성화 사업은 지역 특색을 반영하여, 생활 권역별로 평생학습 기관·단체 간 협력체계를 구축하고, 지역의 문제를 학습자원을 활용하여 공동으로 해결해 나가는 전달 시스템으로 작용하며, A시만의 학습망 구축이 기반이 되는 학습 거버넌스로 유네스코 지속가능발전교육 공식 프로젝트로 인정받기도 하였다.

A시가 구축한 권역별 평생학습 네트워크는 구도심의 주거 상업지구인 북부권역, 산업단지인 남부권역, 공공기관과 신흥 아파트 개발 지역인 중부권역별로 네트워크 구축 사업을 2009년부터 추진해 오고 있다. A시로부터 네트워크 사업비를 지원받은 기관·단체들이 함께 사업을 전개하는 방식으로 추진되는데, 영역별로 대표를 선출하고 협의회를 운영, 추진 사업의 내용과 방식 등을 자체적으로 결정하면서 진행하는 방식이다. 이를 자세히 살펴보면 〈표 10-2〉와 같다.

---

[1] 학습도시의 평생학습 네트워크 실천 사례는 양병찬 외(2013)가 현장의 A 학습도시를 대상으로 수행한 사례연구 분석 내용과 결과를 중심으로 작성됨

● 표 10-2　**권역별 평생학습 네트워크 사업추진 현황**

권역	북부권역	남부권역	중부권역
대표 및 참여 기관	• 여성인력개발센터 • 1년 단임제 • 참여기관 36개	• 환경단체 • 자원하여 대표 맡음 • 참여기관 13개	• 사회복지관 • 3년간 대표 맡음 • 참여기관 10개
모임 현황	• 월 1회 상시 기관장 모임 • 필요시 실무자 모임 • 학교 및 주민자치센터 참여	• 월 2회 순회하며 기관장 및 실무자 모임 진행 • 학교 및 주민자치센터 참여	• 필요시 모임 • 실무자 중심 기획회의 운영 • 필요시 기관장 함께 참여
사업 현황	• 기관장 및 실무자 워크숍 • 협약체결: 27개 기관 • 기관장 학습모임 구성 • 학습모임 특강 3회 • 평생학습축제 공동 참여 • 합동 워크숍 • 학습 장터 운영	• 평생학습 지도 제작 및 교육 • 실무자 워크숍 • 아이가 안전한 권역 만들기 • 아동안전 교육 및 UCC제작 • 아동안전 지킴이 양성 교육 • 학습동아리 조직 등	• 평생학습기관 워크숍 개최 • 네트워크 정보지 발간 • 평생학습 포럼 개최 • 온라인 학습상점 운영 • 학습동아리 대표자 회의 • 학습동아리 발표회 개최 • 평생학습기관 네트워크 기획팀 운영 등

출처: 양병찬 외(2013), p. 192.

(2) 평생학습 네트워크 단계별 발달 요인

　권역별 평생학습 네트워크 사업추진 현황에서 확인할 수 있듯이, 권역별로 3개 이상의 기관이 컨소시엄 방식으로 연합하여 지역 공동의 이슈를 선정하고, 공동으로 프로젝트 프로그램을 개발 및 운영하였다. A시는 권역별로 1개씩 총 3개의 사업을 선정하여 사업비를 지원하면서 각 권역의 지역 특성을 반영한 공동사업을 실천하고 지역 내 연계 및 소통이 일어나도록 촉진하였다. 즉, 네트워크 구축에 대한 비전 및 인식의 공유, 기관 간 관계 형성, 특성화 사업을 공동 운영하는 과정을 통해 네트워크가 견고해지는 기회를 제공한 것이다. A시 평생학습 네트워크 발달 과정을 앞서 설명한 비전 및 인식 공유, 관계 형성, 사업 내용을 중심으로 살펴보면 〈표 10-3〉과 같다.

● 표 10-3 네트워크 발달 과정 및 내용

구분	수준과 내용	
비전 인식	1수준-개별 기관 간의 경쟁적 인식 2수준-네트워크에 대한 중요성 및 필요성 인식 3수준-상생을 위한 기관 간의 인적·물적 교류 및 정보소통 4수준-네트워크 구축을 위한 소통 체계 형성 5수준-공동의 비전과 목표 정립을 통한 지역과제 공동 해결	
관계 형성	1수준-개별 기관의 독자적 실천 2수준-중심 기관과 주변 기관 간의 이분화된 연계 3수준-중심 기관을 필두로 한 주변 기관의 규범적 연계 4수준-지역 안에서 다양한 개별적 관계망 탄생 5수준-지역 안에서 행위자 중심의 다원적 관계망 형성	
사업 내용	1수준-기관 개별 사업 2수준-기관 개별 사업에 유관기관의 간헐적 협력 3수준-소규모 권역 사업에 유관기관의 간헐적 협력 4수준-충분한 논의를 거쳐 기획이 있는 공동사업과 책임성 5수준-지역 전체 민관 협력을 통한 중장기적 지속성 확보	시설 공유, 강사교류 특정 사업논의, 역할분담 공동프로젝트 수행 지역 종합계획 수립

출처: 양병찬 외(2013), p. 193.

(3) 평생학습 네트워크 참여자들의 인식

A시의 권역별 네트워크 사업에 참여하는 지역 평생학습 기관·단체장과 실무자의 인식분석을 위해 130개 기관에 설문조사를 실시하였으며, 16개 기관 실무자와 대표자를 대상으로 포커스 그룹 인터뷰(FGI)를 진행하였다. 설문 내용은 네트워크에 대한 인식과 참여 실태, 네트워크에 대한 성과 인식, 네트워크 장애요인, 네트워크 사업의 전망 등 5개 영역에서 37개 문항으로 구성되었다. 그 결과를 살펴보면 다음과 같다.

① 네트워크 사업에 대한 인식 및 참여 실태

설문에 응답한 평생학습 기관·단체 실무자들은 대부분(96.0%) 권역별 네트워크 사업이 필요하다고 인식하고 있었으며, 기관이 참여하고 있는 네트워크 공동 모임 방식은 협의회, 실무자 회의 등의 정기적인 모임이라는 응답이 63.8%로 가장 높게 나타났다.

참여기관 간 역할 분담이 적절히 이루어지고 있는지에 대해 응답 기관의 67.2%가 긍정적으로 답했다. 네트워크 대표기관의 주된 역할로는 참여기관 간의 의사소통 통로 및 조정 역할이 중요하다는 응답이 81.0%로 가장 높게 나타났다. 네트워크 참여 수준을 분석한 결과 정보자원의 교류가 2.71점으로 가장 높게 조사되었으며, 지역주민의 의사소통 및 참여 수준은 2.29점으로 가장 낮게 조사되었다. 결과적으로 A시 권역별 네트워크에서 정보는 비교적 원활히 교환되고 있으나 주민과 소통하고 참여를 활성화하는 네트워크 수준까지 이르지 못한 것으로 나타났다.

② 네트워크 사업에 대한 성과 인식

이 항목에 대해서 응답한 기관의 79.3%가 네트워크 활동이 지역사회 발전에 도움이 되었다고 인식하고 있었으며, 응답 기관의 65.5%는 기관 고유 목적 달성에 도움이 되었다고 답하였다. 또한 네트워크 활동을 통한 공동의 목적 달성에 대해서는 75.8%가 긍정적으로 응답하였으며, 그 핵심 요인으로 협력적 민주적 분위기 형성(25.0%)과 지자체의 재정지원(20.5%)을 꼽았다. 네트워크 사업 이후 나타난 지역의 변화로는 지역기관 단체들과의 교류 증가가 2.93점으로 가장 높게 조사되었다.

③ 네트워크 장애요인

기관·단체 실무자들은 네트워크의 원활한 운영에 관한 장애요인으로 자신의 업무 이외에 추가된 네트워크 업무로 인한 업무 과중 및 이에 따른 역할 분담의 제한(32.7%)을 지적하였다. 네트워크 장애요인을 수준별(조직, 환경, 개인)로 살펴보면, 첫째, 조직의 특성과 관련하여 공식적 업무로서 네트워크 활동에 대한 인정 및 보상 부족(2.90점), 둘째, 지역사회 환경적 특성과 관련하여 중심 조직을 조정할 수 있는 권력을 소지한 공식적인 연계 기관의 중재 부재(2.81점)를 꼽고 있다. 마지막으로 개인적 특성과 관련하여 네트워크 참여로 인한 업무 과중(3.02점)을 지적하고 있다. 향후 네트워크 발전을 위해서는 지자체의 예산지원 또는 자문 역할과 같은 정책지원 강화(예산, 자문 역할, 3.10점)가 필요하다고 응답하였다. 네트워크 장애요인과 핵심 결과를 살펴보면 〈표 10-4〉와 같다.

● 표 10-4   **평생학습 네트워크 구축의 장애요인**

네트워크 구축 장애 내용	원인	핵심 결과
• 신뢰에 기반한 연결망 구축에 실패 • 특정 기관이 권력을 소지하고 위계적으로 운영되는 네트워크	네트워크의 기능적 작동을 방해하는 행위자	네트워크는 신뢰에 기반한 연결망 구축에 미약하며 규율 권력이 상호의존적 문화 형성을 방해하여 사회적 자본 형성에 이르지 못함
• 규율 권력을 소지하고 있는 지자체가 상호의존성이 증진되는 문화 형성 방해 • 지역사회에 소재한 기관 또는 기업들과 협력 관계 구축에 실패	상호의존성이 증진되는 문화형성 과정의 실패	
• 지역성에 기반한 주민 참여에 의한 조직 만들기에 실패 • 상호호혜성에 근거한 사회적 자본 형성에 실패	사회적 자본에 기초한 조직 만들기에 실패	

출처: 양병찬 외(2013). p. 207.

④ 네트워크 사업의 전망

권역별 네트워크 사업의 전망에 대해 응답 기관의 55.4%는 지자체의 지원이 계속된다면 활성화될 것이라고 기대했다. 네트워크 활성화를 위한 지원 사항으로 조직·체계 영역에서는 네트워크 예산지원 확대 및 전문적인 자문 투입(33.2%)과 중앙 차원의 기관·단체, 교·강사, 프로그램 정보 DB 구축(29.6%)에 대한 요구가 높게 나타났다. 네트워크 방법 영역에서는 학습동아리, 지역주민, 지역 강사의 참여 확대(34.4%)와 공모형 사업에서 창발적인 제안형 사업 지원으로 전환(25.9%)에 대해 요구하였다.

결론적으로 A시 네트워크 구축 과정에서 신뢰에 기반한 연결망 구축은 미약한 단계이며 시의 규율 권력이 네트워크 상호의존성 증진 문화 형성에 장애가 된 것으로 분석되었다. 이것은 평생학습 네트워크를 조정하는 주체로서 중심 역할을 담당하는 시가 네트워크의 중심 조직으로 소통의 연결고리가 되는 역할을 세심하게 잘해야 한다는 시사점을 주고 있으며, 특정 기관이 권력을 소지하는 위계 조직에 의해 운영되는 평생학습 네트워크는 실제적인 코디네이터 기능을 수행하지 못하게 된다는 결론을 보여 주고 있다. 시와 평생학습 네트워크 대표기관 사이에 탑 다운(top-down) 방식의 의사소통 구조는 지양하고 약한 연결의 힘(weak tie)을 이용한 관계 형성을 위해 다층적인 의사소통 구조가 무엇보다 중요하다는 사실을 보여 주고 있다.

2) 평생학습 네트워크의 과제

첫째, 중·장기적 관점에서 네트워크의 비전 및 목적에 대한 합의가 네트워크 형성 초기에 이루어져야 한다. 기관·단체들이 네트워크 개념 및 비전을 먼저 인식한 후에, 평생학습 지원 체제 조성을 위해 네트워크에 대한 접점을 공유하여 네트워크의 목표와 비전을 수립하도록 조력해야 한다.

둘째, 평생학습 네트워크의 핵심 성장 요인인 약한 연결의 힘(weak tie)이나 지역성을 활용하여 권역별 특성에 기반을 둔 네트워크를 구축해야 한다. A시 사례 분석에서 네트워크를 지속시키는 핵심 요인으로 지역성이 발견되었으며, 네트워크 구축이 초기 시작 단계인 권역의 경우에는 관계망 중심의 상호 교류, 비전과 가치 공유를 위한 워크숍 및 교육 중심의 네트워크 활동에 역점을 두어 기반을 구축해 나가야 한다.

셋째, 평생학습 네트워크는 사업이 아닌 관계망으로서 민·관이 공동의 문제해결을 위한 협력적 거버넌스를 구축하기 위해 함께 노력해야 한다. A시는 초기 네트워크 구축 과정에서 기관들의 참여를 유도하고 동기 부여를 위해 공동사업을 추진하였는데 이러한 공동사업이 오히려 중장기적으로 네트워크 구축을 왜곡할 수도 있으므로 네트워크는 '사업'이 아닌 '파트너십'과 '관계망' 구축으로 재개념화되어야 한다.

넷째, 평생학습 네트워크 구축에 참여하는 모든 기관이 책임을 갖고 소통하는 협의체가 구성되도록 정보의 흐름을 원활하게 돕는 스위처 역할 수행이 필요하다. 네트워크 전문 담당자를 고용하거나, 평생교육 전담 부서인 행정조직을 확대 개편해 지역 내 네트워크 기능 강화를 주관하는 부서를 만들 수도 있으며, 거시적으로는 지역의 실무자, 기관대표, 민간 자원 등 민·관 모두가 참여하며 동등한 권력을 소지한 공동의 권역별 네트워크 협의체를 만들어 갈 수도 있다.

3. 평생학습 네트워크 구축 방법

이번에 소개하는 평생학습 네트워크 구축 방법은 국가평생교육진흥원(2015: 58-63)에서 현장 전문가들과 함께 제안하는 내용으로 현장에서 쉽게 활용할 수 있는 절차적인 지식을 제공한다.

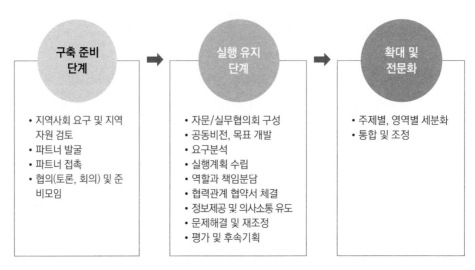

● 그림 10-3 평생학습 네트워크 구축을 위한 단계별 전략

출처: 이동주, 정민승, 박선경, 송성숙(2015), p. 239.

1) 평생학습 네트워크 구축 준비 단계

(1) 지역사회 요구 및 자원에 대한 검토

평생학습 네트워크 구축 준비 단계에서는 먼저 지역사회 요구 및 자원에 대한 검토가 이루어져야 한다. 이를 위해서는 주민들의 요구 파악이 이루어져야 하고 요구에 부응하는 프로그램을 제공할 수 있는 기관을 탐색하는 등 사업 기획이 시행되어야 한다. 또한 평생교육사업에 활용이 가능한 지역자원에 대한 조사와 분석이 이루어지면 지역자원에 대한 활용 방안 모색이 가능해진다.

● 표 10-5 지역자원 조사지

구분	마을 자원	자원요소의 연계 협력 시 검토 사항	연계 대상(마을 자원)			
			인적	기관	정보	시설
환경						
생태						
유적, 역사						
축제, 체험						
시설						

활동 지원					
주민, 리더					
학습 정도, 지역개발 노하우 등					
프로그램 운영 경험, 정보 보유 정도, 협력 정도					
외부 전문가, 기관 및 단체, 대학 등 (외부 네트워크)					

출처: 국가평생교육진흥원(2015).

(2) 파트너 발굴

지역자원 탐색이 완료되면 파트너십 필요성 여부를 검토하고 네트워크 협력대상을 탐색해야 한다. 그 결과를 토대로 실질적인 지역 평생학습 네트워크 협력 지도를 작성하고 이를 통해 평생학습 네트워크 유형을 분석하고 전략적 방안을 모색해 볼 수 있다.

(3) 협의회 및 준비모임

다양한 형태의 협의회 개최를 통해 네트워크와 관련된 본격적인 논의를 시작할 수 있다. 다루는 내용으로는 모임의 목적, 대상, 성격, 방법, 활동 내용, 역할 정립, 예산, 추진 일정, 기대효과, 협조 사항 등이 포함된다.

2) 평생학습 네트워크 실행 유지 단계

(1) 자문위원회 또는 실무협의회 구성

평생학습 네트워크를 원활히 유지하기 위해서는 자문위원회 또는 실무협의회를 구성하는 게 좋다. 실무협의회는 목적에 따라 지역사회의 다양한 기관 및 조직의 대표나 전문가 중심으로 구성할 수 있다. 또는 개인 및 조직 네트워크를 이용하여 인적자원 그룹을 구성할 수도 있다. 실무협의회에서는 파트너십 형성의 범위를 설정하고 목적에 부합하는 평생학습에 대한 조언을 구하는 등 추진 방향에 대하여 논의하게 된다.

(2) 비전 공유 및 네트워크 사업 목표 개발

평생학습 네트워크를 통해 비전을 공유하고 평생교육 사업 방향과 목표를 검증·개발할 수 있다. 지역 및 협의체 특성을 고려하여 파트너십을 구축하고 요구 분석 자료를 토대로 사업 목표를 설정하는 것이 더 효과적이다. 또한 파트너십 참여 증진을 위한 통합적인 목적과 관심 등을 구조화하는 작업을 추가로 수행한다.

(3) 주민 요구 분석

지역사회의 요구 분석을 위해서는 먼저 주민들의 요구조사가 필요하다. 왜냐하면 지역사회에 적합하고 현실성 있는 협력사업을 논의할 수 있기 때문이다. 지역사회 요구에 대한 격차를 줄일 수 있는 목표를 설정하고 지역의 특성을 고려한 지속가능한 의제를 발굴하는 것이 좋다. 요구 분석 결과 실현 가능성과 파급효과, 특성화, 차별화, 긴급성 등을 고려하여 우선순위를 도출하고 중요한 것부터 먼저 실행하도록 한다.

(4) 실행계획 수립

평생학습 네트워크를 통해 실행 과제가 도출되면 과제 목록, 시간 계획, 참여기관 및 각 구성원의 역할 등을 구체화하며 실행계획을 수립한다. 이때 추진 근거, 추진 목적과 배경, 사업개요(기간, 장소, 대상, 주요 내용, 주최·주관, 예산, 운영 방법 등)와 세부 계획, 향후 추진 일정, 기대효과 등을 작성한다. 이러한 작성은 참여자들의 역할 이해를 돕고 실행 과제 수행을 촉진할 수 있으며 상호 간의 이해 부족으로 생길 수 있는 문제들을 해결하거나 예방할 수 있다.

(5) 역할과 책임 분담

평생학습 네트워크를 통한 역할과 책임을 분담해야 한다면 구성원들의 여건을 고려하여 분담하는 유연성, 융통성이 필요하다. 이때, 네트워크 참여기관 및 구성원의 장점, 전문성, 경험, 가용능력 등을 고려해야 한다.

(6) 협약서 체결

평생학습 네트워크에 참여하는 파트너 간의 관계를 공식화하고 명료화하기 위해서는 협약을 체결하도록 하며 이때 협약서를 작성하게 되는데 이때 공공의 목표를 명시하고 담당 역할 등을 간결히 작성하여 상호 교환한다.

(7) 정보제공 및 의사소통

평생학습 네트워크 파트너들 간에는 공동의 관심 분야에 대한 정보제공을 통해 효과적으로 의사소통을 할 수 있도록 한다. 의사소통이 원활하지 못하게 되면 신뢰감이 저하되고 네트워크 참여가 무의미하거나 가치가 없다고 판단할 수 있기 때문이다. 의사소통의 경우 공식, 비공식적 방법을 활용할 수 있다. 예를 들면, 전화, 공문발송, SNS, 이메일, 메신저, 온라인 카페, 블로그, 밴드 등을 활용한다.

(8) 문제해결 및 재조정

평생학습 네트워크 활동 과정에서 문제가 발생되면 더 크게 확대되기 전에 즉각적으로 회의 의제로 다루어 객관화하고, 토론을 통해 해결 방안을 함께 모색하는 것이 필요하다. 문제의 해결을 위한 재조정은 참여자 모두가 참여한 가운데 서로 간의 역할과 책임을 조정하는 과정을 반복함으로써 시도해 볼 수 있다.

(9) 평가 및 후속 기획

평생학습 네트워크 활동은 네트워크의 목표, 필요성, 파트너십에 대한 기대감 등을 총체적 또는 개별적으로 충족되었는지를 종합적으로 검토하여 평가할 수 있다. 이를 통해 사업 과정에 대한 예측과 수용, 변화에 대한 저항 등 네트워크 위협 요소를 감소시킬 수 있으며 현재 실천 과정과 활동을 수정할 수 있다. 또한 파트너십의 재구조화 필요성을 검토함으로써 후속 기회를 준비하는 데에도 도움이 된다.

● 표 10-6 **평가 실습지**

사업	사업 동기 (지역의 문제상황)	사업 목표 (바람직한 상태)	변화 확인 요소 (사업의 평가 지표)
1			
2			
3			

출처: 국가평생교육진흥원(2015).

3) 평생학습 네트워크 확대 및 전문화

(1) 주제별 · 영역별 세분화

평생학습 네트워크 초반에는 소수 정예 파트너만이라도 일단 시작하고 그들을 기반으로 필요성이 인식될 때 점차 네트워크를 확대하는 것도 한 방법이다. 네트워크 확대 과정에서 네트워크에 참여하는 기관별 특성과 관심 영역에 따라 세분화되어 다양한 요구에 따라 오히려 확대되기도 한다. 요구에 따라 소모임이나 분과 모임을 신설하여 유연하게 대처하며 네트워크 세분화 영역을 확내하는 방법도 좋다.

(2) 통합 및 조정

평생학습 네트워크는 공동의 요구에 따라 통합 · 조정함으로써 전문화되기도 한다. 네트워크는 내용과 형식에 따라 다양한 방식으로 분화, 통합, 조정되면서 활성화될 수 있다.

4) 평생학습 네트워크 성공을 위한 원칙

평생학습 네트워크의 성공 요인을 살펴보면, 모두가 공유하는 이슈와 사업 선택, 현실적인 네트워크 예산 편성, 관습적인 이해관계에 대해 존중, 교환 과정에서 합의가 이루어지지 않는 경우가 발생할 수 있음을 인정, 네트워크 사업의 핵심과제부터 논의, 다양한 방면에서 기관 · 단체의 특성에 따라 기여할 수 있다는 인식 공유, 모든 기관의 이해관계가 충족될 수 있도록 노력, 가시적 성과를 획득하도록 노력하는 것이다. 지역 기반 평생교육 활성화와 기관 간의 유기적인 협력이 가능한 평생교육 네트워크 성공을 위한 원칙은 다음과 같다(양병찬, 2000b).

(1) 지역 공동관심 사업을 선택하라

참여기관 간 지역에서 요구하는 공동의 이슈를 다룰 수 있는 사업을 선택한다. 예를 들면, 층간소음 문제, 쓰레기 문제, 주차 문제 등이 될 수 있다.

(2) 연계 사업의 핵심 문제부터 논의하라

네트워크 사업의 핵심과제부터 논의하고 실행에 옮기면서 주변 과제로 점차 확산시켜 나간다.

(3) 기여할 수 있는 부분이 다양하다는 것을 인식하라

기관들이 평생학습 네트워크에 참여하는 이유는 보유하고 있는 여러 자원이 부족하기 때문이다. 따라서 각각의 기관들이 갖고 있는 인적·물적 자원을 공유하고 나눈다면 문제를 최소화할 수 있다. 예를 들면, 어떤 기관에서는 학습공간을, 또 다른 기관에서는 인적자원(강사, 주민활동가)을, 또 어떤 기관은 예산을 지원하는 경우이다. 모두가 지니는 능력과 자원이 바르게 평가되도록 조율해야 한다.

(4) 모든 기관의 독자적인 이해관계를 충족할 수 있도록 하라

평생학습 네트워크 사업에 참여함으로써 얻는 이득이 있다는 것을 알게 해야 한다. 각각의 기관·단체는 그들이 원하는 이익을 네트워크 참여를 통해 성취하여 이해관계를 만족시킬 수 있는 방향으로 운영되어야 한다.

(5) 관습적인 이해관계도 존중하라

지역 내 존재하는 여러 기관은 각자 고유한 역사성과 조직 가치, 문화, 리더십 등을 보유하고 있다. 불필요한 갈등을 피하기 위해서는 여러 기관이 소통하고 배려하는 방법을 활용해야 한다.

(6) 명성을 공평하게 분배하라

지역에서 평생학습 네트워크 연계 사업을 통해 얻는 성과와 명성을 각 기관과 공평하게 배분해야 한다. 일부 주도 기관에게 편중되면 내부 갈등이 유발되어 해체의 위기를 초래하기 때문에 상호 호혜적인 원칙을 수립하고 이를 철저하게 지킬 수 있어야 한다.

(7) 가시적 성과를 획득하라

네트워크를 통한 사업이 구체적이고 가시적 성과를 획득하도록 한다. 여러 기관은 스스로 현실적이고 예측이 가능한 결과를 볼 때만 지속하여 참여할 수 있는 동기가 된다.

(8) 동의할 수 있는 데에 동의하라

네트워크 연계는 교환 활동이다. 교환 과정에서 모두의 합의가 이루어지지 않으면 갈등이 발생한다. 서로가 공동의 관심사와 동의를 할 수 있는 부분을 찾아 거기에 초점을 맞추어야 한다. 이와 관련해 불일치가 심하게 발생하면 네트워크 연계는 깨질 수밖에 없다.

(9) 안정적인 협의체를 구성하라

함께 네트워크에 참여하는 기관이 누구를 그 네트워크의 임원으로 파견할 것인가 하는 선택은 자신들이 그 네트워크를 얼마나 진지하게 생각하고 있는가를 나타낸다. 만일 진지하게 생각하지 않는다면 직원을 정식 대표로 파견할 수도 있다.

(10) 현실적인 연계 예산을 편성하라

네트워크 연계를 통해 공동사업을 하게 되면 각 기관의 대응 분담금을 통해 현실적인 전체 예산이 편성되어야 한다. 예를 들어, 평생학습 축제를 개최할 때 여기에 참여하는 기관 단체들이 사업계획을 공동으로 수립하고 실제적인 프로그램의 전개를 위해 일정 비율의 분담금을 각출하여 운영할 수 있다. 이 분담금은 네트워크의 대표기관에서 사업 및 행정 운영을 위해 집행하게 된다.

≪ 생각해 보기

1. 학습사회를 구현하기 위한 평생학습 네트워크의 개념은 무엇인가?
2. 평생학습 네트워크를 평생학습도시의 지원 체제로 설명하는 이유는 무엇인가?
3. A시의 평생학습 네트워크 사례 분석에서 네트워크를 지속·성장시킬 수 있는 시사점은 무엇인가?
4. 평생학습 네트워크를 성공적으로 운영하기 위한 원칙은 무엇인가?

참고문헌

국가평생교육진흥원(2015). 행복학습센터 운영 가이드북.

교육부(2023). 지역평생교육 활성화 지원 사업 추진계획.

김신일(2004). 평생학습도시 조성을 위한 추진 모형 연구. 평생교육학연구, 10(3), 1-30.

양병찬(2000a). 평생학습 지원시스템 구축을 위한 행정의 과제. 평생교육학연구, 6(1), 39-63.

양병찬(2000b). 지역사회 평생교육 공동체 구축을 위한 네트워크 전략. 지역평생교육정보센터 관계자 연찬회 자료집. 서울: 한국교육개발원 평생교육센터.

양병찬, 박성희, 전광수, 김은경, 신영윤, 최종성, 이규선(2013). 학습도시의 평생학습네트워크 실천 사례 분석. 평생교육학연구, 19(2), 185-214.

양흥권(2005). 카케가와시 사례로 본 평생학습도시 시스템 구축에 있어서 구성요소의 기능 분석 연구. 평생교육학연구, 11(2), 59-92.

이동주, 정민승, 박선경, 송성숙(2015). 평생교육실무론. 서울: 한국방송통신대학교 출판문화원.

이희수, 박인종, 김득영, 문정수(2005). 평생교육법 지원 추진 기구 혁신 방안연구. 서울: 한국교육개발원.

이해주, 이미나, 노경주, 김진화(2022). 평생교육방법론. 서울: 한국방송통신대학교 출판문화원.

장원섭, 최상덕, 배을규(2006). 지역평생학습 촉진을 위한 민·관·산·학 학습 파트너십 구축 방안 연구. 서울: 한국교육개발원.

지희숙(2009). 지역네트워크 형성 과정에 대한 사례연구. 평생교육학연구, 15(4), 75-102.

Banathy, B. (1995). 교육의 체계론적 이해(이용필 역). 도서출판 신유.

Coleman, J. S. (1988). Social capital in the creation of human capital. *American Journal of Sociology, 94*, S95-S120.

평생교육 프로그램
평가와 환류

학습개요

　제11장에서는 평생교육 프로그램 평가의 개념과 유형, 그리고 각 평가 모형의 특징을 살펴본다. 이 장에서 적용한 평가 모형의 분류는 목표 중심, 의사결정 중심, 참여자 중심, 전문가 중심의 모형이다. 이 분류를 토대로 평가 현장에서 빈번하게 적용되는 커크패트릭 모형과 CIPP 모형, 그리고 비교적 최근에 대안으로 등장한 이해당사자 중심 모형을 소개하고 있다. 마지막으로 프로그램의 평가 결과 도출을 효과적으로 활용하기 위한 시사점과 환류를 소개하며 순환적 평가 관리를 제시하였다.

학습목표

1. 학습자는 평생교육 프로그램 평가의 필요성을 설명할 수 있다.
2. 학습자는 평생교육 프로그램 평가 모형을 분류하고 각 특징을 비교할 수 있다.

1. 평생교육 프로그램 평가 개념과 유형

1) 개념과 특징

교육 프로그램의 평가는 해당 프로그램의 우수성을 평가하는 것으로 프로그램의 목적이 얼마나 잘 성취되었고 어떤 효율적인 과정을 거쳤으며 그 효과가 얼마나 적절하게 제공되었는지를 판단하는 일이다. 평가의 사전적 정의는 사물 또는 그 속성에 대한 가치 판단이며 가치 판단은 사전 정의된 준거에 의해 이루어진다. 프로그램 평가에 대한 여러 학자들의 다양한 개념에서 다음과 같은 공통 속성이 발견된다(김혜숙, 2014).

첫째, 평가는 프로그램의 목적과 목표의 달성 여부를 판단한다. 이를 위해 필요한 것이 성과에 대한 객관적이고 타당한 가치 판단이다. 가치 판단의 기준과 프로그램 고유의 목적과 목표 사이의 논리적·경험적 연관성이 있어야 한다.

둘째, 평가는 프로그램 과정 정보 및 결과와의 연계성을 분석한다. 프로그램의 계획, 진행, 종결과 그 후 결과 등의 전 과정 및 목표달성과 관련한 정보를 객관적이고 체계적인 방법으로 수집해서 가치 판단에 반영한다.

셋째, 평가는 프로그램의 다양한 요소들을 분석한다. 프로그램의 긍정적·부정적 영향요인을 포함한 효과성, 효율성, 품질 등을 평생교육 실천 가치에 따라 판단한다.

넷째, 평가는 성장을 촉진시킨다. 조직과 프로그램의 질적 성장을, 궁극적으로 수요자를 위한 존재가치를 가질 수 있는 방향으로 가치 판단을 한다. 평가를 통한 프로그램의 개선은 결국 효과성을 증진하는 데 기여할 것이며 수요자 중심의 평생교육 실천을 가능하도록 돕는다.

이러한 프로그램 평가는 다음과 같은 필요성을 갖는다.

① 가치적 필요

평생교육의 가치를 지향하며 교육 참여자들의 목적 달성을 지지할 수 있어야 한다. 아울러 평생교육 프로그램 운영 조직 내부 관점에서는 미션과 비전을 성취하는 것이며, 이를 통해 조직이 지향하는 방향으로 프로그램이 수행되는지 확인할 수 있다. 대외적인 관점에서는 사회적으로 요구되는 평생교육 실천의 책무성을 확인하고 인증받는 것을 프로그램 평가결과의 활용으로 적용할 수 있다.

② 실천적 필요

프로그램 평가는 프로그램에 관한 객관적 정보를 수집·분석함으로써 평생교육 실천이 체계적·과학적으로 이루어지고 있다는 것을 증명해야 한다. 즉, 평가의 방법은 체계화·과학화에 기반하여 이를 통해 평가의 일반화를 높일 수 있다. 과학적 방법을 통해 수집된 정보를 통하여 목표의 달성과 성과가 성공적인지, 어떤 긍정적 효과가 나타났는지 확인할 수 있다. 프로그램 참여자의 참여 목적이 프로그램을 통해 실현되었는지 확인하여 프로그램의 가치를 증명해야 한다. 그리고 부족하거나 아쉬운 점 등의 개선점을 찾고, 보완하여 평생교육 실천 기술과 역량을 향상시키고 강화해야 한다.

③ 조직 내 필요

프로그램 평가는 조직의 합리적인 의사결정을 촉진시켜 조직 운용의 효율성을 증대시키는 역할을 해야 한다. 어떤 프로그램을 강화해야 할지, 어떤 프로그램을 축소하거나 조정해야 할지 등을 결정하는 데 프로그램 평가결과를 활용한다. 평생교육사는 자신의 프로그램의 성공적인 결과를 증명함으로써 조직 내에서 전문가로서 인정받아야 한다. 그렇지 않다면 평생교육 자원의 투입은 의미를 상실한다.

성공적인 프로그램의 평가결과를 활용하여 평생교육 조직을 대외적으로 알리고 유용한 홍보매개체로 이용할 수 있다. 시민들은 이를 통해 더욱 신뢰성을 가지게 될 것이다. 결국 프로그램 평가는 조직의 성장과 발전에 기여하는 도구가 된다. 그렇기 때문에 평가는 서열을 정하거나 점수로 평가받는 것이 아니라 질적 성장을 도모하는 방향으로 가야만 이러한 필요성을 달성할 수 있다.

④ 정책적 필요

프로그램은 공공성의 증진에 기여해야 하며, 특히 정부로부터 재정지원을 받는 프로그램이나 외부 재원을 주로 사용할 경우 이는 더 중요하게 다루어져야 한다. 공공성의 증진은 평생교육의 정책적 정당성과 정부 예산 확보를 위한 도구가 될 수 있다. 프로그램의 평가는 정책과 현장을 연결하는 매개체가 될 수 있다.

⑤ 이론적 필요

프로그램 평가는 끊임없이 이론적 타당성을 의심하고, 검증하고 더욱 정교한 이론체계를 구축하는 도구로 사용되어야 한다. 프로그램 평가의 결과는 공유와 확산을 통하여 현장의 역량을 강화하는 도구로 사용해야 한다.

2) 유형

프로그램 평가 유형은 평가의 목적에 따라 다르게 분류될 수 있다. 주로 목표 중심의 평가 모형, 의사결정 중심의 평가 모형, 참여자 중심의 평가 모형, 전문성 중심의 평가 모형 등으로 구분한다.

(1) 목표 중심의 평가

가장 고전적인 평가 모형으로 설정된 프로그램의 성취목표를 어느 정도 달성했느냐에 초점을 맞추고 있다. 목표달성에 집중함으로써 평가가 명확해지지만, 목표 정의의 수준에 따라 폐쇄적이거나 좁은 측면을 다루게 될 가능성도 있다.

(2) 의사결정 중심의 평가

의사결정자에게 필요한 정보를 제공하여 의사결정을 돕는 과정으로 평가를 인식하는 모형이다. 이 모형은 프로그램의 요구분석, 계획, 시행, 평가 등 모든 국면을 평가하여 의사결정자에게 유용한 정보를 제공함으로써 프로그램의 존속 여부를 판단하기도 한다.

(3) 참여자 중심 평가

프로그램에 관여하거나 이해관계를 가진 사람들을 평가 과정에 포함시키는 접근법이다. 즉, 이해관계자들이 평가를 더 잘 이해하고 주인의식을 가지게 하여 평가결과를 더 적극적으로 활용하게 하는 것, 이해관계자에게 힘을 실어 주는 것, 조직의 평가 역량을 개발하는 것, 조직학습을 증진시키고 데이터에 기초한 의사결정을 하도록 돕는 것 등 목적하는 바가 각기 다를 수 있다.

(4) 전문성 중심의 평가

해당 전문가들을 통해 프로그램의 진가를 평가하는 모델로, 가장 오래된 유형의 대중적 평가이다. 기관, 프로그램, 산출물 또는 활동의 질을 판단하는 데 있어 주로 직업적인 전문지식에 의존한다. 모든 평가적 접근에는 전문가적 판단이 어느 정도 개입됨에도 불구하고 이 접근법은 일차적인 평가전략으로 전문성에 직접적으로 의존한다는 점에서 다른 접근법들과 다르다. 인증 평가 모형과 전문가 심의 모형이 이에 해당한다(류영철, 2022).

2. 평생교육 프로그램 평가 모형

1) 커크패드릭(Kirkpatrick) 평가 모형

(1) 개요

교육 프로그램의 운영 성과에 초점을 맞춘 결과 중심 평가 모형으로서 우리나라를 비롯한 전 세계적으로 다양한 학문 분야에서 활용되고 있으며 교육성과 평가를 위한 표준 모형으로 인정받고 있다(이은정, 김영식, 2022). 이 모형은 교육 프로그램 관리자 및 평가자들에게 교육 만족도와 학습 성취도는 물론 학습한 내용이 현장에서 활용되는 정도와 학습이 조직 전체에 가져오는 성과 전반에 대한 유용한 정보를 제공함으로써 그 활용도가 높아지고 있다. 뒤에서 언급될 CIPP 모형과 달리 교육 프로그램의 결과를 평가하는 데 초점을 맞추고 교육 프로그램의 운영 성과를 세부적으로 나누어 구체적으로 평가하는 데 주안점을 둔다(서울시50+재단, 2018).

이 모형의 목적은 첫째, 추후 운영될 교육 프로그램의 성과 향상에 있으며, 둘째, 교육 프로그램의 지속 여부에 대한 결정에 도움을 주며, 셋째, 교육 프로그램 담당 기관과 이에 배정되는 예산을 정당화하는 데 있다. 이러한 특성에 따라 공급자 중심의 평가 모형으로 분류되기도 한다.

(2) 내용 및 운영방법

이 모형은 1단계 반응평가, 2단계 학습평가, 3단계 행동평가, 4단계 결과평가의 네 단계로 구분되며, 각 단계는 위계적이다(Kirkpatrick & Kirkpatrick, 2006).

① 반응(reaction) 평가

교육참가자들이 참여한 프로그램에 얼마나 만족했는지를 평가하는 단계로서 훈련, 과정, 결과 등에 대한 학습자의 의견과 만족도를 묻는 평가과정이다. 교육내용, 교육방법, 교육시간, 교수자, 교육자료, 교육시설, 교육지원서비스 등에 교육 프로그램 참가자가 얼마나 만족했는지를 평가한다. 반응평가는 형성평가적인 성격이 강하며, 교육과정의 종류에 관계없이 평가 유형 및 항목이 유사하며 자료수집 및 분석과정이 다른 수준의 평가보다 상대적으로 쉬운 특징을 보인다. 자료수집 방법은 질문지법, 인터뷰, 관찰 등이 있으나 주로 질문지법이 많이 활용된다. 궁극적으로 교육과정 운영과정에서 나타난 강점과 약점에 대한 정보획득 및 교육 프로그램의 수정 및 보완에 중점을 두고 이루어진다.

② 학습(learning) 평가

교육 프로그램 참여자들이 교육을 통해 실제로 무엇을 학습하였는지에 대한 성취도를 확인하는 과정으로 전통적 의미의 교육평가로서 효과성 평가, 학업성취도 평가로 불리기도 한다. 학습평가 문항은 학습목표에서 직접 도출되기 때문에 학습목표를 명시적으로 진술하고 평가문항 또는 학습목표의 유형 및 난이도에 따라 다양한 유형을 혼용해서 사용해야 한다.

③ 행동(behavior) 평가

이 평가는 교육이 끝난 뒤 일정 기간 뒤에 실시하며, 전이평가, 업무적용도 평가, 현업적용도 평가로 불리기도 한다. 행동평가는 개인의 행동변화에 주목하여 학습자가 교육참여를 통하여 획득한 지식, 기술, 태도 등을 실제 현장 직무에서 얼마나 활용하는지를 확인하는 과정이다. 행동평가는 앞의 두 평가 단계에 비해 복잡하고 어려운 것으로 알려져 있다. 학습동기 및 능력과 같은 개인 특성의 차이로 인해 학습한 내용을 현장에 적용하는 시기 및 방법, 정도에 있어 차이가 나타날 수밖에 없기 때문이다. 행동평가의 경우 학습자의 실제 현업적용도와 더불어 개인 특성 및 환경 요소가 학습자들의 적용을 지원하는지 여부도 함께 평가하는 것이 바람직하다.

④ 결과(results) 평가

일종의 조직 기여도 평가로서 전체 조직의 성과 향상에 중점을 두고, 교육 프로그램 참여자가 교육 프로그램 참여를 통하여 실질적으로 조직의 성장에 기여한 정도를 평가한다. 교육 프로그램 운영에 투자한 조직의 시간과 노력, 비용 대비 교육성과를 평가함에 따라 효용성 평가로 불리기도 한다. 조직성과의 경우 다양한 내·외부 요인의 영향력을 통제한 순수한 교육 프로그램의 효과를 도출해 내기 어렵다는 한계가 있다.

(3) 기대효과 및 주의할 점

이 평가는 위계적 성격을 내포하고 있기에 1단계 반응평가 및 2단계 학습평가를 건너뛰고 3단계 행동평가를 실시하는 것의 위험성이 지적되기도 한다. 이는 3단계 평가에서 측정하는 행동변화는 학습자 스스로의 변화욕구, 학습 응용능력, 변화를 드러낼 수 있는 우호적인 근무환경, 변화에 대한 보상 등의 내·외적 조건들이 갖추어져야만 발생할 수 있다고 보기 때문이다. 즉, 3단계 행동평가에서 행동의 변화가 나타나지 않았을 경우, 그것이 프로그램 자체의 효과가 없었기 때문인지, 아니면 개인의 특성 혹은 잘못된 조직환경, 보상 시스템의 부재 때문인지를 판단해 볼 수 있는 근거를 1, 2단계 평가를 통해 확인해야 하는 것이다.

한편 이 모형은 조직성과와 관련된 다양한 내·외부적 환경적 요인들에 대한 통제가 어렵고, 장기적이고 광범위한 평가를 요하기 때문에 실제 평가 단계에서는 이를 적용하기가 어려워 현실적으로는 필요에 따라 이를 생략하는 경우도 있는 것으로 알려져 있다.

2) CIPP 평가 모형

(1) 개요

스터플빔(Stufflebeam, 1971)의 CIPP 모형은 프로그램 의사결정자의 주요 관심, 정보 요구, 프로그램 효과성의 판단 준거 등을 중요한 평가요소로 본다. 프로그램의 목적달성 여부에 초점을 두는 기존의 평가 모형을 반박하며 제안된 그의 모형은 관리자가 의사결정을 잘 하도록 돕기 위해 만들어진 의사결정 중심의 대안적 평가 모형 중 과정 중심 평가 모형이다. 전행적(proactive) 평가로서 가장 대중적이고, 프로그램의 배경과 계획,

과정과 성과를 모두 평가하여 프로그램의 개선을 위한 정보를 제공하는 데 목적을 두고 있다(조창빈 외, 2022).

(2) 내용 및 운영방법

교육 프로그램의 전반적인 맥락이나 환경을 분석하는 상황평가, 프로그램에 동원된 자원이나 자원 활용방법을 분석하는 투입평가, 프로그램의 운영방법과 절차를 분석하는 과정평가, 프로그램 종료 이후 획득한 결과를 분석하는 산출평가의 네 단계로 구성되어 있다. 교육 프로그램의 산출결과뿐 아니라 교육 프로그램의 실행배경, 계획과 자원, 운영과정과 결과 등 전 과정을 평가하고 평가 결과를 바탕으로 프로그램 관련자들의 의사결정을 촉진할 수 있다는 특징과 장점을 지닌다.

① **상황(context) 평가**

한정된 환경에서 요구, 문제, 자산 그리고 기회를 평가한다. 이를 위하여 목표로 하는 프로그램 서비스의 맥락을 기술하고, 수혜자와 그들의 요구를 파악한다. 그리고 요구를 충족함에 있어서 문제점과 장애물을 파악한다. 아울러 프로그램, 교육 또는 다른 서비스 목표의 명확성과 적절성을 평가한다.

② **투입(input) 평가**

이 평가의 목적은 의도된 수혜자들에게 도움이 될 수 있는 프로그램, 프로젝트 등을 구체화하는 데 있다. 평가대상은 제시된 프로그램, 프로젝트 또는 서비스 전략과 관련된 업무 계획과 예산이 된다. 평가를 실시함에 있어 관련된 접근 방법을 명확히 하고 평가하여 정책결정자들이 선택된 방법을 실행할 수 있도록 준비하는 데 도움이 되어야 한다. 또한 고객의 정치적, 경제적 또는 법적 제한점이나 잠재적 재원 등도 검토해야 할 필요가 있다. 이는 평가 의뢰인들이 의도한 목적을 이루는 데 실패하거나 자원을 낭비하지 않도록 하기 위한 것이다.

③ **과정(process) 평가**

과정평가의 방법은 프로그램 활동을 사전 계획과 비교하고, 문제를 기술하며, 어떻게 직원들이 그러한 문제를 극복하고 있는지를 평가한다. 또한 투입한 노력 비용에 대한 분석과 진술이 이루어져야 하며, 관찰자나 참여자들이 프로그램의 질을 어떻게 판단하고 있는지 알려줄 필요가 있다.

④ 산출(product) 평가

어느 한 기관이 성취수준이 어느 정도인지를 측정하고, 해석하여 판정하고, 수혜자들의 요구를 어느 정도 잘 맞추고 있는지 확인하고자 이 평가를 수행한다. 이전 단계 평가 결과에 근거하여 판단하는 것이 유용하다.

(3) 기대효과 및 주의할 점

이 모형의 목적은 정책결정자들이나 이해당사자들에게 상시적인 평가 서비스를 제공하는 것으로 평가의 가장 중요한 목적은 판단이나 입증이 아닌 개선이 있다. CIPP 평가 모형은 교육 산출에만 초점을 두는 평가에 비해 교육체제의 전체 측면에 대한 평가를 시도함으로써 의사결정자에게 교육 프로그램 개선과 관련된 의사결정에 도움이 되는 정보를 제공할 수 있다는 장점이 있다. 기존 평가와 달리 평가 과정에 모든 이해당사자들을 참여시키고 지속적인 개선을 위해 데이터를 축적하는 것을 강조한다. 그러나 실제 평가 시 상황, 투입, 과정, 산출 평가의 순서로 이루어지지 않으며, 이러한 순서로 진행되었을 경우 자칫 평가가 과장되거나 비효율적, 낭비적 역효과를 가지게 될 수도 있다(서울시50+재단, 2018). 또한 평가자가 가치문제와 판단을 회피하여 중요한 교육적 가치판단을 의사결정자에게 위임한다는 점이 한계점으로 언급된다.

3) 이해당사자 기반 평가

(1) 개요

평생교육실습 프로그램과 관련된 다양한 이해당사자를 평가에 참여시키고 프로그램의 진행과정을 체계적으로 평가하여 질적인 향상과 개선점 모색에 도움이 될 수 있는 평가적 접근이다. 이 모형은 평가에 대한 이해당사자들의 이해 증진, 평가 결과의 활용도, 권한 부여, 평가 능력 개발 등을 기대할 수 있으며 평가를 통한 민주화 성취라는 중요한 의의를 가진다(구경희, 윤명희, 2018). 이해당사자 기반 평가라는 용어를 처음으로 사용한 학자는 마크와 쇼트랜트(Mark & Shotland, 1985)이다. 이들은 이해당사자 기반 평가를 광의적으로 접근하여 '평가 문항의 체계화를 비롯하여 평가 전반적인 부분에 있어 다양한 이해당사자를 포함시키는 평가'라고 정의하였다.

(2) 내용 및 운영방법

이해당사자 기반 평가에서 프로그램의 관련 이해당사자를 파악하고 선정하는 과정은 이해당사자 기반 평가의 가치를 부각시킬 수 있는 중요한 부분이다. 이해당사자를 선정함에 있어서 프로그램에 영향을 받거나 영향을 주는 정도(권력 수준)를 반영해야 하며 이는 평가 결과의 정당성을 확보하는 데 필수적인 요소이다. 평생교육실습 프로그램의 주요 이해당사자 집단은 실습에 임하는 예비평생교육사, 프로그램을 운영하는 담당교수자, 실습기관의 현장 지도자, 프로그램을 관리·감독하는 국가평생교육진흥원 및 교육부 등으로 확인해 볼 수 있다. 프로그램과 관련된 주요 이해당사자들의 관심과 평가 관점을 반영하는 것은 프로그램의 종합적인 개선은 물론이거니와 평가를 통한 각 이해당사자 간 동일한 영향력을 확보하여 민주적인 평가를 실시할 수 있다.

평가대상인 프로그램의 복잡한 현상을 종합적으로 파악하기 위해서는 다양한 관점을 수용한 이해당사자 기반 평가가 필요할 뿐만 아니라 프로그램의 상황이나 산출물의 개선 방향을 도출하는 데에도 이해당사자 기반 평가의 기여를 기대할 수 있다. 특히 평가의 유용성을 확보하기 위해 이해당사자를 확인하고 이들이 필요로 하는 정보가 무엇이며, 어떤 식으로 정보를 수집해서 제공해야 하는지를 결정해야 하기 때문에 다양한 이해당사자 집단 중 평가에서 중요하게 다루어야 하는 주요 이해당사자 집단의 입장 차이를 파악하는 것은 평가 계획에 있어 필수적이라 할 수 있다. 따라서 특정 프로그램에 대한 다양한 이해당사자의 가치, 의도, 준거, 결과 활용 등을 고려하여 평가를 설계하는 접근이 요구된다(Fitzpatrick, Sanders, & Worthen, 2011).

이해당사자 기반 평가를 실제 프로그램에 적용하기 위해서는 평가계획 수립, 평가문항 개발, 평가자료 수집, 평가결과 보고, 평가결과 활용 등의 모든 과정에서 주요 이해당사자의 다양한 관점이 반영되어야 한다. 특정 이해당사자가 특정 프로그램에 대해서 가지는 독특한 관점에 따라 어떤 측면을 어떠한 방식으로 평가하고, 무슨 내용을 보고할 것인가가 달라진다. 따라서 평가계획을 수립하기 전에 다양한 이해당사자들이 평가를 통해서 무엇을 알고자 하는지 평가 관점을 균형적으로 파악하여 전체 평가 과정에 반영될 수 있도록 해야 한다.

① 이해당사자 선정

진(Geene, 2005)은 이해당사자를 제시한 프로그램에 대한 권한을 갖는 사람, 직접적으로 책임을 갖는 사람, 프로그램 수혜자로 의도된 사람, 프로그램으로 인해서 자금을 잃거나 혜택을 받지 못하는 사람의 네 가지 유형으로 분류한다. 주로 기업경영 분야, 환경 및 자원관리, 지역개발, 언론 등 다자간 협상과 타협이 중요시되는 분야에서 이해당사자의 선정 기준으로 적용되고 있다. 반면 프로그램의 공급자, 수요자, 전문가, 당국자로 선정하여 이해당사자 기반 평가 연구를 수행한 국내 연구도 존재한다(백순근, 유예림, 2008).

프로그램 관련 이해당사자를 파악하고 선정하는 과정은 이해당사자 기반 평가의 가치를 부각시킬 수 있는 중요한 부분이다. 이해당사자를 선정함에 있어서 프로그램에 영향을 받거나 영향을 주는 정도(권력의 수준)가 적절히 반영될 때, 다양한 관점이 반영된 종합적인 평가결과에 근거하여 개선 및 발전 전략을 세우는 데 중요한 자료가 될 수 있다.

(3) 기대효과 및 주의할 점

참여적 접근법의 장점으로는 이해관계자들의 평가에 대한 이해와 활용을 높이고 평가자의 프로그램 및 조직 이해를 향상시키며 이를 통해 더 타당하고 유용한 정보를 제공할 수 있다. 이해관계자 참여는 조직학습을 이끌 수도 있다. 조직구성원들이 평가에 대하여 더 잘 알게 됨에 따라 미래에 문제를 해결하기 위해 평가를 활용하거나 평가적 사고양식과 자료 사용이 가능해질 것이다. 한계점으로는 편견, 그리고 이에 따라 외부 청중에게 평가결과가 덜 인정받는 결과가 초래될 수 있고, 이해관계자 참여에 드는 상당한 시간과 비용, 평가를 수행하는 이들이 필요한 기술을 결여했을 경우 잠재적으로 미약한 평가결과, 평가 기술과 전문성이 어떤 이해관계자든 쉽고 빠르게 습득할 수 있다고 가정하는 것 등이 있다.

3. 평생교육 프로그램 평가의 활용 및 환류

1) 프로그램 평가의 활용

프로그램 평가자료의 분석과 해석이 끝나면 그 결과를 어떻게 활용할 것인가를 결정해야 한다. 평가자료는 프로그램 개정이나 마케팅 홍보에 활용될 수 있다. 평생교육사는 프로그램 평가를 통해 얻은 자료를 토대로 프로그램의 운용이 계속되어야 하는가를 판단하고 이해관계자들에게 효과적으로 보고해야 한다.

평가의 결과, 개선이 필요한 부분은 마땅히 논의를 거쳐 보완이 되어야 하겠지만 평가 결과가 우수한 부분은 이에 대한 보상과 공유를 통한 정보와 지식의 확산이 가능하도록 시스템적인 지원이 뒷받침되어야 한다. 또한 체계적으로 구성된 평생교육 프로그램 평가는 프로그램의 개선뿐만 아니라 측정 가능한 지표 개발 및 관리에 도움을 주며 조직 내 프로그램 운영을 위한 지침으로도 활용될 수 있다. 이는 프로그램 운영 주체의 성과관리에 효과성을 높이는 데 기여할 수 있다. 따라서 평가 결과의 적절한 활용은 지속가능한 경영을 촉진하는 원동력이 된다.

2) 프로그램 평가 결과의 환류

(1) 환류의 정의 및 특징

환류는 성과관리의 필수적인 부분으로 개인, 조직 및 사업의 강점과 약점을 이해하고 개선이 필요한 영역을 식별하며, 개선을 위한 목표를 설정하는 데 도움을 준다. 환류의 대상은 어떤 활동(action)이나 과정(process)의 결과(results)를 평가한 결과를 바탕으로 해당 활동이나 과정을 개선하는 데 활용되는 정보(information)라고 할 수 있으며, 여기서 활용되는 정보는 긍정적 또는 부정적일 수 있다. 긍정적인 환류는 활동이나 과정의 잘된 부분을 알려주는 것이며, 반대로 부정적 환류는 활동이나 과정의 잘못된 부분의 정보를 차후 개선을 위해 활용하는 것이다(한승헌, 염지선, 이도석, 2023).

이러한 환류는 개인, 팀, 조직 등 다양한 수준에서 제공될 수 있으며, 이를 통해 조직의 활동과 과정을 개선할 뿐만 아니라 학습하고 동기를 부여하는 역할도 한다. 환류는 개인(조직)이 성과를 배우고 개선하도록 돕는 것 외에도, 성과관리 프로세스 자체를 개선하는 데에도 사용된다. 성과 프로세스에 대한 환류를 제공함으로써 개인(조직)의 학습 및 개발을 위해 긍정적이고 지지적인 환경을 조성할 수 있기 때문이다.

　환류는 활동과 과정을 개선하기 위한 중요한 도구이다. 그러므로 환류를 제공할 때는 먼저 구체적(specific)이어야 한다. 단순히 '우수하다' 또는 '미흡하다' 등과 같이 결과만을 알려주어서는 안 되며, 그 결과가 도출된 원인에 대해서도 정확한 정보를 제공해야 한다. 둘째, 환류는 적시(timely)에 제공되어야 한다. 환류는 활동이나 과정이 발생한 후 신속하게 제공되어야 한다. 왜냐하면 개인·조직의 특성에 따라 상이할 수는 있지만, 대체적으로 환류가 활동이나 과정의 개선에 주는 영향력은 시간이 경과됨에 따라 작아질 수 있기 때문이다. 셋째, 환류는 실행 가능해야 한다. 환류되는 정보가 실행 가능해야 개인·조직이 성과를 개선을 위한 의사결정을 할 수 있다. 넷째, 환류는 개인과 조직의 의사결정 그 자체가 아니라, 환류를 통한 그들의 행태변화에 초점을 두어야 한다. 환류를 통해서 개인·조직이 공격을 받는다고 느껴서는 안 되며, 환류를 통해 개인과 조직이 다른 방법과 방향으로 업무를 처리할 수 있도록 하는 데 도움을 주어야 한다. 다섯째, 환류는 건설적이어야 한다. 환류는 활동이나 과정을 개선하는 데 도움이 되는 정보만을 제공해야 하며 활동이나 과정을 비난하거나 공격하는 데 사용되어서는 안 된다.

(2) 환류의 결과

　환류로부터 기대할 수 있는 성과를 사업수행 과정에서 즉각적으로 활용할 수 있는 '결과적 성과'와 평가결과 활용과정에서 2차적으로 나타나는 '과정적 성과'로 구분해 볼 수 있다.

① 결과적 성과

　첫째, 사업의 효과성 향상이다. 평가의 활용을 통하여 평가된 프로그램, 프로젝트 또는 활동의 지속 가능성이 개선될 수 있다. 둘째, 후속 사업과의 연계 및 조치 반영이다. 환류를 통해 평가의 결과로서 도출된 제언이 향후 사업 개선, 전략수립 및 평가계획과 같은 후속 조치와 연결되고 조직의 의사결정 과정에 반영된다면, 단순히 참고용으로 제언이 활용되는 것에 비해 그 유용성이 증대되었다고 볼 수 있다. 셋째, 평가결과 정보 활용의 확대이다. 조직에 소속되지 않은 상당수의 이해관계자들은 평가결과에 접근하기가 어려워 평가결과를 활용하기가 어려운 경우가 많다. 그러나 평가결과의 공유가 더욱 활발해짐으로써 사업 내부 또는 기관 내부에서뿐만 아니라, 외부의 이해관계자들에게도 결과를 통해 얻은 교훈이 확대되고 다양한 측면에서 활용될 수 있다. 넷째, 평가의 책무성 강화이다. 평가의 결과가 조직 외부에 더욱 적극적으로 공유되고 많은 사람들이 활용하게 된다면, 해당 평가를 수행한 기관은 외부로부터 제언사항에 대해 체계적인 후속 조치를 이행할 수밖에 없는 더욱 큰 요구와 압력을 받을 수 있다. 또한 평가 참여자들에게는 더 나은 평가결과보고서를 작성하고자 하는 또 다른 동기부여가 될 수 있다. 다섯째, 조직학습 증대가 가능하다. 평가를 통해 도출된 제언사항을 적극적으로 사용한다면, 평가가 사업의 종료 단계에서 이루어지는 하나의 단계가 아닌 조직학습으로 이어지게 됨으로써 조직에 많은 영향을 미칠 수 있다. 즉, 평가로부터 축적되는 지식의 획득과 전파, 활용이 상호 영향을 미치는 선순환을 통해 효과적인 조직학습으로 이어질 수 있다.

② 과정적 성과

과정적 성과로서 처음으로 살펴볼 것은 평가 참여자의 환류에 대한 이해도 제고, 즉 역량강화가 기대된다는 점이다. 평가의 실효성이 개선된다면 평가 과정과 결과가 성과관리·평가 참여자들에게 학습과 역량 강화에 유용하게 활용될 수 있다. 그러나 외부평가로 인한 평가 품질 차이 등으로 인해 도출된 제언이 일회성에 그친다면 시행기관의 담당자 역량 강화, 교훈과 개선 과제 환류에 제한이 있을 수 있다. 다음으로는 평가 참여 구성원의 다양성 증대를 통한 환류 파급력 확산이다. 보다 효과적인 환류 체계가 존재한다면 다양한 이해관계자들이 환류 과정에 참여할 수 있으며 이는 평가를 통해 학습한 교훈과 우선순위 등을 공유할 수 있는 기회를 제공하여 사업수행기관이 더욱 책임감 있게 사업을 수행해 나가는 계기가 되기도 한다.

<< 생각해 보기

1. 평가가 다양한 형태로 발전하게 된 배경과 각 평가의 접근법을 비교해 보자.
2. 커크패트릭 평가 모형을 적용한 평생교육 프로그램 사례를 찾아보고 실제 적용 과정을 검토해 보자.
3. CIPP 평가 모형 적용 평생교육 프로그램 평가 사례를 찾아보고 그 적용 과정을 검토해 보자.
4. 여러 다양한 이해관계 집단을 포함함으로써 평가가 내포하게 될 수 있는 위험에는 어떤 것들이 있을지 토의해 보자.
5. 국가평생교육진흥원에 공개된 평생교육 프로그램의 연차별 성과 공유 자료집을 토대로 평생교육 프로그램의 연차별 개선 및 강화를 통한 차별화가 잘 드러나고 있는지 논의해 보자.

참고문헌

구경희, 윤명희(2018). 이해당사자 기반 평생교육실습 프로그램 평가척도개발. 직업교육연구, 37(1), 55-75.

김혜숙(2014). 교육 프로그램 평가의 이론과 실제. 경기: 교육과학사.

류영철(2022). 미래학습사회를 위한 평생교육의 이론과 실제. 경기: 교육과학사.

백순근, 유예림(2008). 2009년도 중등교사 임용시험 정책에 대한 평가 연구. 교육평가연구, 21(3), 69-91.

서울시50+재단(2018). 50+교육 프로그램 평가지표 개발.

이은정, 김영식(2022). Kirkpatrick 모형을 활용한 중장년층 대상 평생교육 프로그램 평가지표 개발. 핵심역량교육연구, 7(2), 113-140.

조창빈, 장철승, 신민선, 김두영(2022). CIPP 평가 모형에 근거한 장애인 평생교육 프로그램 평가지표 개발 연구. 특수교육연구, 29(1), 1-28.

한승헌, 염지선, 이도석(2023). 국제개발협력사업 성과관리체계 개선 방안: 환류 활성화 방안을 중심으로. 한국행정연구원.

Fitzpatrick, J. L., Sanders, J. R., & Worthen, B. R. (2011). 프로그램 평가: 대안적 접근과 실천적 지침(제4판) [*Program Evaluation: Alternative Approaches and Practical Guidelines* (4th ed.)]. (김규태, 이진희, 박찬호, 허영주, 정진철, 권효진 공역) (2014). 경기: 아카데

미프레스.

Geene, J. C. (2005). Mixed methods. In S. Mathison(Ed.) *Encyclopedia of evaluations* (pp. 397-398). Thousand Oaks, CA: Sage.

Kirkpatrick, L., & Kirkpatrick, J. (2006). *Evaluating training programs.* The four levels. Berrett-Koehler Publishers.

Mark, M. M., & Shotland, R. L. (1985). Stakeholder-based evaluation: a case study. *Evaluation and Program Planning, 20*(4), 467-475.

Stufflebeam, D. I. (1971). The relevance of CIPP evaluation model for educational accountability. *Journal of Research and Development in Education, 5,* 19-25.

제12장

평생교육 현장 전문가의
역할과 전문성

학습개요

평생교육 현장 전문가는 현장에서 평생교육의 질적 향상을 도모하고 평생학습사회를 견인해 나갈 주체적 전문인력이다. 평생교육사를 중심으로 평생교육 강사, 시민교육 전문가, 문해 교원, 평생학습매니저 또는 평생학습코디네이터 등 다양한 영역에서 활동하고 있다. 이 장에서는 평생교육 현장 전문가의 등장 배경과 각각의 주요 역할에 대해 살펴본다. 그리고 특히 급격한 사회변화를 견인하는 평생교육사의 주요 직무 및 전문가로서 역할강화를 위해 우선되어야 할 방법론적인 전문역량 및 보수교육의 필요성에 대해 알아본다.

학습목표

1. 평생교육 현장 전문가의 등장 배경을 파악하고 그 역할을 이해한다.
2. 시대 변화에 따른 평생교육사의 직무와 역할을 숙지한다.
3. 평생교육사의 전문성을 향상하기 위한 역량에 관한 접근방식을 설명할 수 있다.

1. 평생교육 현장 전문가

1) 평생교육 현장 전문가 등장 배경

1999년 「사회교육법」이 「평생교육법」으로 전면 개정되면서 공적 평생학습의 기반이 확충되기 시작했다. 2001년 교육부는 '평생학습 5개년 종합계획'을 통해 기초자치단체가 평생학습 지원에 참여할 수 있도록 '평생학습도시 지정 사업'을 추진하며 적극적으로 평생학습 진흥에 노력하였다. 평생학습도시는 조례를 제정, 평생학습 협의회 구성, 전담 조직 마련, 전문 인력(평생교육사) 배치 등을 통해 지역 평생학습의 제도적 기반을 마련하였다. 평생학습도시로 지정된 기초자치단체는 평생학습 정책 개발, 특성화 프로그램 개발 운영, 지역 평생학습 기관 및 단체와의 네트워크 구축, 홍보 및 캠페인, 평생학습 축제 등의 사업을 운영하면서 지역평생학습 활성화에 기여하게 되었다. 이 시기부터 평생교육사는 지역과 주민의 평생학습을 견인하는 주요 역할을 수행하는 전문인력으로 자리 잡게 되었다.

2010년대 이후부터 그동안 정책의 수혜자였던 시민이 주도하는 생활권 중심의 평생학습 정책이 강조되기 시작했다. 100세 시대 국가평생학습체제 구축을 위해 마련된 제3차 평생교육진흥기본계획(2013~2017)에 따라 국정과제로 추진된 '행복학습센터'는 국민 모두 언제 어디서나 원하는 교육을 생활권 단위에서 받을 수 있도록 지원하는 사업으로 시작되었다. 이어 2014년 1월 「평생교육법」 개정으로 시·군·자치구의 단체장은 읍·면·동 단위에서 주민을 대상으로 평생학습 프로그램을 운영하고 상담을 제공하는 평생학습센터를 설치·운영할 수 있게 되었다. 이것으로 중앙-광역시·도-시·군·자치구-읍·면·동에 이르는 평생학습 전달체계가 완성되기 시작했다.

이렇게 평생교육 정책이 생활권 단위로 확대됨에 따라 현장의 역동성이 발휘되면서 사업의 다양성과 전문인력에 대한 요구가 증대되었다. 대표적으로 평생교육사 이외에 행복학습매니저, 마을평생학습코디네이터, 문해교육사, 시민교육전문가, 평생학습리더, 문화예술교육사, 시민교육전문가 등이다(김신일 외, 2019).

2) 평생교육사

「평생교육법」 제24조에서는 평생교육사를 '교육부 장관이 평생교육의 기획·진행·분석·평가 및 교수업무의 전문적 수행을 위하여 일정 자격을 갖춘 사람에게 부여하는 국가 자격증을 취득한 자'로 규정하고 있다. 현행 평생교육사 제도를 이해하기 위해서는 「평생교육법」의 전신인 「사회교육법」을 살펴봐야 한다. 「사회교육법」은 1982년 12월에 제정된 법(법률 제3648호)으로 사회교육에 관한 내용을 최초로 성문화한 법이다. 당시 「사회교육법」이 제정된 배경에는 「헌법」 제29조에 의거, 급격히 변화하는 산업사회에서 한평생 보람된 생활을 누리기 위해 누구나 평생을 통한 교육이 필요했고, 이에 평생교육의 진흥을 국가의 임무로 규정하게 되었다. 이러한 헌법정신에 따라 사회교육을 제도화하고 모든 국민에게 평생교육의 기회를 부여하기 위해 필요한 현장 전문가로 평생교육사의 전신인 사회교육전문요원이 탄생하게 되었다. 이들은 대통령령이 정하는 일정한 규모 이상의 사회교육단체 또는 사회교육 시설에 사회교육과정을 편성하고 진행하며 교육효과 분석과 평가 등 전반적인 사회교육 활동을 기획하고 지도하는 업무를 전담(「사회교육법」 제17조)하게 되었다(윤여각 외, 2021).

이후 1999년 12월 「사회교육법」이 「평생교육법」으로 전부 개정되면서 '사회교육 전문요원'에서 '평생교육사'로 변화됨에 따라 2007년 「평생교육법」 개정안을 통해 자격제도를 구성하고 있는 양성과 배치, 연수에 관한 사항들을 전반적으로 재정비하여 평생교육 실무와 전문성이 한층 제고되었다.

3) 주민활동가

주민활동가는 9장에서 다루었듯이 지역기반 평생학습 정책 확산에 따른 주민주도의 평생학습 문화조성과 공동체 형성이 중요해지면서 평생교육 현장 전문가 확보를 위한 대규모 주민활동가 양성 과정이 시작되었다. 전국 기초지자체에서 양성 과정을 통해 활동하고 있는 대표적인 주민활동가인 '평생학습매니저'는 지역 평생교육의 현장 전문가로 다양한 마을의 교육 공간을 중심으로 지역 특성을 반영한 특화 프로그램을 개발하면서 브랜드 사업으로 유명세를 탈 만큼 활동이 부각되었다. 경기도평생학습마을공동체 사업에서는 '평생학습마을 코디네이터'와 '마을 리더' '학습자원 활동가' 등의 이름으로 활동하고 있다.

특히 경기도 평생학습 코디네이터는 경기도 평생학습마을 공동체 지원 사업(Golden Triangle)과 함께 양성되기 시작한 주민활동가이다. 이 사업은 기존의 마을 만들기 사업이 가지고 있던 문제점과 한계를 극복하기 위해 주민이 주도하여 일-문화-학습이 마을 내에서 선순환 관계를 형성할 수 있도록 시도하였다(경기도평생교육진흥원, 2017). 2012년 경기도 5개 자치단체를 시작으로 2023년 4월 기준 경기도 총 103개 평생학습마을이 지원되고 있다. 강사, 평생학습 코디네이터 배치는 해당 지역(마을) 주민을 양성하여 채용하는 것을 원칙으로 하고 있다. 평생학습 코디네이터는 주민들의 학습을 계획하고 조직하며 관리하는 마을 학습 전문가를 의미한다.

평생학습마을 지속가능성의 관점을 반영한 평생학습 코디네이터의 발전 단계는 다음과 같다. 1단계는 '평생학습 코디네이터 양성 및 배치'로 예비 평생학습 코디네이터가 시·군 양성 과정을 수료하고 마을에 1명 이상 배치되었다면 이 단계의 요건을 충족한다. 평생학습 코디네이터 배치는 평생학습마을 운영을 위해 가장 우선으로 충족되어야 하는 조건이다. 2단계는 '평생학습 코디네이터 자기 역량 평가에서 평균 7점 이상 획득'해야 한다. 〈표 12-1〉의 안내에 따라 평생학습 코디네이터에게 필요한 여섯 가지 역량으로 제시되어 있는 '마을 자원 찾기, 네트워크 구성, 평생학습 동아리 활성화, 성인학습자 상담, 주민 요구조사, 기획 및 운영'에 대하여 스스로 점수를 부여하는 방식으로 측정한다. 주민활동가로서 평생학습 코디네이터의 역할수행에 요구되는 역량이 무엇인지 스스로 점검하면서 자기주도적인 성장을 이룰 수 있게 돕는 지표이다.

● 표 12-1   **학습 코디네이터 자기 역량 점검 가이드 라인**

역량 1 마을 자원 찾기	5점: 마을 내 다양한 자원의 종류, 특징, 활용 실태에 따라 DB(마을 지도)화 한다. 7점: 새로운 마을 자원을 발견하고, 마을의 고유성을 살려 평생학습을 디자인한다. 10점: 새로운 마을 자원을 주민들과 공유/활용(프로젝트, 학습 프로그램, 마을사업 등)한다.
역량 2 네트워크 구성	5점: 마을 평생학습 네트워크 구축을 위한 협력 대상을 탐색한다. 7점: 협력주체 간 공동의 비전과 목표를 설정하고, 마을의 평생학습 활성화와 문제해결에 기여한다. 10점: 조직된 네트워크를 점검/평가하고, 필요와 요구를 반영하여 강화(통합, 조정 등)한다.

역량 3 평생학습동아리 활성화	5점: 마을 내 동아리 현황을 모니터링하고, 학습자의 참여를 돕는다. 7점: 동아리 활동 사례(성공/실패 요인)를 분석하고, 지원방안을 탐색한다. 10점: 동아리 활동 결과를 공유(발표회, 봉사활동 등)하고, 지속 성장을 위한 지원체계를 갖춘다.
역량 4 성인학습자 상담	5점: 마을 평생학습을 촉진하기 위한 학습 상담을 '종종 (1-2회/월)' 한다. 7점: 마을 평생학습을 촉진하기 위한 학습 상담을 '자주 (3-4회/월)' 한다. 10점: 마을 평생학습을 촉진하기 위한 학습 상담을 '매우 자주 (2-3회/주)' 한다.
역량 5 주민 요구조사	5점: 면담이나 관찰 이외에도, 정기적으로 주민 요구조사(설문조사)와 간담회를 실시한다. 7점: 요구조사 결과를 분석하여 어떤 요구를 프로그램으로 전환시킬 것인지 결정하고, 향후 계획을 수립한다. 10점: 주민 요구의 우선순위와 마을의 잠재 요구를 반영하여 프로그램을 개발/운영한다.
역량 6 기획 및 운영	5점: 마을 주민들의 요구와 필요를 이해하고, 대략적인 프로그램과 사업에 대한 계획이 있다. 7점: 효과적인 프로그램 운영을 위한 구체적인 기획/홍보 계획을 수립한다. 10점: 마을에 필요한 사업을 기획하여 추진하고, 프로그램을 개발하며 운영한다.

출처: 경기도평생교육진흥원(2017), p. 148.

4) 민주시민교육 활동가

기후 위기와 코로나 상황 등 전 지구적 위기 상황에서 공동체 위기에 공동으로 대응하고, 위협받고 있는 사회적 약자의 삶을 보호하기 위한 연대의 삶을 구축하기 위한 노력이 요구되면서 민주시민교육에 대한 제도화의 노력은 국회에서의 입법적 노력을 하고 있으나 그 결실을 이루지 못하고 있다. 경기도는 2015년 민주시민교육 관련 조례를 제정하고 관련 업무를 경기도평생교육진흥원에 위탁해 정책사업으로 추진하고 있다. 이와 관련하여 경기도는 경기도 민주시민교육 종합계획을 수립하였으며 정책 연구, 홍보, 토론회 개최, 시·군·구별 민주시민교육 시범사업 지원 등의 노력을 전개하고 있다(조철민 외, 2019).

경기도는 민주시민교육 프로그램 운영을 고도화하기 위해 시·군 교육현장에서 민주시민교육의 주체로서의 사명감과 전문성을 갖춘 활동가 양성을 위한 역량 강화 연수 프로그램을 통해 민주시민교육 활동가가 배출되어 활동하고 있다. 경기도평생교육진흥원

(2021)은 민주시민교육 활동가 연수 프로그램 개발 연구를 통해 주민활동가 개인 수준의 목표와 경기도 수준의 목표를 [그림 12-1]과 같이 제시하고 있다.

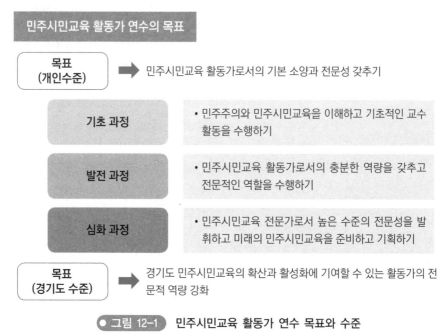

● 그림 12-1 민주시민교육 활동가 연수 목표와 수준

출처: 경기도평생교육진흥원(2021), p. 123.

  활동 양식은 '민주시민 되기, 민주시민 교육하기, 전문가로 성장하기'라는 3단계로 구성하고, 활동 양식별 학습 영역에서 '민주시민 되기'는 민주주의와 생활, 민주주의 역사와 제도, 민주주의와 리터러시로, '민주시민 교육하기'는 민주시민교육의 이해, 민주시민교육 실천으로 구성했다. 마지막으로 '전문가로 성장하기'는 민주시민교육 전망과 비전, 조직과 지역사회, 자기 성찰과 성장 등으로 구성하였다. 특정 주제 관련 단기 맞춤형 프로그램으로 모듈을 구성하여 다양한 단기 강좌 기획도 가능하게 개발되었다. 프로그램을 완료하면 수료증이 지급된다.

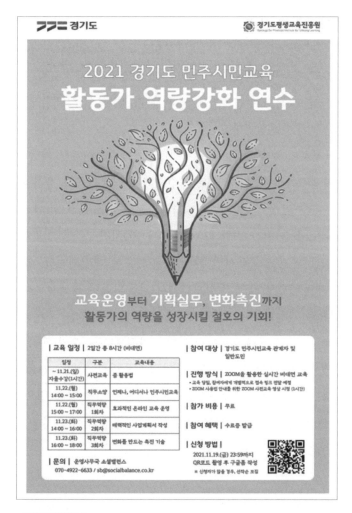

출처: 경기도평생교육진흥원 홈페이지(https://gill.or.kr/gill/bbs/i-76/detail.do?ntt_sn=47)

2. 평생교육사의 직무와 역할변화

1) 평생교육사의 직무

평생교육사는 「평생교육법」 제24조에 근거하여 양성되는 평생교육 전문인력이다. 국가는 평생교육사 자격제도를 통해 이들의 자격과 직무를 규정하고 있다. 제24조에서는 평생교육사를 '교육부 장관이 평생교육의 기획·진행·분석·평가 및 교수업무의 전문적 수행을 위하여 일정 자격을 갖춘 사람에게 부여하는 국가자격증을 취득한 자'로 규정하고 있다. 한국의 평생교육사는 1982년 「사회교육법」이 제정되면서 '사회교육전문요원' 제도가 국가자격으로 형성되었고, 1999년 「평생교육법」 제정으로 '사회교육 전문요원'에서 '평생교육사' 자격으로 변화됨에 따라, 자격제도를 구성하고 있는 양성과 배치, 연수에 관해 전문성이 강화되었다.

구체적으로 살펴보면, 기존 1·2등급 자격체계가 1·2·3등급 자격체계로 개편되었다. 2007년에 「평생교육법」이 다시 전부 개정되면서 평생교육사 자격 과정이 개편되었다. 자격 과정의 이수 학점이 2학점에서 3학점으로 증가하였고, 평생교육 실습이 비학점에서 학점화되며, 실습 시간 또한 120시간에서 160시간으로 확대되었으며, 평생교육사 1급 자격은 승급 과정을 통해서만 취득할 수 있도록 개편되었다. 2013년에는 「평생교육법」 일부가 개정되면서 개별 양성기관에서 발급되었던 평생교육사 자격증이 국가평생교육진흥원으로 일원화되어 교육부로부터 업무를 위탁받은 국가평생교육진흥원에서 현재까지 자격증을 교부·재교부하고 있다(국가평생교육진흥원, 2021).

2022년 12월 기준으로 한국의 평생교육사 자격취득 현황은 〈표 12-2〉와 같다. 살펴보면 1급 자격증 소지자는 985명, 2급은 148,432명, 3급의 경우 7,818명으로 총 157,235명으로 나타났다. 2000년부터 2022년까지 매해 11,185명의 신규 평생교육사들이 배출되고 있으며, 대다수가 2급 자격을 소지하고 있다.

● 표 12-2 **평생교육사 자격취득 현황** (단위: 명)

연도	1급	2급	3급	총계	비고
1986~1999	–	21,007	2,008	23,015	사회교육 전문요원
2000~2022	985	127,425	5,810	134,220	평생교육사
총계	985	148,432	7,818	157,235	

출처: 국가평생교육진흥원(2021), p. 111 내용을 재정리함.

평생교육사의 직무란 평생교육사가 평생교육 현장에서 실질적으로 수행하는 사무 및 업무를 의미하며, 과업이란 현재 맡은 직무를 수행하는 과정에서 단계적으로 이루어지는 업무라고 할 수 있다(김진화, 2006). 평생교육사의 직무에 관해서는 학자마다 시대별로 다소 다양한 요소들이 변화하고 있지만, 김진화 외(2008: 181)가 연구한 평생교육사

직무 모델에서는 평생교육사의 직무를 평생학습 사업 및 프로그램과 관련하여 조사·
분석·기획·설계·운영·지원·교수·평가를 수행하고, 다양한 학습 주체에 대한 변
화 촉진과 평생학습 상담 및 컨설팅을 수행하며, 평생학습사회의 실현을 위해서 기관과
시설 간 네트워킹을 촉진하고 평생학습 성과 창출 및 관리로 규정하고 있다. 하지만 급
격한 사회변화의 상황 속에서 평생교육사의 직무도 이에 맞춰 변화하고 있다. 평생교육
이 안정적으로 제도화되어 감에 따라 평생학습도시 조성 사업과 문해교육사업, 학점은
행제, 평생학습중심대학 및 평생교육단과대학, 대학 평생교육원, 기업과 시민단체, 근거
리평생학습체계 사업 등 직간접으로 평생교육 참여가 빠르게 확산되었기 때문이다.

　이후 학계와 현장에서는 평생교육사 직무 모델에 관한 지속적인 논의가 이루어지면
서 국가평생교육진흥원(2011)에서는 조사·분석, 기획·계획, 네트워킹, 프로그램 개
발·분류, 운영·지원, 교수·학습, 변화 촉진, 상담·컨설팅, 평가·보고, 행정·경영
을 포함하여 총 10개 책무, 80개 과업을 표준 직무 모델로 제시하고 있다.

● 표 12-3 　평생교육사의 직무체계 모델

책무	과업	책무	과업
(1) 조사 · 분석	• 학습자 특성 및 요구조사·분석하기 • 평생학습 참여율 조사하기 • 평생학습 자원 조사·분석하기 • 평생학습 권역 매핑하기 • 평생학습 SWOT 분석하기 • 평생학습 프로그램 조사·분석하기 • 평생학습 통계 데이터 분석하기 • 평생학습 자원 및 정보 DB 구축하기	(6) 교수 · 학습	• 학습자 학습 동기화 촉진하기 • 강의 원고 및 교안 작성하기 • 단위 프로그램 강의하기 • 평생교육 사업 설명회 및 교육하기 • 평생교육 관계자 직무 교육하기 • 평생교육사 실습 지도하기 • 평생교육 자료 및 매체 개발하기 • 평생교육사 학습역량 개발하기
(2) 기획 · 계획	• 평생학습 비전과 전략 수립하기 • 평생학습 추진체제 설계하기 • 평생학습 중장기/연간 계획 수립하기 • 평생학습 단위사업 계획 수립하기 • 평생학습 축제 기획하기 • 평생학습 공모사업 기획서 작성하기 • 평생학습 예산 계획 및 편성하기 • 평생학습 실행 계획서 수립하기	(7) 변화 촉진	• 평생학습 참여 촉진하기 • 평생학습자 인적자원 역량 개발하기 • 학습동아리 발굴 및 지원하기 • 평생학습 실천지도자 양성하기 • 평생교육단체 육성 및 개발하기 • 평생교육 자원봉사활동 촉진하기 • 평생학습 관계자 멘토링하기 • 평생학습 공동체 및 문화 조성하기

(3) 네트 워킹	• 평생학습 네트워크 체제 만들기 • 인적·물적 자원 네트워크 실행하기 • 사업 파트너십 형성 및 실행하기 • 사이버 네트워크 구축 및 촉진하기 • 조직 내·외부 커뮤니케이션 촉진하기 • 협의회 및 위원회 활동 촉진하기 • 지원 세력 확보 및 설득하기 • 평생교육사 임파워먼트 실행하기	(8) 상담 · 컨설팅	• 학습자 상황 분석하기 • 학습장애 및 수준 진단·처방하기 • 평생학습 상담사례 정리 및 분석하기 • 생애주기별 커리어 설계 및 상담하기 • 평생학습 ON/OFF 라인 정보 제공하기 • 평생학습 상담실 운영하기 • 학습자 사후 관리 및 추후 지도하기 • 의뢰기관 평생학습 자문 및 컨설팅하기
(4) 프로 그램 개발 · 분류	• 프로그램 개발 타당성 분석하기 • 프로그램 요구분석 및 우선순위 설정하기 • 프로그램 목적/목표 설정 및 진술하기 • 프로그램 내용 선정 및 조직하기 • 프로그램 매체 및 자료 개발하기 • 프로그램 실행 계획 및 매뉴얼 제작하기 • 프로그램 실행 자원 확보하기 • 프로그램 특성화 및 브랜드화하기 • 프로그램 분류 및 유의가 창출하기 • 프로그램 지적, 문화적 자산화시키기	(9) 평가 · 보고	• 평생학습 성과지표 창출하기 • 목표 「대비 실적 평가히기 • 평생학습 영향력 평가하기 • 평생학습 성과관리 및 DB 구축하기 • 우수사례 분석 및 확산하기 • 공모사업 기획서 평가하기 • 평가보고서 작성하기 • 평가 발표 자료 제작 및 발표하기 • 프로그램 프로파일 생성하기 • 지식 창출 성과 정리하기
(5) 운영 · 지원	• 학습자 관리 및 지원하기 • 강사 관리 및 지원하기 • 프로그램 홍보 및 마케팅하기 • 학습시설·매체 관리 및 지원하기 • 프로그램 관리·운영 및 모니터링하기 • 학습 결과 인증 및 관리하기 • 평생학습 예산 관리 및 집행하기 • 기관 및 홈페이지 관리, 운영하기	(10) 행정 · 경영	• 국가 및 지방정부 평생학습 공문 생성 • 평생학습 공문 회람 및 협조 • 평생학습 기관 및 담당 부서 업무보고 • 광역/기초단체장 지침과 관심 반영 • 평생학습 감사자료 생성과 보관 • 평생학습관 모니터링 및 감사 • 평생학습 기관 효율적 경영전략 추진 • 평생학습 관련 기관의 경영수지 개선

출처: 국가평생교육진흥원(2011), p. 221.

2) 시대 변화에 따른 평생교육사의 직무변화

평생교육의 환경과 조건이 급변하는 시대적 흐름 속에서 평생교육사의 직무 수행변화에 주목하는 것은 미래에 평생교육사의 직업적 전문성과 정체성을 형성하는 데 주요 기반이 된다. 이러한 변화를 반영하여 김진화, 신다은(2017)은 평생교육사 직무분석이 실시되었던 2007년 시점과 10년 이후인 2017년을 비교 시점으로 설정하여, 평생교육사의 직무중요도 변화의 차이를 분석했는데, 책무와 과업에 대한 인식의 변화, 책무별 내적 구조패턴의 변화가 확인되었다. 첫째, 2007년과 2017년 모두 중요도가 높다고 조사된 직무는 '조사 · 분석' '기획 · 계획' '네트워킹' '프로그램 개발'이었고, 중요도가 낮은 책무는 '교수 · 학습' '상담 · 컨설팅' '평가 · 보고'로 나타났다.

중요도가 높다고 인식하는 항목 중 '조사 · 분석'은 양적 · 질적 조사분석이 통합되는 양상을 보이고 있으며, '기획 · 계획'은 평생학습도시 발전계획을 수립하는 직무와 직접적으로 관련된 거시적 차원의 기획 및 계획으로 점차 세분화되고 있다. 앞서 다룬 '네트워킹'은 평생교육 사업이 다원화되고 지역으로 확장되면서 포괄적 차원에서 지역사회의 인적 · 물적 자원의 네트워크가 새로운 형식으로 다원화되고 있음을 보여 주고 있다. '프로그램 개발'은 평생교육 프로그램 개발 과업을 절차적으로 인식하는 경향과 프로그램의 브랜드화 및 특성화, 프로그램 실행 계획 및 매뉴얼 자료개발 등의 실질적인 활용이 부각되고 있음을 함의한다. 평생교육사의 직무변화는 우리가 현장에서 활용하는 다양한 평생교육방법에도 의미하는 바가 크다. 단위 사업이나 프로그램 운영에 적용하는 단편적인 방법 외에 큰 틀에서 사회변화를 인지하고 이에 따라 시시각각 변화하는 시대의식을 반영하여 직무에 반영하려는 노력이 함께 필요하다.

3) 평생교육사의 전문성 담론과 전문가 계속교육

평생교육사는 전문직인가? 이러한 질문은 평생교육사 자격제도가 시작된 이래 현장에서 끊임없이 논의되는 부분이다. 「평생교육법」에서는 평생교육사를 '전문인력'으로 규정하고 있다. 평생학습 활성화에 중추적인 역할수행을 하는 평생교육사의 전문성 함양을 위해 양성 및 자격제도, 역할, 직무 등과 같은 연구들이 진행되었지만 딱히 진전된 사항은 없다. 한편 김혜영(2010: 162)은 평생교육사 정의는 크게 직업으로서 평생교육사, 전문직으로서 평생교육사, 법에서의 평생교육사로 나누면서 다음과 같이 설명했다. 직업으로서 평생교육사는 평생교육 프로그램을 기획, 개발, 조직, 운영, 평가하고, 성인들에 대한 학습 상담과 생애 개발을 지원하며 학습환경 및 조직에 대한 교육적 자문을 수행하는 직무로 정의된다(한국직업능력개발원, 1999). 전문직으로서 평생교육사는 직업적 전문성을 갖춘 직업으로 이행되고 있으며, 컨설턴트, 연구분석가, 관리운영자, 설계자, 교수자 등으로 특성화되고 있다는 관점에 기초한다(김진화, 2003). 법에서의 평생교육사는 대통령령으로 정하는 자격요건을 갖춘 자로서 평생교육의 기획 · 진행 · 분석 · 평가 · 교수업무를 수행하는 것으로 정의된다고 설명하면서 이러한 정의의 특징은 평생교육사의 전문직업성에 기초하기보다 역할과 기능을 그 중심에 두고 있다고 했다.

김혜영(2010)은 평생교육사의 전문직에 관한 국내 선행 연구 분석을 통해 전문직으로서 평생교육사가 가지는 특징을 세 가지로 정리하였다. 첫째, 국내 평생교육사는 전문직의 다양한 특성이 있다. 둘째, 스스로 전문직으로 인식하고 있지만 전문직으로서의 사회적 인식은 낮은 상태이다. 셋째, 양성과 자격제도 등이 법적 기반하에 정립되어 있으나 평생교육사 주체 영역의 자발적 노력보다는 국가 정책에 의존된 경향이 있다. 평생교육사라는 직업군이 전문직업화되기 위한 변천 과정에서 다루어야 할 영역은 〈표 12-4〉와 같다.

● 표 12-4 평생교육사 전문직업화 변천 과정

분석 내용	세부 내용
사회적 환경	• 해당 시기의 평생교육 직업 분야와 관련성을 가지는 정치적(정책적) · 경제적 · 법적 상황(관련법 규정), 관련 행위자의 영향력 등
전문협회	• 평생교육 전문협회 종류 • 협회별 역할 및 활동 • 협회 구성의 특징
전문지식	• 지식자원 유형별 생산물 • 지식자원의 생성/개발/활용 실태: 각각의 주체자 및 내용, 지식자원의 특징(이론적 · 실천적 특징)
교육 자격제도	• 양성 제도: 운영체제(관련법 규정, 집행 · 감독 주체 기관, 교육과정, 교육기관) 및 실태 • 자격제도: 운영체제(관련법 규정, 집행 · 감독 주체 기관) 및 실태 • 계속(연수)교육 제도: 운영 주체별 · 교육 주제별 · 교육 방법별 실시
윤리강령	• 비공식적 · 공식적 형태 • 협회(단체)들의 윤리강령 내용 및 특징 • 관련법 또는 행정문서에 제시된 윤리적 지침 내용 및 특징

출처: 김혜영(2010), p. 170.

한편에서는 평생교육사의 전문직 수행에 필요한 지식, 기술, 규범, 태도 등을 보충, 보완하는 기능을 가진 보수교육을 의무화하는 법령의 부재를 전문성 담론의 문제로 제기하기도 한다. 「평생교육법 시행령」 제19조(연수) ① 법 제24조 제4항에 따른 평생교육사에 대한 연수는 진흥원장 및 시 · 도진흥원장(이하 "연수실시기관의 장"이라 한다)이 실시할 수 있는 것으로 평생교육사 연수 내용을 규정하고 있으나 강제조항이 아니기 때문에 평생교육사 보수교육 참여 역시 자율적 선택에 맡겨져 있는 상황이다. 평생교육 전문인

력인 평생교육사의 전문성을 제고하고 이를 체계적으로 지원하기 위한 안정적인 보수
교육체제가 구축되어 평생교육 환경변화 및 평생학습자들의 다양한 요구에 적극적으로
대응할 수 있는 제도적 근거 마련이 필요하다.

　평생교육사의 전문성은 평생교육사가 실천 현장에서 우수한 수행 수준을 보이는 동
시에 이들의 실천 가치 관련 이해관계자들이 인정함으로써 확보되기도 한다(김진화 외,
2008). 이를 위해서는 평생교육사 자격 과정을 통하여 습득한 기술·지식·태도 등을
현장에서의 요구에 따라 조정·갱신함으로써 전문역량을 유지·관리할 수 있도록 하
는 보수교육체계 구축 및 의무화가 무엇보다 필요하다. 보수교육은 전문가 계속교육
(continuing professional education: CPE)으로도 불리며, 특정 직업에 종사하는 사람들에
게 새로운 지식과 기술을 향상하는 기회를 정기적으로 제공하여 전문성을 관리하는 활
동이기 때문이다. 국가평생교육진흥원(2018: 74)에서는 평생교육사 보수교육은 평생교
육사 자격증 소지자로서 일정 경력을 충족하는 평생교육사가 보수교육 대상자로 지정
되는 지정 연수의 한 유형으로 현재 평생교육기관에서 근무하는 평생교육사가 새로운
지식, 기술, 태도를 주기적으로 연마하여 평생교육사로서의 전문성을 향상하는 계속교
육의 목적을 갖는 연수로 정의하고 있다. 평생교육사 전문성 향상을 위한 보수교육의
영역과 범주는 〈표 12-5〉와 같다.

● 표 12-5　평생교육사 보수교육 영역과 범주

역량	영역	범주	유형
지식	평생교육 실천 분야가 갖는 개별적인 전문 지식 습득	① 평생교육 정책과 법	선택
		② 평생교육학의 이론과 실제	
기술	평생교육 현장에서 요구되는 실무 역량과 실천 기술 함양	③ 평생교육 조사	
		④ 평생교육 설계	
		⑤ 평생교육 성과	
		⑥ 평생교육 행정	
		⑦ 평생교육 경영	
태도	평생교육사가 갖추어야 할 기본적 가치관과 태도 등 내면적 성장	⑧ 평생교육 윤리와 가치	필수*
		⑨ 평생교육과 인권	
		⑩ 평생교육과 시민성	

* 보수교육 대상자는 필수 영역 1개 이상(1평점 이상) 포함하여 연간 8평점 이상 이수해야 함.
출처: 국가평생교육진흥원(2018), p. 99.

3. 사회변화를 견인하는 평생교육사의 과제

2008년 「평생교육법」 개정으로 평생교육사 교육과정은 이들의 현장 적응력과 직무수행력을 높이는 데 중심을 두었으며, 평생교육사의 전문성을 높여 평생교육사 자격제도의 실효성을 확보하고자 하였다. 평생교육 현장이 내포하고 있는 다양성과 복잡성으로 인해 평생교육사의 현장 전문성을 강화하여 평생교육 분야가 전문적 분야로 발전되는 일이 어려운 과세로 인식될 수 있다. 특정 분야의 전문화는 그 분야 종사자의 전문성에 의존한다. 전문성이 신장되기 위해서는 전문적 역량이 강화될 필요가 있는데, 전문적 역량이 강화되기 위해서는 그 분야에서 요구되는 전문적 역량이 구체적으로 어떠한 성격의 역량인지를 명확히 이해할 필요가 있다(김경희, 2009: 361-362).

1) 역량에 대한 접근

역량에 대한 접근은 일반적으로 세 가지 전통으로 구분된다. 첫째는 행동주의적 (activist) 전통이고, 둘째는 생성적(generic) 전통이며, 셋째는 인지적(cognitive) 전통이다 (Norris, 1991).

(1) 행동주의적 전통에서의 역량

행동주의적 전통에서의 역량이란 뛰어난 수행력과 관련된 개인의 특성과 관계가 있고 다양한 상황에서 공통으로 발견되는 특징이 있다(Mulder, Weigel, & Collins, 2007: 69).

행동주의적 역량의 특징은 외적 행동으로 나타나고 관찰되고 측정될 수 있는 행동에 그 근거를 두고 있다. 역량은 관찰이 가능한 수행 행동과 수행 상황의 기술에 기초하여 확인되고 평가된다. 역량은 주어진 직무 상황에서 행위자가 수행할 수 있어야 하는 것과 관련된 것으로 행위자가 보여 주어야 하는 수행 행위, 행동, 결과로 기술되는 데 기초하여 행위자 수행의 효과와 수행 성공 수준으로 평가받을 수 있다.

(2) 생성적 전통에서의 역량

생성적 전통에서의 역량은 전문가의 수행력에서 발견되는 능력을 말한다. 이 전통은 전문가가 어떻게 자신의 역할을 수행하는지에 관한 기술을 통해 핵심적 역량을 확인하는 접근을 취한다. 따라서 이 전통에서의 역량은 전문가와 비전문가 간의 수행력의 차이를 설명할 수 있는 능력을 확인하는 것과 관련이 깊다. 이 역량은 특정 상황에 적합한 실천과 수행을 고려한다는 점에서 모든 상황에 적용되는 행동주의적 역량과는 차이가 있다.

(3) 인지적 전통에서의 역량

이 역량의 개념은 과제를 완수하고 일을 제대로 수행하는 데 적용되고 활용되는 개인의 지적 자원과 관련이 있다(Weinert, 2001). 이 전통에서의 역량은 개인의 지적 능력의 개발과 활용을 강조한다. 인지적 역량개념은 구성주의적 학습, 지식의 사회적 구성과정을 포함하는 개념으로 최근에 강조되고 있는 혁신적 지식공동체 모델(Paavola, Lipponen, & Hakkarainen, 2004), 암묵적 지식과 명시적 지식의 상호작용을 강조한 기업의 지식창출 모델(Nonaka & Takeuchi, 1995), 지식형성 모델(Bereiter, 2002) 등을 통해 구체화되기도 했다.

평생교육사가 평생교육 분야에서 역할 또는 직무를 효과적이고 성공적으로 수행하기 위해서는 전문적 역량을 기르는 것이 중요하다는 사실은 쉽게 이해할 수 있다. 그런데 평생교육사의 전문적 역량을 행동주의적 전통에서의 역량과 같이 평생교육 분야 모든 상황에 적용될 수 있는 일반적 행동 특성으로 이해할 것이냐, 아니면 생성적 전통에서의 역량과 같이 평생교육 각 영역별 상황에 적합하게 생성되어야 할 행동 특성으로 이해할 것이냐의 문제는 면밀한 검토가 요구된다. 또한 미리 상정된 역할과 직무를 수행하는 데 초점을 둔 역량보다는 인지적 전통에서의 역량과 같이 평생교육사가 자신의 역할과 직무를 반성적 성찰을 통해 접근할 수 있는 지적 능력과 판단력을 키우는 역량이 더 적절한가에 대해 통합적으로 검토해야 한다.

2) 평생교육사의 전문적 역량과 요구되는 학습

평생교육사가 여러 활동 영역에서 직무나 역할수행을 통해 얻는 만족감과 희열은 무엇이며, 언제 자신의 전문적 역량이 발휘되며 인정받는다고 느끼는지 이러한 경험을 통해 획득한 실제적 지식과 능력은 무엇이고, 이것을 계속 성장시키기 위해 요구되는 학습은 무엇인지 인식하는 것은 매우 중요하다.

(1) 직무수행 시 획득한 실제적 지식과 능력의 특성

평생교육사가 직무를 수행하면서 획득한 실제적 지식과 능력의 특성은 단편적 기술의 능력이라기보다는 자신의 일에 대한 총체적 지식과 능력이다. 이것은 평생교육사가 자신의 실천에 대한 큰 그림을 먼저 이해하고자 노력하는 것으로 그와 같은 이해가 바탕이 되어 평생교육사는 실천의 의미를 발견하고 그 의미를 실현할 수 있다.

(2) 직무수행 시 요구되는 학습의 성격

직무수행 시 요구되는 학습의 성격도 평생학습에 관한 안목을 넓히고, 새로운 아이디어를 찾고, 넓게 사고하고, 소통 능력을 키우는 실행력의 총체적 확대와 관련되어 있다.

평생교육사의 전문적 역량을 강화하는 문제는 평생교육방법론을 논의할 때, 간과할 수 없는 대단히 중요한 문제이다. 평생교육사의 전문적 역량을 평생교육 분야 모든 상황에 적용될 수 있는 일반적 행동 특성으로 이해하기보다는 평생교육의 주요 영역별 상황에 적합하게 생성되어야 할 행동 특성으로 이해할 필요가 있다. 평생교육사가 종사하는 활동 영역에 따라 그 직무가 다르므로 전문적 역량을 미리 상정된 역할과 직무를 수행하는 데 초점을 두기보다는 인지적 전통에서의 역량과 같이 평생교육사가 자신의 역할과 직무를 반성적 성찰을 통해 접근할 수 있는 지적 능력과 판단력을 키우는 것이 중요하다.

평생교육사가 일하는 현장은 복합적이고 다양하며, 계속해서 변화하고 있어 불안정한 측면이 강하다. 이러한 현장에서 일하는 평생교육사의 업무 역시 명확하게 구별되고 분화되지 못한 부분이 많으므로 평생교육사의 실천 행위는 도구적이고 기능적인 행위에 국한될 수 없는 의미와 가치를 찾고 만들어 가는 목적 가치론적 도덕적 행위로서의 성격이 강하다는 점을 중요하게 고려해야 한다. 정리하면 평생교육사의 실천 행위의 특성은 도구적이고 기능적 차원의 행위라기보다 다양하고 새로운 의미를 적극적으로 탐색하고 만들어 나가는 특성을 내포한 행위로 이해해야 한다. 따라서 평생교육사는 자신의 전문적 역량을 성장시키기 위해 자신의 안목을 넓히고, 새로운 아이디어를 찾고, 사고를 확대하기 위한 성찰과 학습을 지속해야 한다.

<< 생각해 보기

1. 평생교육 현장 전문가 등장의 주요 배경은 무엇인가?
2. 현장 전문가로서 평생교육사는 어떤 직무를 수행해야 하며 그 이유는 무엇인가?
3. 평생교육사 전문직업화 과정에서 고려해야 할 내용은 무엇인가?
4. 사회변화를 견인하는 평생교육사의 과제는 무엇인가?

 참고문헌

경기도평생교육진흥원(2017). 경기도 평생학습마을 평가준거개발.

경기도평생교육진흥원(2021). 민주시민교육 활동가 연수 프로그램 개발 연구.

국가평생교육진흥원(2011). 평생교육사 배치활성화 방안 연구.

국가평생교육진흥원(2018). 평생교육사 보수교육체제 구축연구.

국가평생교육진흥원(2021). 평생교육백서.

김경희(2009). 평생교육사의 전문적 역량 성격과 특성 탐색. 평생교육학연구, 15(4), 357-386.

김신일, 강대중, 김민호, 김현수, 양은아, 양홍권, 이지혜, 채재은, 최돈민, 최선주, 현영섭(2019). 평생교육론. 서울: 교육과학사.

김진화(2003a). 평생교육 프로그램개발의 전문성 탐구와 평생교육학의 과제. 평생교육학연구, 8(1), 69-96.

김진화(2003b). 평생교육사의 직업적 전문성과 직무의 탐구. 평생교육학연구, 9(2), 219-247.

김진화(2006). 평생교육방법 및 실천론. 서울: 형설출판사.

김진화, 김한별, 고영화, 김소현, 성수현, 박새봄(2008). 평생교육사 직무모델 개발 및 타당화 연구. 평생교육학연구, 14(1), 1-31.

김진화, 신다은(2017). 평생교육사의 직무중요도 변화에 관한 연구: 2007년과 2017년 비교분석과 논의. 평생교육학연구, 23(4), 55-84.

김혜영(2010). 평생교육사의 전문직업화 과정 분석모형 개발과 그 적용에 관한 연구. 평생교육학연구, 16(4), 157-190.

윤여각, 신민선, 오혁진, 정민승, 조순옥, 홍은진(2021). 평생교육론. 서울: 한국방송통신대학교 출판문화원.

조철민, 김원석, 김재민(2019). 경기도 민주시민교육 종합계획수립.

한국직업능력개발원(1999). 평생교육사 직무분석.

Bereiter, C. (2002). *Education and mind in the knowledge age*. Hillsdale, NJ, Lawrence Erlbaum.

Mulder, M., Weigel, T., & Collins, K. (2007). The concept of competence in the development of vocational education and training in selected EU member states: a critical analysis. *Journal of Vocational Education and Training*, *59*(1), 67-88.

Norris, N. (1991).The trouble with competence. *Cambridge Journal of Education*, *21*(3), 331-341.

Nonaka, L., & Takeuchi, H. (1995). *The knowledge-creating company: How Japanese companies create the dynamics of innovation*. New York: Oxford University Press.

Paavola, S., Lipponen, L., & Hakkarinen, K. (2004). Models of innovative knowledge communities and three metaphors of learning. *Review of Educational Research*, *74*(4), 557-576.

Weinert, F. E. (2001). Concept of competence: a conceptual clarification. In Rychen, D. S. & Salganik, L. H. (Eds.), *Defining and selecting key competencies*. Gottingen, Hogrefe.

찾아보기

내용 👆

저자 소개

송영선
고려대학교 교육대학원 교육학 석사(기업교육 전공)
중앙대학교 대학원 교육학 박사(평생교육 전공)
현) 건국대학교 글로컬캠퍼스 부교수
　　New Turn Forum 대표
　　한국평생교육융복합학회 편집위원

박승희
전북대학교 대학원 경영학 석사(인사조직 전공)
서울과학종합대학원대학교(aSSSIT University) 경영학 박사(인사조직 전공)
현) 글로벌액션러닝그룹 부사장
　　한국액션러닝협회 부회장
　　산업정책연구원(IPS) 연구교수

송현정
이화여자대학교 교육대학원 석사(비서교육 전공)
중앙대학교 대학원 교육학 박사(평생교육 전공)
현) 부산외국어대학교 교수
　　한국비서학회 총무위원장

이소연
중앙대학교 교육대학원 교육학 석사(평생교육 전공)
중앙대학교 대학원 교육학 박사(평생교육 전공)
현) 성공회대학교 열림교양대학 겸임교수
　　(주)인문경영원 대표
　　한국평생교육총연합회 이사
　　한국평생교육학회 이사

이연주
고려대학교 교육대학원 교육학 석사(기업교육 전공)
중앙대학교 대학원 교육학 박사(인적자원개발학 전공)
현) 건국대학교 글로컬캠퍼스 교양대학 부교수

평생교육방법론
Methodology of Lifelong Education

2024년 9월 15일 1판 1쇄 인쇄
2024년 9월 20일 1판 1쇄 발행

지은이 • 송영선 · 박승희 · 송현정 · 이소연 · 이연주
펴낸이 • 김진환
펴낸곳 • (주) **학지사**
　　　　04031 서울특별시 마포구 양화로 15길 20 마인드월드빌딩
대표전화 • 02)330-5114　　　팩스 02)324-2345
등록번호 • 제313-2006-000265호

홈페이지 • http://www.hakjisa.co.kr
인스타그램 • https://www.instagram.com/hakjisabook

ISBN 978-89-997-3202-7 93370

정가 18,000원

출판미디어기업 학지사
간호보건의학출판 **학지사메디컬** www.hakjisamd.co.kr
심리검사연구소 **인싸이트** www.inpsyt.co.kr
학술논문서비스 **뉴논문** www.newnonmun.com
교육연수원 **카운피아** www.counpia.com
대학교재전자책플랫폼 **캠퍼스북** www.campusbook.co.kr